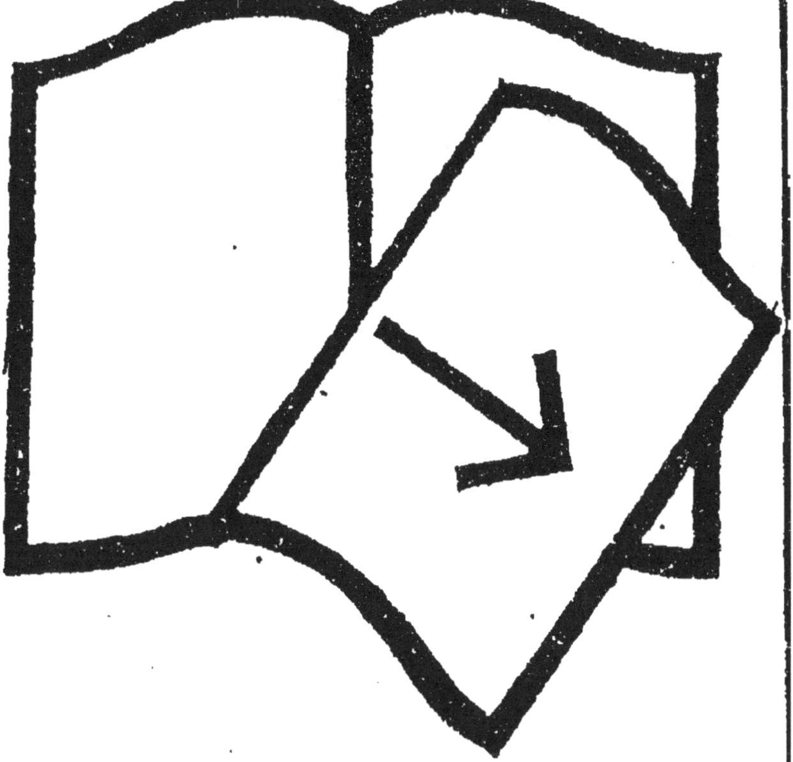

Couverture inférieure manquante

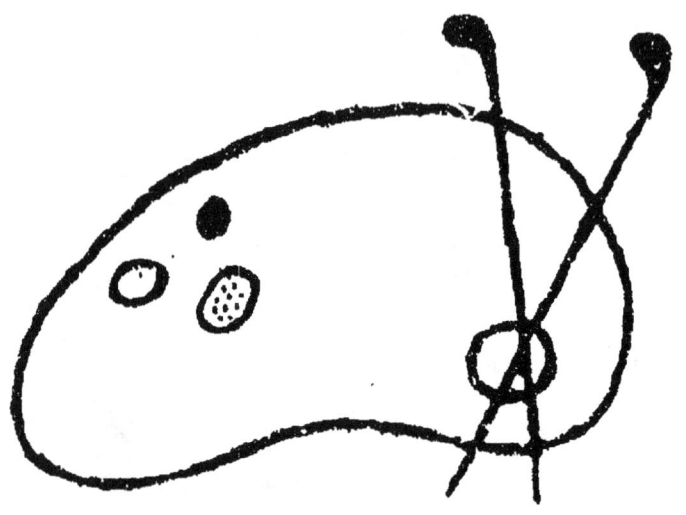

Début d'une série de documents
en couleur

LE
Roman Étrange
EN ANGLETERRE

NOUVELLES

MILLE ET UNE NUITS

PAR

ROBERT-LOUIS STEVENSON

PRÉFACE

DE

Th. BENTZON

PARIS
J. HETZEL ET Cⁱᵉ, ÉDITEURS
18, RUE JACOB, 18

Tous droits de traduction et de reproduction réservés.

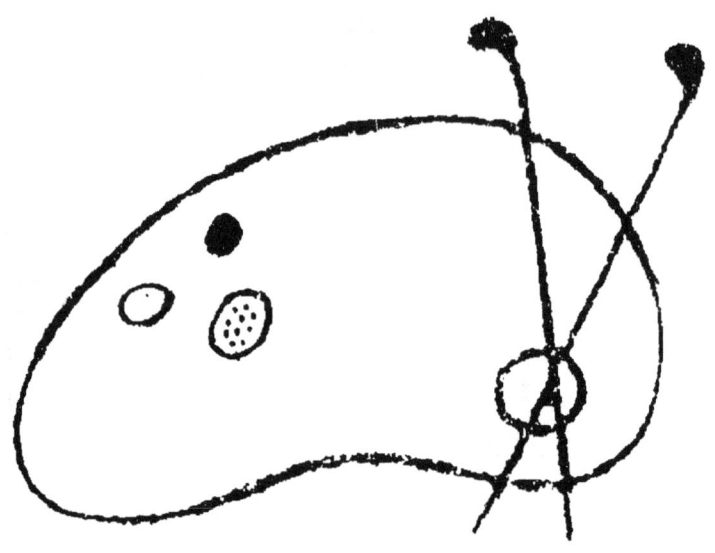

Fin d'une série de documents en couleur

Le Roman étrange en Angleterre

NOUVELLES MILLE ET UNE NUITS

TYPOGRAPHIE FIRMIN-DIDOT. — MESNIL (EURE).

BIBLIOTHÈQUE FRANCO-ÉTRANGÈRE

Le Roman Étrange
en Angleterre

NOUVELLES

PAR

ROBERT-LOUIS STEVENSON

PRÉFACE DE TH. BENTZON

PARIS
J. HETZEL ET Cⁱᵉ, ÉDITEURS
18, RUE JACOB, 18
Tous droits de traduction et de reproduction réservés.

LE
ROMAN ÉTRANGE
EN ANGLETERRE

I

Le nom de Robert-Louis Stevenson est attaché, en France, au souvenir d'un livre d'étrennes, *l'Ile au Trésor*, qui fit fureur il y a peu d'années. La traduction de M. Philippe Daryl nous dispense de raconter les lointains et merveilleux voyages de l'*Hispaniola;* disons seulement que ce petit livre nous paraît être, par sa verve, son entrain, sa fraîcheur, par le mouvement, le ton de vérité qui y règne, un des modèles du genre.

Si *Kidnapped*, qui vit le jour ensuite, s'adresse plus exclusivement, à cause de la saveur écossaise dont il est imprégné, aux jeunes compatriotes de son héros, David Balfour, l'histoire n'en est pas moins, d'un bout à l'autre, amusante, et c'est une idée ingénieuse, en outre, que d'avoir fait raconter la fin du drame jacobite par un whig qui se trouve forcément enrôlé dans le camp de ses adversaires.

La scène se passe en 1751, à l'époque où des oncles dénaturés pouvaient encore faire embarquer les neveux qui les gênaient sur un brick de mauvais renom, pour les envoyer à la Caroline, où ils étaient vendus sans plus de formes. Comment ce gamin énergique et honnête, David Balfour, échappe à son sort, et tout ce qu'il souffre dans une île déserte, voisine des côtes d'Écosse, avant sa périlleuse équipée à travers les Highlands, en compagnie d'Alan Breck Stewart, un rival jacobite de d'Artagnan, voilà des aventures dont on peut dire ce que La Fontaine disait de *Peau d'âne;* il n'est personne qui ne prenne un plaisir extrême à lire *Kidnapped*. M. Stevenson s'y pose en compatriote de Walter Scott et de Burns, il nous fait respirer sa bruyère natale et met à tout ce qu'il touche le sceau d'une des qualités de sa race, la *quaintness* : esprit, originalité, grâce un peu bizarre et parfois maniérée, il y a de tout cela dans ce que peint par excellence ce mot de *quaint*, si parfaitement intraduisible, quoiqu'il dérive de notre vieux français, à en croire les dictionnaires.

Écossais, Stevenson l'est encore, — il l'a prouvé

depuis, — par le sentiment du fantastique, le goût du surnaturel, la préoccupation des lois morales, des problèmes philosophiques, et par je ne sais quelle gaîté morose, *grim humour*, qui déconcerte et qui attache à la fois. Mais il est, en même temps, cosmopolite, Parisien du boulevard, Américain du Far-West, comme le montrent ses spirituelles notes de voyages. Hier encore son adresse était à Honolulu; peut-être aujourd'hui est-il de retour à New-York, qui le revendique comme Londres revendique Henry James. Sa vie errante a formé une personnalité très curieuse, très moderne et franchement excentrique, qui apparaît à travers une série de productions d'inégale valeur, mais dont aucune n'est banale.

Ce citoyen du monde a bien vu tous les pays dont il parle, soit qu'il nous présente *les Squatters du Silverado*, soit qu'il nous invite à glisser lentement, à bord de son *Aréthuse*, sur les canaux de la Belgique et de la France, soit qu'il s'arrête pour deviser familièrement avec ses amis les peintres de Barbizon, sous les ombrages de la forêt de Fontainebleau. Ici où là, il rend son impression d'un trait net et précis. Point de longueurs, point de remplissage inutile. Aucun de ses ouvrages, en dépit de certaines exigences des éditeurs anglais auxquelles il a refusé énergiquement jusqu'ici de se soumettre, n'a plus d'un volume ; la concision, la clarté incisive, une grande simplicité, sont les qualités maîtresses de son style. Sceptique et railleur, il réussit à nous captiver sans avoir jamais recours à l'élément sentimental, et touche parfois des questions hardies sans tomber dans ce qu'on est convenu d'appeler l'immoralité, bien qu'il ne se soucie guère de nous montrer des personnages vertueux et qu'il ait le talent pervers d'exciter notre sympathie en faveur d'individualités tout au moins équivoques. Réussir, avec de pareilles tendances, à collaborer aux bibliothèques d'éducation et de récréation, c'est la preuve d'une souplesse peu commune.

Après avoir assuré son empire sur des milliers de jeunes lecteurs dans l'ancien et dans le nouveau monde, M. Stevenson paraît s'être dit : « Voyons si les vieux seront plus difficiles, s'ils ne mordront pas, eux aussi, à l'hameçon des contes bleus? » Et il lança ses *Nouvelles Mille et une Nuits*, où la féerie se met au service de la réalité par un procédé ravi à miss Thackeray. Combien de fois les talents à fracas ont-ils profité des trouvailles faites par quelque talent plus modeste! C'est miss Thackeray qui a dit la première : « Les contes de fées sont partout et de tous les jours; nous sommes tous des princes et des princesses déguisés, ou des ogres, ou des nains malfaisants. Toutes ces histoires sont celles de la nature humaine, qui ne semble pas changer beaucoup en mille ans, et nous ne nous lassons jamais des fées parce qu'elles lui sont fidèles. » Seulement, l'auteur de *Five old friends* place dans un milieu bourgeois de nos jours *la Belle au Bois dormant, Cendrillon, la Belle et la Bête, le Petit Chaperon rouge,* etc., dont les aventures modernisées n'ont rien que d'ordinaire, tandis que les contes arabes que M. Stevenson transporte en Europe, sans changer rien à leur allure coulante et négligée, conservent un caractère très exceptionnel et sont, en somme, presque aussi merveilleux que dans les *Mille et une Nuits* orientales.

Prenons la première des nouvelles, et la meilleure, *le Club du suicide :* nous n'avons pas de peine à reconnaître dans le prince Florizel de Bohême, qui, pendant son séjour à Londres, rôde incognito par les rues, le calife Haroun-al-Raschid, et dans son fidèle écuyer, le colonel Geraldine, Giafar, grand vizir. Le verglas les ayant forcés à chercher refuge dans un *bar* des environs de Leicester-square, ils rencontrent un individu qui n'a de commun avec Bedreddin-Hassan que la manie d'offrir des tartes à la crème aux gens qu'il ne connaît pas. C'est le dénoûment fou d'une carrière extravagante : le jeune homme aux tartes à la crème (nous ne le connaîtrons que sous ce nom) prélude à la mort par cette soirée burlesque. Le prince et son écuyer font semblant d'être dans les mêmes dispositions que leur nouvelle connaissance, et c'est ainsi qu'ils sont introduits par lui au *Club du suicide*, rendez-vous de tous ceux qui, fatigués de la vie, désirent disparaître sans scandale. Chaque nuit, une partie de cartes réunit ces désenchantés autour du tapis vert. Le président du club, un dilettante d'espèce toute particulière, bat et donne les cartes; le privilégié qu'un sort heureux gratifie de l'as de pique disparaîtra avant l'aube par les soins obligeants du membre de céans qui tourne l'as de trèfle. Ce jeu réunit les émotions de la roulette, celles d'un duel et celles d'un amphithéâtre romain, il fait goûter les impressions exquises de la peur; les gens les plus revenus de tout y trouvent un dernier plaisir. M. Malthus, par exemple, un paralytique, défiguré, ravagé par des excès auxquels il ne peut plus se livrer, est membre honoraire, pour ainsi dire. Il vient de loin en loin, quand il en a la force, chercher une excitation qui le réconcilie avec la vie en lui faisant redouter la mort. Il a essayé de tout, et il en est à déclarer qu'en fait de passions, aucune n'est enivrante autant que la peur; il est poltron avec délices, et il badine avec des terreurs sans nom. Heureusement pour la morale, il badine une fois de trop; l'as de pique lui échoit à la fin, et le lendemain les journaux de Londres renferment, sous la rubrique : *Triste accident*, un paragraphe qui apprend au public la mort de l'honorable M. Malthus, tombé par-dessus le parapet de Trafalgar-square; au sortir d'une soirée, il cherchait un cab; on attribue sa chute à une nouvelle attaque de paralysie.

Le prince Florizel aurait son tour, si Geraldine, vigilant et fidèle, ne mettait la police secrète sur pied, en dépit des terribles serments par lesquels s'engagent les membres du club. Personne n'est livré aux tribunaux; le prince vient généreusement au secours de ceux des désespérés qui méritent encore quelque pitié, puis il décide que le repaire sera fermé et que son abominable président périra en duel. Ce duel, qui doit avoir lieu sur le continent, est le sujet d'un second récit beaucoup plus *sensationnel* encore que le premier, où il est question d'un médecin et d'une malle qui contient un cadavre, celui de l'adversaire désigné du président, lâchement assassiné par ce monstre.

Certes, le lecteur, quel qu'il soit, attend la suite avec autant d'impatience que le sultan des Indes, tenu en haleine par les points suspensifs des contes de Scheherazade ; on passe, avec une fiévreuse anxiété, à l'histoire suivante, qui est celle non pas d'un *Cheval enchanté*, mais d'un simple *Cab*, lequel recueille des invités de bonne volonté pour les conduire à une fête étrange dont la fin est le triomphe du droit et le châtiment du crime, grâce à la vaillante épée du prince Florizel. L'héritier d'un trône daigne se mesurer avec le pire des scélérats. Nous le retrouverons plus tard, mêlé à d'autres aventures non moins intéressantes, celles d'un diamant, et, comme tous les princes qu'a mis en scène M. Stevenson, il finit en philosophe, renversé par une révolution. C'est derrière le comptoir d'un débit de tabac qu'il apparaît une dernière fois : ce redresseur de torts vend majestueusement des cigares !

On voit que la fantaisie humoristique n'est pas absente des récits de M. Stevenson ; les contrastes si marqués que permet, qu'exige même cette qualité, très développée chez lui, produisent bien quelques fautes de goût, mais une certaine façon qu'il a de se moquer de ses héros et de lui-même relève ici néanmoins le *sensational novel*, qui a retrouvé depuis peu, en Angleterre, un succès d'assez mauvais aloi. Du rang où l'avait placé naguère Wilkie Collins, ce roman, nourri d'émotions violentes, était tombé au niveau des élucubrations de feu Ponson du Terrail. M. Stevenson eut le mérite de le rendre agréable aux délicats.

Nous n'avons, du reste, nulle envie de défendre plus qu'il ne convient la suite des *Nouvelles Mille et une Nuits*, inspirée par la *Dynamite* et composée en collaboration avec Mme Stevenson. La confusion de la tragédie et de la farce y est poussée trop loin. On croit être devant un couple de jongleurs émérites, d'équilibristes habiles, dont les périlleux exercices deviendraient fatigants pour le public, amusé d'abord, s'ils se prolongeaient beaucoup; mais les aventures des trois jeunes gens inutiles qui attendent leur fortune du hasard, sur le pavé de Londres, sont presque aussi courtes que celles des trois *calenders*, fils de rois, et la gracieuse conspiratrice qui les conduit l'un après l'autre à deux doigts de leur perte ne prend pas en vain cinq noms différents, car Clara Luxmore, dite Lake, dite Fonblanque, dite Valdivia, dite de Marly, a autant d'imagination à elle seule que pouvaient en avoir réunies les cinq dames de Bagdad. Son histoire de *la Belle Cubaine* et de *l'Ange exterminateur* chez les Mormons sont des contes bleus modernes de la plus piquante invraisemblance : ils dissimulent cependant des complots anarchiques effroyables, mais tous si maladroits qu'ils prêtent à rire. M. et Mme Stevenson traitent la dynamite du haut en bas, refusant de la prendre au sérieux et faisant rater toutes ses bombes, sauf deux ou trois qui éclatent au détriment de ceux qui les fabriquent. Zéro, l'agitateur irlandais, et son complice Mac-Guire, périssent assommés sous le ridicule. Si Clara, l'affidée de ces deux *fantoccini* grotesques, obtient sa grâce et, à la fin, un bon mari, c'est qu'elle est jolie à ravir, pleine d'inventions drôles, de tours uniques, et surtout parce qu'au milieu de ses criminelles erreurs, elle n'a jamais été sentimentale. L'assassin sentimental et phraseur, si commun de nos jours, est conspué par M. Stevenson ; celui-ci repousse avec énergie l'intérêt malsain qui s'attache au crime politique, il vénère les agents de police et leur dédie son livre, il fait grand cas de l'autorité ; par la bouche de son personnage favori, le prince Florizel, resté fidèle au rôle de bon génie derrière un comptoir de marchand de tabac, il déclare que l'homme est un diable faiblement lié par quelques croyances, quelques obligations indispensables, et qu'aucun mot sonore, qu'aucun raisonnement spécieux ne le déciderait à relâcher ces liens. On voit que, pour un romancier *dans le mouvement*, M. Stevenson a des principes *vieux style*.

Dans *Prince Otto*, où les questions philosophiques et politiques s'entremêlent à beaucoup de paradoxes, l'auteur de *New Arabian Nights* nous prouve qu'il a lu *Candide* et qu'il se souvient aussi d'Offenbach. Vous chercheriez en vain sur une carte la principauté de Grünewald, bien que sa situation soit indiquée entre le grand-duché aujourd'hui éteint de Gerolstein et la Bohême maritime. En revanche, le nom du premier ministre, Gondremark, vous rappelle un acteur de *la Vie parisienne*. Dans ce badinage sérieux, un peu trop délayé, on voit le prince Othon, un gentil prince en porcelaine de Saxe, mériter le mépris de ses peuples par sa conduite indigne d'un souverain, la conduite pourtant d'un galant homme très chevaleresque, mais trop épris de la chasse, des petits vers français et d'une jeune épouse ambitieuse, qui, finalement, prête les mains à son incarcération dans une forteresse, pour être plus libre de jouer le rôle de Catherine II ou de Sémiramis. Vous y verrez aussi comment les témoignages d'héroïsme de la jolie Séraphine se bornent à un coup de couteau donné au premier ministre, qui, jaloux de gouverner en son nom, voudrait être un favori dans toute la force du terme, et comment la proclamation de la république met fin, soudain, à ces complots de cour, à ces intrigues, à ces drames secrets; comment le prince et la princesse fugitifs et dépossédés, à pied, sans le sou, se rencontrent dans la campagne, oublient leurs désastres, leurs grandeurs, et se mettent tout simplement à s'aimer, ravis, en somme, de cette chute qui les a jetés aux bras l'un de l'autre pour jamais. Ceux-ci ne vendront pas du tabac, ils feront de la littérature en collaboration; un recueil des plus médiocres a paru sous le titre : « *Poésies*, par Frédéric et Amélie. »

La réconciliation de leurs altesses sur le grand chemin est un des rares duos d'amour que nous ayons rencontrés au cours des romans qui nous occupent. Il est charmant, ce duo, car l'esprit enfin y fait trêve, l'esprit moqueur, léger, glacial et trop tendu dont M. Stevenson abuse, et qui produit à la longue l'effet du pâté d'anguille. Pour ne trouver que le ricanement perpétuel, autant revenir à nos incomparables contes de Voltaire, dont l'auteur de *Prince Otto* s'est fortement pénétré. Où il montre, en revanche, une véritable originalité de forme et de fond, c'est dans l'exposition semi-scientifique d'un *Cas étrange*, qui mérite de compter parmi les récits les plus *suggestifs* et les plus ingénieux d'avatars et de transformations. L'histoire du *Docteur Jekyll et de Mʳ Hyde* se détache en relief puissant sur la trame un peu mince du reste de l'œuvre, et promet l'estime d'un ordre tout nouveau de lecteurs à M. Stevenson. Nous osons à peine le lui dire, ayant compris qu'il craint par-dessus tout de paraître terne et lourdement consciencieux. Terne, il ne saurait l'être; le seul péril que l'on coure avec lui est dans l'excès du brillant et dans sa confusion accidentelle avec le clinquant. Quant à la conscience, elle ne sera jamais incompatible avec la liberté chez cet Écossais greffé de Yankee et de Parisien agréablement bohème. Qu'il ne s'inquiète donc pas de la nature de nos éloges. L'analyse critique qui suit est d'ailleurs pour prouver que l'ouvrage le plus grave de M. Stevenson n'a rien de particulièrement austère, ni surtout d'ennuyeux.

II.

Quelques lenteurs, il faut en convenir, embarrassent le début. Peu nous importent, par exemple, les idées et les habitudes de M. Utterson, un personnage d'arrière-plan, dépositaire du testament bizarre qui fait passer tous les biens de Henry Jekyll entre les mains de son ami Edward Hyde, dans le cas de la disparition du testateur. Cette clause insolite blesse le bon sens et les traditions professionnelles du notaire Utterson; elle semble cacher quelque secret ténébreux, d'autant plus que ledit Edward Hyde, prétendu « bienfaiteur » du docteur Jekyll et son légataire universel, n'est connu de personne. Jamais Utterson n'en avait entendu parler avant que le singulier document lui eût été confié, avec mille précautions minutieuses; pourtant il est le plus ancien ami de Jekyll, après le docteur Lanyon toutefois, qui, intimement lié jadis avec son collègue, s'est peu à peu éloigné de lui, sous prétexte qu'il donnait à corps perdu dans des hérésies scientifiques. Lanyon, lui non plus, ne sait rien du mystérieux Hyde. Le seul renseignement que M. Utterson ait jamais pu recueillir sur celui-ci est de nature à augmenter sa perplexité; c'est le hasard qui le lui fournit.

Un soir qu'il se promène dans un quartier populeux de Londres, avec son jeune parent, M. Enfield, ce dernier lui fait remarquer, presque à l'extrémité d'une petite rue commerçante, l'entrée d'une cour qui interrompt la ligne régulière des maisons. Juste à cet endroit, un pignon délabré avance sur la rue ses deux étages sans fenêtres, au-dessus de la porte dépourvue de marteau, une porte de derrière apparemment.

« Cette porte que voici, dit M. Enfield, se rattache dans ma pensée à une singulière histoire. »

Et il raconte l'acte de brutalité commis sous ses yeux, dans cette rue même, contre un enfant, une petite fille, par un individu d'apparence plus que désagréable, une espèce de gnome. Indigné, il a saisi le coupable au collet, appelé au secours; un rassemblement s'est formé, et M. Hyde, pour éviter un scandale, a payé une forte somme aux parents de sa victime. Il s'est rendu sous bonne escorte à son domicile, la maison délabrée en question, et est redescendu bientôt avec un chèque sur la banque Coutts, signé du nom le plus honorable, un nom qu'Utterson devine sans que son cousin ait besoin de le prononcer.

« Et quelle figure a-t-il, ce Hyde?
— Il n'est pas aisé de le peindre. Je n'ai jamais vu d'homme qui m'ait inspiré autant de dégoût, sans que je puisse expliquer pourquoi. Il vous donne l'impression d'un être difforme, et cependant je ne saurais spécifier sa difformité. Il est extraordinaire, voilà le fait, il est anormal. Je crois

le voir encore, tant je l'ai peu oublié, et cependant je ne trouve pas de paroles pour peindre l'effet que produit cette infernale physionomie. »

M. Utterson est plus ému qu'il ne veut le laisser paraître.

« Sur la maison elle-même, demande-t-il, vous ne savez rien?

— Si fait, j'ai observé que personne n'y entre jamais, sauf le héros très repoussant de mon aventure. Elle n'est pas habitée, les trois fenêtres grillées, sur la cour, restent toujours closes, mais les vitres en sont propres, et, au-dessus, il y a une cheminée qui fume parfois, ce qui donnerait l'idée que quelqu'un y vient accidentellement. »

Le notaire Utterson voit que M. Enfield ne se doute pas que cette vilaine bâtisse dépend de la maison de son ami Jekyll. Après avoir soupçonné celui-ci de folie toute pure, il craint qu'il ne s'agisse plutôt de quelque complicité honteuse. L'idée fixe le poursuit de s'éclairer là-dessus. Il se met à guetter les secrets nocturnes du quartier que fréquente l'odieux Hyde. Longtemps il attend en vain; mais, certain soir, vers dix heures, les boutiques étant closes et la rue silencieuse, au milieu du sourd mugissement de Londres, un pas retentit rapide, un homme de petite taille apparaît, tire une clé de sa poche et se dirige vers la maison indiquée.

« M. Hyde? » lui dit le notaire en posant la main sur son épaule.

L'homme tressaille et recule, mais sa terreur n'est que momentanée. Reprenant aussitôt de l'empire sur lui-même, il répond :

« C'est mon nom, en effet; que me voulez-vous?

— Je suis un vieil ami du docteur Jekyll; on a dû vous parler de moi : M. Utterson. Faites-moi une grâce, laissez-moi voir votre visage. »

L'autre hésite, puis, après réflexion, se tourne d'un air de défi.

« Maintenant je vous reconnaîtrai, dit Utterson. Cela peut être utile.

— Oui, répond Hyde, il vaut mieux que nous nous soyons rencontrés... A propos, vous avez besoin de savoir mon adresse. »

Et il lui indique une rue, un numéro.

« Mon Dieu! se dit le notaire, est-il possible qu'il ait, lui aussi, songé au testament?...

— Comment, ne m'ayant jamais vu, avez-vous pu me deviner? reprend Hyde.

— D'après une description. Nous avons des amis communs.

— Lesquels? balbutie Hyde.

— Jekyll, par exemple.

— Il ne vous a jamais parlé de moi, s'écrie l'autre en rougissant de colère. Vous mentez. »

Là-dessus, il a poussé la porte et disparu dans la maison, laissant Utterson stupéfait.

« Ce nain blême, au sourire timide et cynique à la fois, est certainement fort laid, pense le notaire, mais sa laideur ne suffit pas à expliquer la répulsion insurmontable que suscite sa présence. Il faut qu'il y ait quelque chose en outre. Serait-ce qu'une âme noire peut transparaître ainsi à travers son enveloppe de chair? Pauvre Jekyll! Si jamais j'ai lu la signature de Satan sur un visage, c'est sur celui de ton nouvel ami. »

En tournant la rue, on arrive devant un square bordé de belles maisons, dont plusieurs sont déchues de leur rang d'autrefois, divisées en appartements, en bureaux, en magasins. L'une d'elles, cependant, devant laquelle s'arrête Utterson, a gardé un grand air d'opulence. Un vieux domestique vient ouvrir.

« Poole, lui dit Utterson, le docteur Jekyll est-il chez lui? »

Sur sa réponse négative :

« Je viens de voir M. Hyde s'introduire par la porte de l'ancienne salle d'anatomie. Cela est-il permis en l'absence de votre maître?

— Sans doute, car M. Hyde a une clé.

— Je ne crois pas cependant avoir jamais rencontré ici ce jeune homme.

— Oh! Monsieur, on ne l'invite pas à dîner et il ne paraît guère de ce côté-ci de la maison. Il entre et sort toujours par le laboratoire. »

Utterson conclut de ces renseignements que le docteur, en ouvrant sa maison à Hyde, subit la conséquence de quelque faute de jeunesse. Ce doit être un supplice que de recevoir ainsi, bon gré, mal gré, inopinément, cet être atroce, qui entre et sort furtivement, qui peut-être est impatient d'hériter... Il se promet de protéger Jekyll contre l'influence équivoque qui s'est glissée à son foyer. Il profitera pour cela du premier tête-à-tête.

« Vous savez que je n'ai jamais approuvé votre testament, lui dit-il avec hardiesse, et je l'approuve moins que jamais, car j'ai appris des choses révoltantes sur ce jeune Hyde. »

La belle figure intelligente du docteur s'assombrit à ces mots.

« Inutile de me les dire, cela ne changerait rien; vous ne comprenez pas ma position, répond-il avec une certaine incohérence. Je suis dans une passe difficile, très difficile... »

Et comme le notaire, espérant pouvoir le tirer

de peine, presse Jekyll de s'ouvrir à lui, il refuse, affirmant sur l'honneur qu'il est tout à fait libre de se débarrasser, quand il voudra, de cet Edward Hyde, que, par conséquent, ses amis doivent lui laisser le soin d'apprécier ce qui convient. Assurément, il est attaché à ce garçon, il a pour cela des raisons sérieuses... Même il conjure Utterson de vaincre, quand il ne sera plus, l'antipathie que lui inspire son héritier.

« Je ne pourrai jamais le souffrir, dit le notaire.

— Soit ! répond Jekyll ; je vous prie seulement de l'aider au besoin, pour l'amour de moi. »

A une année de là, Londres tout entier est ému par un crime que rend plus frappant la haute situation de la victime, sir Danvers Carew. Il y a maintes preuves contre Hyde, et les circonstances font que M. Utterson est amené à seconder la police dans ses recherches. La connaissance qu'il a de l'adresse du meurtrier présumé permet de faire les perquisitions nécessaires. Hyde habite, dans le quartier mal fréquenté de Soho, une rue étroite et sombre, garnie de cabarets où l'on boit du gin, de restaurants français du plus bas étage, de boutiques borgnes où s'approvisionnent des femmes de mauvaise mine appartenant à toutes les nationalités. C'est dans un pareil milieu que le protégé de Jekyll, héritier d'un quart de million sterling, a élu domicile.

Une vieille femme, aux allures louches, vient ouvrir la porte.

« M. Hyde est, dit-elle, rentré très tard dans la nuit, mais pour ressortir ensuite; il a des habitudes fort irrégulières, et disparaît parfois un mois ou deux de suite. »

Au nom de la loi, la maison est visitée en détail. Elle est à peu près vide. Hyde n'habite que deux chambres meublées avec luxe; un grand désordre toutefois y règne pour le moment, comme si l'on y avait fait à la hâte des préparatifs de fuite : les vêtements traînent sur le tapis, les tiroirs sont ouverts. Des cendres grises dans l'âtre indiquent que l'on a brûlé des papiers; mais, derrière une porte, les agents découvrent la moitié d'un bâton dont l'autre moitié est restée sanglante sur le lieu du crime. Cette canne, d'un bois très rare, a été donnée bien des années auparavant à son ami Jekyll par M. Utterson.

Naturellement, la première impulsion de ce dernier est de courir chez le docteur. Poole, le vieux domestique, l'introduit, en lui faisant traverser la cour qui a été jadis un jardin, dans l'espèce de pavillon que l'on appelle indistinctement le laboratoire ou la salle d'anatomie. Le docteur a autrefois acheté la maison aux héritiers d'un chirurgien, et s'occupe de chimie là où son prédécesseur s'occupait à disséquer. Pour la première fois, le notaire est admis à visiter cette partie de la maison, qui donne sur la petite rue, théâtre de sa première rencontre avec Hyde. Il trouve le docteur dans une vaste chambre garnie d'armoires vitrées, d'un grand bureau et d'une psyché, meuble assez déplacé dans un lieu pareil.

« Savez-vous les nouvelles? lui demande Utterson.

— On les a criées sur la place, répond Jekyll très pâle et frissonnant.

— Un mot : j'espère que vous n'avez pas été assez fou pour cacher ce misérable?

— Utterson, s'écrie le docteur, je vous donne ma parole d'honneur que tout est fini entre lui et moi! D'ailleurs, il n'a pas besoin de mon secours, il est en sûreté. Personne n'entendra plus parler de Hyde. »

L'homme de loi est étonné de ces façons véhémentes, presque fiévreuses :

« Vous paraissez bien sûr de lui!

— Sûr,... absolument. Mais j'aurais besoin de votre conseil. J'ai reçu une lettre, et je me demande si je dois la communiquer à la justice. Décidez,... j'ai perdu toute confiance en moi-même.

— Vous craignez que cela n'aide à découvrir?...

— Non, peu m'importe ce que deviendra Hyde. Je pensais à ma propre réputation, que cette triste affaire met en péril. »

Utterson, surpris de ce soudain accès d'égoïsme, demande à voir la lettre; elle est d'une écriture renversée très singulière et conçue dans des termes respectueux : Hyde exprime brièvement son repentir, en s'excusant auprès du protecteur dont il a si mal reconnu les bontés; il lui annonce qu'il a des moyens de fuite tout prêts.

L'enveloppe manque; Jekyll prétend l'avoir brûlée par mégarde.

« Encore une question, reprend Utterson : c'est Hyde, n'est-ce pas, qui vous avait dicté ce passage de votre testament au sujet d'une disparition possible? »

Le docteur, défaillant, fait un signe affirmatif.

« Je m'en doutais, dit Utterson. Le scélérat avait l'intention de vous assassiner! Vous l'avez échappé belle!

— Oh! j'ai reçu une terrible leçon! s'écrie Jekyll, ensevelissant sa tête entre ses deux mains. « Quelle leçon, mon Dieu! »

Et cependant il tente, au moment même, de tromper son ami. En étudiant l'autographe de Hyde, Utterson acquiert la preuve que la prétendue lettre de l'assassin est de la main même de Jekyll, qui a changé l'aspect des caractères en les renversant. Le docteur s'est donc fait faussaire pour sauver un meurtrier!

Cependant le temps s'écoule et l'assassin reste introuvable. On recueille des détails sur le passé de l'homme, sur ses vices, sa cruauté, ses relations ignobles et la haine qu'il a partout inspirée; mais sur sa famille, sur ses origines, rien ne peut être découvert, encore moins sur le lieu où il se cache. Une nouvelle vie semble avoir commencé pour le docteur Jekyll; il ne s'occupe plus que de bonnes œuvres. Charitable, il l'a toujours été, mais il devient religieux en outre; il fréquente plus assidûment ses anciens amis, renoue des relations très affectueuses avec le docteur Lanyon, et paraît heureux comme il ne l'était pas depuis longtemps.

Deux mois se passent ainsi; tout à coup, les amis de Jekyll trouvent sa porte fermée. Il garde la chambre, ne reçoit personne. Utterson se décide enfin à faire part de son inquiétude au docteur Lanyon. En entrant chez celui-ci, il est stupéfait de le trouver changé, affaibli, presque mourant :

« Un coup terrible m'a frappé, explique Lanyon, je ne m'en relèverai jamais ; ce n'est plus qu'une question de semaines. Eh bien, je ne me plains pas de la vie,... je l'ai trouvée bonne,... mais,... si nous savions tout, nous serions plus satisfaits de nous en aller.

— Jekyll est malade, lui aussi, » commence Utterson.

A ce nom, la figure de Lanyon s'altère davantage encore ; il lève une main tremblante :

« Que je n'entende plus parler du docteur Jekyll, dit-il avec emportement. Il est mort pour moi.

— Vous lui en voulez encore ? s'écrie Utterson étonné. Songez que nous sommes trois bien vieux amis, Lanyon, et que les intimités de jeunesse ne se remplacent pas.

— Inutile d'insister. Demandez-lui plutôt à lui-même...

— Mais il ne veut pas me recevoir...

— Cela ne m'étonne pas ! Un jour ou l'autre, quand je ne serai plus, vous apprendrez la vérité. Jusque-là, qu'il ne soit jamais question entre nous d'un sujet que j'abhorre. »

Utterson demande par écrit des explications à Jekyll; une réponse très embrouillée lui parvient, dans laquelle le docteur exprime son intention de se condamner désormais à une retraite absolue.

Que faut-il supposer? Quelle catastrophe a donc pu survenir? L'idée de la folie se présente de nouveau à l'esprit du notaire; les paroles de Lanyon impliqueraient cependant tout autre chose. Il voudrait interroger de nouveau le vieux savant, mais il n'en a pas l'occasion, car, en une quinzaine de jours, cet homme d'une si haute valeur morale et intellectuelle succombe. Il laisse à Utterson un paquet scellé qui ne doit être ouvert par lui qu'après la disparition du docteur Jekyll. Pour la seconde fois, ce mot de disparition, déjà tracé dans le testament, se trouve accouplé au nom de Jekyll. Utterson contient à grand'peine sa curiosité, mais le respect qu'il doit à la volonté expresse d'un mourant le décide à laisser dormir les papiers dans un tiroir.

Souvent il va prendre des nouvelles du docteur. Le fidèle Poole lui dit toujours que son maître ne sort plus de ce cabinet mystérieux, au-dessus du laboratoire, qu'il ne parle guère, ne lit plus et paraît absorbé dans de tristes pensées. Un jour, Utterson s'avise de pénétrer dans la cour sur laquelle donnent les trois fenêtres grillées, afin d'entrevoir au moins le prisonnier volontaire. L'une de ces fenêtres est ouverte; le docteur, assis auprès, l'air souffrant, accablé, aperçoit son ami et consent à échanger de loin quelques mots avec lui. Mais, tout à coup, une expression de terreur et de désespoir, une expression qui glace le sang dans les veines du notaire, passe sur son visage, et la fenêtre se referme brusquement.

A peu de temps de là, M. Utterson reçoit la visite de Poole épouvanté. Le vieux serviteur le conjure de venir s'assurer par lui-même de ce qui se passe. Il ne peut plus porter seul le poids d'une pareille responsabilité. Tout le monde a peur dans la maison.

En effet, quand Utterson pénètre chez le docteur, les autres domestiques sont réunis tremblants, effarés, dans le vestibule, et on lui fait de sinistres rapports. A la suite de Poole, il se dirige vers le pavillon où s'est retranché Jekyll et monte l'escalier qui conduit au fameux cabinet.

« Marchez aussi doucement que possible et puis écoutez; mais qu'il ne vous entende pas, » dit Poole, sans que le notaire puisse rien comprendre à cette étrange recommandation.

Il annonce, par le trou de la serrure, M. Utterson.

Une voix plaintive répond du dedans :

« Je ne peux voir personne. »

Et Poole, d'un air triomphant, reprend tout bas :

« Eh bien, Monsieur, dites si c'est vraiment la voix de mon maître?

— Elle est bien changée, en effet.

— Changée? On n'a pas été vingt ans dans la maison d'un homme pour ne pas reconnaître sa voix. Non, Monsieur, mon maître a disparu; dites-moi maintenant qui est là, à sa place? »

En parlant, il a entraîné M. Utterson dans une chambre écartée où nul ne peut épier leur conciliabule.

« Toute cette dernière semaine, celui qui hante le cabinet a demandé je ne sais quel médicament. Mon maître faisait cela quelquefois. Il écrivait son ordonnance, puis jetait la feuille de papier sur l'escalier. Depuis huit jours nous n'avons vu de lui que cela,... des papiers. Il était enfermé; les repas mêmes devaient être laissés à la porte. Eh bien, tous les jours, deux ou trois fois par jour, il y avait des ordonnances sur l'escalier, et je devais courir chez tous les chimistes de la ville; et chaque fois que j'avais apporté la drogue, un nouveau papier me commandait de la rendre, parce qu'elle n'était pas pure, et de chercher ailleurs. On a terriblement besoin de cette drogue-là, Monsieur... »

L'un des papiers est resté dans la poche de Poole. Jekyll y a tracé les lignes suivantes :

« Le docteur Jekyll affirme à MM.*** que leur dernier envoi n'a pu servir. En 18... il leur avait acheté une quantité considérable de cette même poudre. Il les prie de chercher avec un soin extrême et de lui en envoyer de la même qualité, à tout prix. »

Jusque-là, l'écriture est assez régulière; mais, à la fin, la plume a craché, comme si une émotion trop forte brisait toutes les digues :

« Pour l'amour de Dieu, trouvez-m'en de l'ancienne ! »

« Ceci est assurément l'écriture du docteur, dit Utterson.

— En effet, répond Poole; mais, peu importe son écriture, je l'ai vu...

— Qui donc?

— Je l'ai surpris un jour qu'il était sorti du cabinet et ne se croyait pas observé. Ce n'a été qu'une minute; il s'est sauvé avec une espèce de cri; mais je savais à quoi m'en tenir, et mes cheveux se sont hérissés de crainte. Pourquoi mon maître aurait-il eu un masque sur la figure et pourquoi aurait-il crié en s'enfuyant à ma vue?

2.

— Je crois que je devine, dit Utterson. Mon pauvre ami est atteint, sans doute, d'une maladie qui le défigure autant qu'elle le fait souffrir, et qu'il veut dérober à tous les yeux. De là ce masque qu'il porte pour dissimuler quelque plaie affreuse, de là l'extraordinaire altération de sa voix et l'impatience qu'il a de trouver un remède qui puisse le soulager.

— Non, Monsieur, dit Poole résolument, cet être-là n'était pas mon maître; mon maître est grand, solide, celui-là n'était guère qu'un nain. Parbleu! depuis vingt ans, je le connais assez, mon maître! Non, l'homme au masque n'était pas le docteur, et, si vous voulez que je vous dise ce que je crois, un meurtre a été commis.

— Puisque vous parlez ainsi, Poole, mon devoir est de m'assurer des faits. J'enfoncerai cette porte. »

Les deux hommes se munissent d'une hache et d'un tisonnier; ils envoient un valet de pied robuste garder la porte du laboratoire. Une dernière fois, Utterson écoute. Le bruit d'un pas léger se fait à peine entendre sur le tapis.

« Tout le jour et une bonne partie de la nuit, il marche ainsi de long en large, dit le vieux domestique; une mauvaise conscience ne se repose pas. Et une fois,... une fois, j'ai entendu qu'il pleurait... On aurait dit une femme ou une âme en peine. Je ne sais quel poids m'est tombé sur le cœur. J'aurais pleuré aussi. »

Le moment est venu d'agir.

« Jekyll, crie Utterson d'une voix forte, je demande à vous voir. »

Pas de réponse.

« Je vous avertis; nous avons des soupçons, je dois et je veux vous voir; si ce n'est pas de votre plein gré, ce sera de force...

— Utterson, réplique la voix, pour l'amour de Dieu, ayez pitié! »

Ce n'est pas la voix de Jekyll décidément, c'est celle de Hyde. Quatre fois la hache s'abat sur les panneaux qui résistent; un cri de terreur tout animal a retenti dans le cabinet. Au cinquième coup, la porte brisée livre passage aux assiégeants, qui, consternés du silence qui règne désormais, restent irrésolus sur le seuil. Une lampe éclaire paisiblement ce réduit studieux, un bon feu brûle dans l'âtre, le thé est préparé sur une petite table; sans les armoires vitrées remplies de produits chimiques, on se croirait dans l'intérieur le plus bourgeois. Mais, au milieu de la chambre, gît un cadavre encore palpitant, celui d'Edward Hyde. Il est vêtu d'habits trop grands pour lui, des habits à la taille du docteur. Sa main crispée tient encore une fiole de poison. Il s'est fait justice.

Quant au docteur, on ne le retrouve nulle part; mais, sur la table, auprès d'un ouvrage pieux pour lequel Jekyll avait exprimé à plusieurs reprises beaucoup d'estime, et qui cependant est annoté de sa main avec force blasphèmes, auprès des soucoupes remplies de doses mesurées d'un sel blanc, que Poole reconnaît pour la drogue que son maître l'envoyait toujours demander, il y a des papiers.

En cherchant bien, Utterson découvre un testament qui lui lègue, chose étrange, tout ce qui devait appartenir à Edward Hyde, puis une lettre d'adieu et une confession dont il prend connaissance, après avoir lu le manuscrit du docteur Lanyon.

Ce manuscrit atteste un fait étrange. Le 9 janvier, Lanyon a reçu de son vieux camarade de collège, Henry Jekyll, une lettre chargée qui l'adjure, au nom de leur amitié ancienne, de lui rendre un service duquel dépend son honneur, sa vie. Il s'agit d'aller prendre dans son cabinet de travail, quitte à en forcer la porte, des poudres et une fiole dont il indique exactement la place. Vers minuit un homme qu'il devra recevoir en secret, après avoir renvoyé ses domestiques, viendra lui dire le reste. Lanyon, sans rien comprendre à cet appel, obéit exactement; il se rend chez Jekyll; le vieux Poole, lui aussi, a été averti par lettre chargée. Un serrurier est là qui attend; on pénètre dans le cabinet en forçant la serrure, on découvre, à l'endroit désigné, des sels quelconques, une teinture rouge qui ressemble à du sang, un cahier qui renferme nombre de dates couvrant une période de beaucoup d'années, avec quelques notes inintelligibles. Lanyon, fort intrigué, emporte le tout chez lui, et attend de pied ferme le visiteur nocturne, auquel il va ouvrir lui-même.

Ce visiteur est un petit homme dont l'aspect lui inspire un mélange inconnu de dégoût et de curiosité. Il est vêtu d'habits beaucoup trop grands, qui traînent par terre et flottent autour de lui. Son premier mot est pour réclamer avec agitation les mystérieux objets trouvés chez le docteur Jekyll; à leur vue, il pousse un soupir de soulagement, puis, demandant un verre gradué, compte quelques gouttes de la liqueur, et y ajoute l'une des poudres. Le mélange, d'abord rougeâtre, commence, tandis que les cristaux se dissolvent, à prendre une nuance plus brillante, à devenir effervescent et à exhaler des fumées légères. Soudain, l'ébullition cesse, le liquide passe lentement du pourpre foncé au vert pâle. L'étrange visiteur a bu d'un trait... Il crie, chancelle, se retient à la table, puis reste là, les yeux injectés, la bouche entr'ouverte, respirant à peine. Un changement s'est produit : les traits du visage semblent se fondre et se reformer. Lanyon recule d'un soubresaut brusque, l'âme noyée dans une épouvante sans nom. Devant lui, pâle, tremblant, les mains étendues comme pour retrouver son chemin à tâtons au sortir du sépulcre, se tient Henry Jekyll!...

C'est ce qu'il a entendu, ce qu'il a vu cette nuit-là qui a ébranlé la vie du docteur Lanyon dans ses fondements mêmes. Le secret professionnel s'impose à lui, mais l'horreur le tuera, car il ne peut se le dissimuler, et cette pensée le hante jusqu'à une suprême angoisse, lui, l'ennemi et le contempteur de la science occulte : l'être difforme qui s'est glissé dans sa maison cette nuit-là est bien celui que poursuit la police comme assassin de sir Danvers Carew...

Quant à l'effrayante métamorphose, elle est expliquée par la confession du docteur Jekyll :

« Je suis né en 18.., avec une grosse fortune, quelques excellentes qualités, le goût du travail et le désir de mériter l'estime des meilleurs entre mes semblables, en possession, par conséquent, de toutes les garanties qui peuvent assurer un avenir honorable et distingué. Le plus grand de mes défauts était cette soif de plaisir qui contribue au bonheur de bien des gens, mais qui ne se conciliait guère avec ma préoccupation de porter la tête haute devant le public, de garder une contenance particulièrement grave. Il arriva donc que je cachai mes fredaines, et que, lorsque ma situation se trouva solidement établie, j'avais déjà pris l'habitude invétérée d'une vie double. Plus d'un aurait fait parade des légères irrégularités de conduite dont je me sentais coupable; mais, considérées des hauteurs où j'aimais à me placer, elles m'apparaissaient, au contraire, comme inexcusables, et je les cachais avec un sentiment de honte presque morbide. Ce fut donc beaucoup moins l'ignominie de mes fautes que l'exigence de mes aspirations qui me fit ce que j'étais, et qui creusa chez moi, plus profondément que chez la majorité des hommes, une séparation marquée entre le bien et le mal, ces provinces distinctes qui composent la dualité de la nature humaine.

« J'étais amené ainsi, bien souvent, à méditer sur cette dure loi de la vie qui gît aux racines mêmes de la religion et qui est une si grande cause de souffrance. Malgré ma duplicité, je ne me trouvais en aucune façon hypocrite; mes deux natures prenaient tout au sérieux de bonne foi; je n'étais pas plus moi-même quand je me plongeais dans le désordre que quand je m'élançais à la poursuite de la science, ou quand je me consacrais au soulagement des malheureux. L'impulsion de mes études scientifiques, qui m'emportait dans les sphères transcendantales d'un certain mysticisme, me faisait mieux sentir la guerre qui se livrait en moi. Par les deux côtés de mon intelligence, le côté moral et le côté intellectuel, je me rapprochais donc, chaque jour davantage, de cette vérité, dont la découverte partielle m'a conduit à un si épouvantable naufrage, que l'homme n'est pas un, en réalité, mais deux ; je dis deux, ma propre expérience n'ayant pas dépassé ce nombre. D'autres me suivront, d'autres iront plus loin que moi dans la même voie, et je me hasarde à deviner que, dans chaque homme, sera reconnue plus tard une réunion d'individus très divers, hétérogènes et indépendants. Quant à moi, je devais infailliblement, par mon genre de vie, avancer dans une direction unique. Ce fut du côté moral et en ma propre personne que j'appris à découvrir la dualité primitive de l'homme ; je vis que des deux natures qui se combattaient dans le champ de ma conscience, on pouvait dire que je n'appartenais à aucune, parce que j'étais radicalement aux deux ; et, de bonne heure, avant même que mes travaux m'eussent suggéré la possibilité d'un pareil miracle, je pris l'habitude de m'appesantir avec délices sur la pensée, vague comme un rêve, de la séparation de ces éléments.

« Si chacun d'eux, me disais-je, pouvait habiter des identités distinctes, la vie serait délivrée de ce qui la rend intolérable, le voluptueux pourrait se satisfaire, délivré enfin des scrupules et des remords que son frère jumeau lui impose, et le juste marcherait droit devant lui, en s'élevant toujours, en accomplissant les bonnes œuvres où il trouve son plaisir, sans s'exposer davantage aux hontes et aux châtiments qu'attire sur lui un compagnon qu'il réprouve. Pour la malédiction de l'humanité, ces deux ennemis sont emprisonnés ensemble dans le sein torturé de notre conscience, où ils luttent sans relâche l'un contre l'autre. Comment les séparer?

« Le moyen que je cherchais me fut fourni par les expériences multiples auxquelles je me livrais dans mon laboratoire. Peu à peu j'acquis le sentiment profond de l'immatérialité hésitante, de la nature transitoire et vaporeuse, pour ainsi dire, de ce corps, solide en apparence, dont nous sommes revêtus. Je découvris que certains agents ont le pouvoir de secouer notre vêtement de chair comme le vent agite un rideau, de nous en dépouiller même. Pour deux bonnes raisons, je n'approfondirai pas davantage la partie scientifique de ma confession : d'abord, parce que j'ai appris, à mes dépens, que le fardeau de la vie est rivé indestructiblement aux épaules de l'homme, et qu'à chaque tentative faite pour le rejeter, il revient en imposant une pression plus pénible. Secondement, parce que, — mon récit le prouvera d'une façon trop évidente, hélas ! — mes découvertes restèrent incomplètes. Il suffit donc de dire que, non seulement j'en vins à reconnaître, en mon propre corps, la simple exhalaison, le simple rayonnement de certaines puissances qui entraient dans la composition de mon esprit, mais que je réussis à fabriquer une drogue par laquelle ces puissances pouvaient être détournées de leur suprématie et souffrir qu'une nouvelle forme fût substituée à l'ancienne, une forme qui ne m'était pas moins naturelle, parce qu'elle portait l'empreinte des éléments les moins nobles de mon âme.

« J'hésitai longtemps avant de mettre cette théorie en pratique. Je savais très bien que je risquais la mort, car une substance capable de contrôler si violemment et de secouer à ce point la forteresse même de l'identité pouvait, prise à trop haute dose, ou par suite d'un accident quelconque, au moment de son absorption, effacer à tout jamais le tabernacle immatériel que je lui demandais de modifier seulement. Mais la tentation d'une découverte si singulière l'emporta sur les plus vives alarmes. J'avais depuis longtemps préparé ma teinture; j'achetai, en quantité considérable, chez un marchand de produits chimiques, certain sel particulier que je savais, l'ayant employé à mes expériences, être le dernier ingrédient nécessaire, et, par une nuit maudite, je mêlai ces éléments, je les regardai bouillir et fumer ensemble dans un verre dont, avec un grand effort de courage, quand l'ébullition eut cessé, j'avalai le contenu.

« Les plus atroces angoisses s'ensuivirent, comme si l'on me broyait les os : une nausée mortelle, une horreur intime qui ne peut être surpassée à l'heure de la naissance ni à celle de la mort... Puis ces agonies diverses s'évanouirent rapidement, et je revins à moi, comme au sortir d'une maladie. Il y avait quelque chose d'étrange dans mes sensations, quelque chose d'indescriptiblement nouveau et, par suite de cette nouveauté même, d'incroyablement agréable. Je me sentais plus jeune, plus léger, plus heureux dans mon corps. En dedans, je devenais capable de toutes les témérités; un torrent d'images sensuelles roulait, se déchaînait dans mon imagination, j'échappais aux liens de toute obligation, j'acquérais une liberté d'âme inconnue jusque-là, qui n'était nullement innocente. Je connus, dès le premier souffle de cette vie nouvelle, que j'étais plus mauvais qu'auparavant, dix fois plus mauvais, livré, comme un esclave, au mal originel, et cette pensée m'exalta comme l'eût fait du vin... J'étendis les bras, en m'abandonnant, ravi, à la fraîcheur de ces sensations, et, au moment même, je fus soudainement averti que j'avais baissé en stature. Il n'y avait pas de miroir dans mon cabinet à cette époque; la psyché, qui maintenant s'y trouve, y fut apportée, plus tard, pour refléter mes transformations. La nuit cependant touchait au matin, un matin très sombre; tous les hôtes de la maison étaient encore plongés dans le sommeil; transporté, comme je l'étais, d'espérance et de joie, je m'aventurai dehors, je traversai la cour, au-dessus de laquelle il me sembla que les constellations regardaient étonnées cet être, le premier de son espèce qu'eût encore découvert leur infatigable vigilance; je me glissai par les corridors, étranger dans ma propre maison, et, en arrivant dans ma chambre, j'aperçus pour la première fois Edward Hyde.

« Il faut maintenant que je parle par théorie,

en disant, non pas ce que je sais, mais ce que je crois être probable. Le côté mauvais de ma nature, à qui j'avais transféré momentanément toute autorité, était moins robuste et moins bien développé que le meilleur, dont je venais de me dépouiller. Dans le cours de ma vie, qui avait été, après tout, pour les neuf dixièmes, une vie de vertu et d'empire sur moi-même, je l'avais beaucoup moins épuisé que l'autre. De là, je suppose, ce fait qu'Edward Hyde était plus petit, plus mince, plus jeune qu'Henry Jekyll. De même que la bonté éclairait la physionomie de celui-ci, le mal était écrit lisiblement sur la face de celui-là. Le mal, en outre, que je crois toujours être le côté mortel de notre humanité, avait laissé, sur ce corps chétif, le signe de la laideur, du délabrement. Et, cependant, quand mes yeux rencontrèrent, dans la glace, cette vilaine idole, je n'éprouvai pas une répugnance, mais plutôt un élan de bienvenue. Ceci, en somme, était encore moi-même; ceci me semblait naturel et humain. A mes yeux, l'image de l'esprit y brillait plus vive, elle était plus ressemblante, plus tranchée dans son individualité, que sur la physionomie complexe et divisée qu'auparavant j'avais l'habitude d'appeler mienne. Dans ce jugement, je devais avoir raison, car j'ai toujours remarqué que, quand je portais la figure d'Edward Hyde, personne ne pouvait approcher de moi sans une visible défaillance physique. J'attribue cet effet à ce que tous les êtres humains, tels que nous les rencontrons, sont composés de bien et de mal, tandis que Hyde était seul au monde pétri de mal sans mélange.

« Je ne m'attardai qu'une minute devant le miroir ; il me restait à tenter la seconde expérience, l'expérience concluante, à voir si j'avais perdu mon identité sans retour, s'il me fallait fuir, avant l'aurore, une maison qui ne serait plus la mienne. Rentrant précipitamment dans mon cabinet, je préparai, j'absorbai le breuvage une fois de plus ; une fois de plus j'endurai les tortures de la dissolution ; enfin, je revins à moi avec le caractère, la stature et le visage d'Henry Jekyll.

« Cette nuit-là, j'abordai les funestes chemins de traverse. Si j'eusse fait ma découverte dans un plus noble esprit, si j'eusse tenté cette expérience sous l'empire de religieuses aspirations, tout eût pu être différent ; de ces agonies de la naissance et de la mort serait sorti un ange plutôt qu'un démon. La drogue n'avait aucune action déterminante, elle n'était ni diabolique ni divine ; elle ébranla seulement les portes de ma prison, et ce qui était dedans s'élança dehors. A cette époque, la vertu sommeillait en moi ; ma perversité, mieux éveillée, profita de l'occasion : Edward Hyde surgit. Dorénavant, bien que j'eusse deux caractères aussi bien que deux apparences, et que l'un fût tout entier mauvais, l'autre était encore le vieil Henry Jekyll, ce composé incongru des progrès duquel j'avais appris déjà à désespérer. Le mouvement fut donc complètement vers le pire.

« Même alors je n'avais pas pu me réconcilier avec la sécheresse d'une vie d'étude ; j'étais gai à mes heures, et, comme mes plaisirs manquaient de dignité, comme j'étais, avec cela, non seulement connu de tout le monde et trop considéré, mais bien près de la vieillesse, cette incohérence de ma vie devenait gênante de plus en plus. Ce fut pour ces motifs que mon nouveau pouvoir me tenta jusqu'à ce que j'en devinsse l'esclave. Je n'avais qu'à vider une coupe, à me débarrasser du corps d'un professeur en renom et à endosser, comme un manteau épais, celui d'Edward Hyde. Cette idée me sembla piquante, et je fis avec soin tous mes préparatifs. Je louai et je meublai ce logement de Soho, où Hyde fut traqué par la police ; je pris pour gouvernante une créature que je savais être silencieuse et sans scrupules. D'autre part, j'annonçai à mes domestiques qu'un M. Hyde, dont je leur fis le portrait, devait jouir dans ma maison du square d'une entière liberté, de pleins pouvoirs. Pour éviter tout accident, je me fis familièrement connaître sous mon nouvel aspect; je m'arrangeai de façon à ce que, si quelque malheur m'arrivait en la personne du docteur Jekyll, je pusse éviter toute perte pécuniaire sous ma figure d'Edward Hyde. Ce fut le secret du testament auquel vous opposâtes tant d'objections. Ainsi fortifié, comme je le supposais, de tous côtés, je profitai sans crainte des immunités de ma situation. Certains hommes ont eu des bandits à leurs gages pour accomplir des crimes, tandis que leur propre réputation demeurait à l'abri. Je fus le premier qui agît de même en vue du plaisir. Je pus donc ainsi, aux yeux de tous, travailler consciencieusement, étaler une respectabilité bien acquise, puis, soudain, comme un écolier, rejeter ces entraves et plonger, la tête la première, dans l'océan de la liberté. Sous mon manteau impénétrable, je possédais une sécurité complète. Songez-y,.. je n'avais qu'à franchir le seuil de mon laboratoire : en deux secondes, la liqueur, dont je tenais les ingrédients toujours prêts, était avalée; après cela, quoi qu'il pût faire, Hyde disparaissait comme un souffle sur un miroir, et à sa place, tranquillement assis chez lui, sous sa lampe nocturne, Jekyll se moquait des soupçons.

« Mes plaisirs, je l'ai déjà dit, n'avaient jamais été des plus relevés; avec Edward Hyde, ils devinrent très vite ignobles et monstrueux. A mon retour de chaque excursion nouvelle, je restais stupéfait des turpitudes de mon autre moi-même. Ce familier, que j'évoquais ainsi et que j'envoyais seul agir selon son bon plaisir, était l'être le plus vil et le plus dépravé; il n'avait que des pensées égoïstes, s'abreuvant de jouissances avec une avidité toute bestiale, sans souci des tortures qui pouvaient en résulter pour d'autres, aussi dépourvu de remords qu'une statue de pierre. Henry Jekyll s'effrayait parfois des actes d'Edward Hyde, mais cette situation échappait aux lois communes, elle relâchait insidieusement l'étreinte de la conscience. C'était Hyde après tout, et Hyde seul, qui était coupable; Jekyll ne se sentait pas plus méchant qu'auparavant; ses bonnes qualités lui revenaient sans avoir subi d'atteintes apparentes; il se hâtait même de réparer le mal accompli par Hyde quand cela était possible. De cette façon il se tranquillisait.

« Je n'ai nul dessein d'entrer dans le détail des infamies dont je me rendais complice (quant à les avoir commises moi-même, je ne puis aujourd'hui encore l'admettre). Je ne veux qu'indiquer les avertissements que je reçus et les degrés de mon châtiment. Une fois, je courus un véritable danger. Un acte de cruauté contre une enfant excita contre moi la colère de la foule, qui m'eût déchiré, je crois, si je n'avais pas apaisé la famille de ma petite victime en lui remettant un chèque au nom d'Henry Jekyll. Ceci me donna l'idée d'avoir un compte dans une autre banque au nom d'Edward Hyde, et quand, en altérant mon écriture, j'eus pourvu mon double d'une signature, je me crus de nouveau à l'abri du destin.

« Deux mois environ avant le meurtre de sir Danvers Carew, j'étais allé courir les aventures. Rentré fort tard, je m'éveillai le lendemain avec des sensations bizarres. Ce fut en vain que je regardai autour de moi, en reconnaissant les belles proportions et le mobilier décent de ma chambre du square, le dessin des rideaux, la forme du lit d'acajou où j'étais couché. Quelque chose me laissait convaincu que je n'étais pas réellement où je croyais être, mais bien dans mon galant réduit de Soho, où j'avais coutume de dormir sous le masque d'Edward Hyde. Je me mis à rire de cette illusion et, toujours curieux de psychologie, à en chercher les causes. Par intervalles, toutefois, le sommeil m'emportait, interrompant ma rêverie, que je reprenais ensuite. Dans un moment lucide, mon regard tomba sur ma main à demi fermée. Or la main de Jekyll, vous l'avez souvent remarqué, était une main professionnelle de forme et de dimensions, une grande main blanche, ferme et bien faite, tandis que la main qui m'apparaissait distinctement sur les draps, à la clarté jaunissante d'une matinée de Londres, était d'une pâleur brune, maigre, osseuse, avec de gros nœuds et couverte partout d'un épais duvet noir. Cette main velue était la main d'Edward Hyde.

« Je dus la contempler fixement pendant près d'une minute, abasourdi comme je l'étais, jusqu'à ce que l'effroi éclatât dans mon sein avec un fracas de cymbales. Bondissant hors du lit, je courus à mon miroir. Au spectacle qui frappa mes yeux, tout le sang de mes veines se glaça. Oui, je m'étais couché sous la forme de Jekyll, et c'était Hyde qui s'éveillait. Comment expliquer ce phénomène?... Comment y remédier?... Nouvelles terreurs. La matinée était avancée déjà, les domestiques devaient être tous levés, et mes drogues se trouvaient dans le cabinet. Il me fallait faire un voyage pour les atteindre, descendre l'escalier, traverser la cour. Sans doute, je pourrais dissimuler mon visage, mais à quoi bon, puisque je ne pouvais cacher de même le changement de stature? Enfin, je me rappelai que mes gens étaient habitués déjà à voir aller et venir mon second moi, et j'éprouvai là-dessus une sensation délicieuse de soulagement. Je fus vite prêt; dans des habits à la taille du docteur, je traversai la maison, où le valet de pied recula ébahi en reconnaissant M. Hyde à pareille heure et si singulièrement accoutré. Dix minutes après, le docteur Jekyll, revenu à sa première forme, s'asseyait assez sombre devant un déjeuner qu'il ne mangeait que du bout des lèvres.

« J'avais assurément peu d'appétit; cet accident inexplicable renversait toutes mes expériences et semblait, comme le doigt qui écrivit sur le mur durant l'orgie babylonienne, tracer ma condamnation. Je commençai à réfléchir plus sérieusement que je ne l'avais encore fait aux possibilités de ma double existence. Cette partie de moi-même, que j'avais le pouvoir de projeter au dehors, avait été, depuis quelque temps, terriblement exercée; il me sembla qu'elle grandissait, que le sang circulait plus vif dans les veines de Hyde, et je commençai à entrevoir le péril d'un renversement de la balance. Que ferais-je si le pouvoir du changement volontaire m'échappait, si le caractère d'Edward Hyde allait devenir le mien irrévocablement? La vertu de la drogue ne se manifestait pas toujours d'une façon égale. Une fois, au commencement, elle m'avait fait défaut; depuis, il m'avait fallu, en plus d'une circonstance, doubler et même tripler la dose, au risque d'en mourir. Ces incertitudes assombrissaient quelque peu mon contentement, qui eût été parfait sans elles. Maintenant, à la lumière de cet accident matinal, je fus conduit à remarquer que la difficulté qui avait été, au commencement, de me débarrasser du corps de Jekyll, s'était transférée peu à peu du côté opposé. Il devenait clair que je perdais lentement possession de mon premier moi, le meilleur, et que je m'incorporais de plus en plus à mon second moi, le pire. Entre les deux, je devais faire un choix. Mes deux natures avaient en commun la mémoire, mais toutes les autres facultés étaient fort inégalement réparties entre elles. Jekyll (qui était composite) prenait part aux aventures de Hyde, tantôt avec appréhension, tantôt avec curiosité; mais Hyde était fort indifférent à Jekyll et ne se souvenait de lui que comme le brigand se rappelle la caverne où il se cache et déjoue les poursuites.

« Faire cause commune avec Jekyll, c'était renoncer à ces appétits que j'avais longtemps caressés en secret et auxquels, depuis peu, je m'abandonnais éperdûment. Préférer Hyde, c'était mourir à mille intérêts et à mille aspirations qui m'étaient chers, c'était devenir d'un coup méprisable, c'était perdre mes amis. Le marché peut paraître inégal, mais il y avait encore une autre considération dans la balance : tandis que Jekyll souffrirait cruellement de l'abstinence, Hyde ne se rendrait même pas compte de ce qu'il avait perdu. Si particulier que fût mon cas, les termes de ce débat étaient vieux comme l'homme lui-même : des tentations, des alarmes identiques assiègent le premier pécheur venu, et il en fut pour moi comme pour le grand nombre de mes semblables. Je choisis la meilleure part, et puis manquai de force pour m'y tenir.

« Oui, je donnai la préférence au docteur déjà vieux et contrarié dans ses passions, mais entouré d'amitiés honorables et rempli d'intentions généreuses ; je dis un adieu résolu à la liberté, à une jeunesse relative, aux impulsions ardentes et aux secrètes débauches ; mais peut-être apportai-je dans ce choix quelques réserves inconscientes, car je ne renonçai pas à ma maison de Soho, et je gardai les vêtements d'Edward Hyde, préparés pour tout événement, dans mon cabinet. Pendant deux mois, cependant, je fus fidèle à ma détermination; pendant deux mois, je pratiquai une austérité à laquelle jamais, jusque-là, je n'avais pu atteindre, et je jouis des compensations que procure la paix de la conscience. Mais le temps finit par atténuer mes craintes, des désirs frénétiques me torturèrent, comme si Hyde eût réclamé la liberté; enfin, dans une heure de faiblesse morale, j'avalai de nouveau la liqueur transformatrice.

« De même que l'ivrogne, quand il raisonne avec lui-même sur son vice, n'est pas, une fois sur cinq cents, frappé des dangers qu'il court par suite de son inconscience de brute, je n'avais jamais, en considérant ma position, tenu compte suffisamment de la complète insensibilité morale, de la propension perpétuelle à mal faire qui dominait chez Hyde. Ce fut par là cependant que je fus puni. Mon démon avait été longtemps en cage, il s'échappa rugissant. Au moment même où je bus, je me sentis plus furieusement porté au crime que par le passé. Une tempête d'impatience bouillonnait en moi. Sur une imperceptible provocation, je m'emportai comme aucun homme pourvu de sens n'aurait pu le faire, je frappai un vieillard inoffensif sans plus de motifs que ceux qu'un enfant gâté peut avoir pour casser son joujou. Volontairement, je m'étais dessaisi de ces instincts qui maintiennent une sorte d'équilibre chez les plus mauvais d'entre nous; pour moi, être tenté, la tentation fût-elle légère, c'était succomber aussitôt. L'esprit infernal me poussant, je m'abandonnai à une rage meurtrière, et ce ne fut que la lassitude qui mit fin au terrible accès de délire dont le résultat fut la mort de sir Danvers Carew. Tout à coup, mon cœur se glaça d'effroi; je compris qu'il y allait de ma vie, et, fuyant le théâtre du meurtre, je ne songeai plus qu'à me mettre en sûreté.

« Je courus à ma maison de Soho et je détruisis mes papiers; puis je commençai d'errer par les rues, à la fois fier de mon crime et tremblant d'en subir les conséquences, rêvant d'en commettre de nouveaux, et l'oreille tendue, néanmoins, au bruit des pas du vengeur qui devait me poursuivre. Hyde avait une chanson cynique sur les lèvres en mêlant sa drogue, et il la but à la santé du mort. Les souffrances de la transformation le possédaient encore, cependant, quand Jekyll, avec des larmes de gratitude et de repentir, tomba à genoux, les mains levées vers Dieu. Le voile s'était déchiré; je voyais ma vie dans son ensemble, depuis les jours de mon en-

fance et à travers les diverses phases de mes
études, de ma profession si honorée, jusqu'aux
horreurs de cette nuit-là! Je ne pouvais réussir
à me croire un assassin; je repoussais, avec des
cris et des prières, les images hideuses que ma
mémoire suscitait contre moi; n'importe, l'iniquité commise me restait présente. Les angoisses du remords firent place enfin à un sentiment de joie; le problème de ma conduite se
trouva résolu. Hyde devenait impossible; bon
gré mal, gré, je me trouvais réduit à la plus
noble partie de mon existence. Combien je m'en
réjouissais! Avec quel empressement et quelle
humilité j'acceptais les restrictions de la vie normale, avec quel renoncement sincère je fermai
la porte par laquelle je m'étais enfui si souvent!
Je me disais que je n'en repasserais jamais le
seuil maudit; je broyai la clé sous mon talon, je
je me crus sauvé...

« Le lendemain, la culpabilité de Hyde était
prouvée; on s'indignait d'autant plus que la victime était un homme haut placé dans l'estime
du monde. Je ne fus pas fâché de sentir mes
meilleures impulsions gardées ainsi par la terreur de l'échafaud; Jekyll était maintenant ma
cité de refuge. Hyde n'avait qu'à se laisser entrevoir pour que la société tout entière se tournât

contre lui. Je me jurai de racheter le passé, et je puis déclarer honnêtement que ma résolution produisit de bons fruits. Vous avez vu vous-même comment je m'efforçai, durant les derniers mois de l'année dernière, de soulager l'infortune ; vous savez tout ce que je fis pour les autres. Mes jours s'écoulaient très calmes, et je ne dirai pas que je me sois lassé de cette vie féconde et innocente ; je crois au contraire que, de jour en jour, j'en jouissais plus pleinement. Mais cette malédiction, la dualité de but, continuait à peser sur moi ; ma pénitence n'était pas accomplie que déjà mon moi inférieur se remettait à élever la voix ; non que l'idée de ressusciter Hyde pût jamais me revenir, elle m'eût épouvanté au contraire. Non, ce fut sous ma forme accoutumée que je fus tenté, une fois de plus, de transiger avec ma conscience ; je succombai à la façon d'un coupable ordinaire, en secret, et après une certaine résistance.

« Hélas ! tout finit, la mesure la plus large se remplit à la fin. Cette courte faiblesse acheva de détruire la balance de mon âme... Je ne m'effrayai pas cependant ; cette chute semblait naturelle : c'était comme un retour au vieux temps, alors que je n'avais pas encore fait ma découverte. Écoutez ce qui m'arriva :

« Par une belle journée de janvier, je traversais Regent's Park. La terre était humide aux endroits où s'était fondue la neige, mais il n'y avait pas de nuage au ciel; des gazouillements d'oiseaux se mêlaient à des odeurs douces, presque printanières. Je m'assis sur un banc au soleil. L'animal qui était en moi se léchait les babines, pour ainsi dire, en se souvenant; le côté spirituel était un peu engourdi, mais disposé à de futures expiations, sans être encore prêt à commencer. Je me disais que, somme toute, j'étais comme mes voisins, et je souris même assez orgueilleusement en comparant ma bonne volonté si active à leur paresseuse indifférence. Au moment même où je me complaisais dans cette vaine gloire, un spasme me prit, d'horribles nausées, un frisson mortel... Ces symptômes se dissipèrent, me laissant très faible, et puis, au sortir de cette défaillance, je commençai à me rendre compte d'un changement dans mon état moral : j'étais plus hardi, je méprisais le danger, je me moquais des responsabilités. Je baissai les yeux : mes habits pendaient sans forme sur mes membres rapetissés, la main qui reposait sur mon genou était noueuse et velue. J'étais une fois de plus Edward Hyde. Une minute auparavant, le monde m'entourait de respect, je me savais riche, je me dirigeais vers le dîner qui m'attendait chez moi. Maintenant, je faisais partie de l'écume de la société, j'étais dénoncé, sans gîte ici-bas, meurtrier voué à la potence.

« Ma raison chancela, mais elle ne me manqua pas tout à fait. J'ai observé maintes fois que, dans mon second rôle, mes facultés devenaient plus aiguës, qu'elles se tendaient plus exclusivement vers un point particulier. Où Jekyll aurait peut-être succombé, Hyde savait s'élever à la hauteur des circonstances. Mes drogues se trouvaient dans l'une des armoires de mon cabinet. Comment y atteindre? Tel fut le problème qu'en écrasant mes tempes entre mes mains, je m'acharnai à résoudre. J'avais fermé à double tour la porte du laboratoire. Si j'essayais d'entrer par la maison, mes propres domestiques me livreraient à la justice. Je compris qu'il fallait employer une autre main; je pensai à Lanyon, mais je me dis en même temps :

« Réussirai-je à parvenir jusqu'à lui? On m'arrêtera probablement dans la rue; même si j'échappe à ce péril imminent, si j'arrive sain et sauf chez mon confrère, comment un visiteur inconnu et désagréable obtiendrait-il qu'un homme tel que lui allât forcer la porte du cabinet de son ami, le docteur Jekyll?

« Tout en constatant avec angoisse ces impossibilités, je me rappelai qu'il me restait un trait de mon caractère original, que j'avais gardé mon écriture. Aussitôt qu'eut jailli cette étincelle, le chemin se trouva éclairé d'un bout à l'autre. J'arrangeai de mon mieux mes habits flottants, et, appelant un cab, je me fis conduire dans un hôtel de Portland-street, dont, par hasard, je me rappelais le nom. A ma vue, qui était assurément comique, — quelque tragédie qui pût se cacher sous ces vêtements d'emprunt trop longs et trop larges de moitié, — le cocher ne put s'empêcher de rire. Je grinçai des dents, pris d'un accès de fureur diabolique, et la gaîté s'effaça de ses lèvres, heureusement,... car une minute encore et je l'eusse arraché de son siège.

« A l'hôtel, je regardai autour de moi d'un air qui fit trembler les employés; en ma présence, ils n'osèrent pas échanger un regard : on prit mes ordres avec une politesse obséquieuse, on me donna une chambre et de quoi écrire. Hyde en péril était un être nouveau pour moi : prêt à se défendre comme un tigre, à se venger de tous. Néanmoins, l'horrible créature était rusée : cette disposition féroce fut maîtrisée par un effort puissant de la volonté; deux lettres partirent, l'une pour Lanyon, l'autre pour Poole. Après cela, il resta tout le jour devant son feu à se ronger les ongles, demanda un dîner chez lui, toujours seul avec ses terreurs furieuses et faisant frissonner sous son seul regard le garçon qui le servait. La nuit tombée, il partit dans un fiacre fermé et se fit conduire çà et là dans les rues de la ville. Je dis *lui*, je ne puis dire *moi*. Ce fils de l'enfer n'avait rien d'humain; rien ne vivait en lui que la peur et la haine. Quand, à la fin, commençant à craindre que son cocher ne se méfiât, il renvoya le cab pour s'aventurer à pied au milieu des passants nocturnes, qui ne pouvaient que remarquer son apparence insolite, ces deux passions grondaient en lui comme une tempête. Il marchait vite, poursuivi par des fantômes, se parlant à lui-même, prenant les rues les moins fréquentées, comptant les minutes qui le séparaient encore de minuit. Une femme lui parla, il la frappa en plein visage...

Lorsque je redevins moi-même, chez Lanyon, l'épouvante de mon vieil ami, à ce spectacle, m'affecta peut-être un peu. Je ne sais pas bien... Qu'importe une goutte de plus dans un océan de désespoir? Ce n'était plus la peur de l'échafaud ou des galères, c'était l'horreur d'être Hyde qui me torturait. Je reçus les anathèmes de Lanyon comme à travers un rêve; comme dans un rêve encore, je rentrai chez moi, je me couchai. Je dormis, après la prostration où j'étais tombé, d'un sommeil si profond, que les cauchemars mêmes qui m'assaillaient ne purent l'interrompre. Je m'éveillai accablé encore, mais un peu mieux cependant. Toujours je haïssais et je redoutais la présence du monstre endormi au dedans de moi-même, et, certes, je n'avais pas oublié les dangers de la veille; mais j'étais rentré chez moi, j'avais mes drogues sous la main. Ma reconnaissance envers le sort qui m'avait permis de m'échapper eut presque en ce moment les couleurs de la joie et de l'espérance.

« Je traversais tranquillement la cour après déjeuner, aspirant le froid glacial de l'air avec plaisir, quand je fus de nouveau en proie à ces sensations indescriptibles qui précédaient ma métamorphose, et je n'eus que le temps de me réfugier dans mon cabinet avant que n'éclatassent en moi les sauvages passions de Hyde. Je dus prendre en cette occasion une double dose, pour redevenir moi-même. Hélas! six heures après, tandis que j'étais tristement assis auprès du feu, le besoin de recourir à la drogue funeste s'imposa de nouveau. Bref, à partir de ce jour-là, ce ne fut que par un effort prodigieux de gymnastique, pour ainsi dire, et sous l'influence immédiate de la liqueur que je pus conserver l'apparence de Jekyll.

« A toute heure de jour et de nuit, j'étais averti par le frisson précurseur; si je m'assoupissais seulement une heure dans mon fauteuil, j'étais toujours sûr de retrouver Hyde en me réveillant. Sous l'influence de cette perpétuelle menace et de l'insomnie à laquelle je me condamnais, je devins en ma propre personne un malade dévoré par la fièvre, alangui de corps et d'âme, possédé par une seule pensée qui grandissait toujours, le dégoût de mon autre moi-même. Mais quand je dormais ou quand s'usait la vertu du breuvage, je passais presque sans transition, — car les tortures de la métamorphose devenaient, de jour en jour, moins marquées, — à un état tout contraire : mon esprit débordait d'images terrifiantes et de haines sans cause; la puissance de Hyde augmentait évidemment à mesure que s'affaiblissait Jekyll, et la haine qui divisait ces deux suppliciés était devenue égale de chaque côté. Chez Jekyll, c'était comme un instinct vital; il voyait maintenant la difformité de l'être qui partageait avec lui le phénomène de l'existence et qui devait aussi partager sa mort; et, pour comble d'angoisse, il considérait Hyde, en dehors de ces liens de communauté qui faisaient son malheur, comme quelque chose non seulement d'infernal, mais d'inorganique. C'était là le pire : que la fange de la caverne semblât pousser des cris, posséder une voix, que la poussière amorphe fût capable d'agir, que ce qui était mort et n'avait pas de forme usurpât les fonctions de la vie. Et cette abomination en révolte tenait à lui de plus près qu'une épouse, de plus près que ses yeux; elle était emprisonnée dans sa chair, il entendait ses murmures, il sentait ses efforts pour sortir, et à chaque heure d'abandon, de faiblesse, cet *autre*, ce démon, profitait de son oubli, de son sommeil, pour prévaloir contre lui, pour le déposséder de ses droits.

« La haine de Hyde contre Jekyll était d'un ordre différent. Sa peur tout animale du gibet le conduisait bien à commettre des suicides temporaires, en retournant à son rang subordonné de partie inférieure d'une personne, mais il détestait cette nécessité, il abhorrait l'affaissement dans lequel Jekyll était tombé, il lui en voulait de son aversion pour l'ancien complice autrefois traité avec indulgence. De là les tours qu'il me jouait, griffonnant des blasphèmes en marge de mes livres, brûlant mes lettres, lacérant le portrait de mon père. Si ce n'eût été par crainte de la mort, il se fût perdu pour m'envelopper dans sa ruine; mais l'amour qu'il a de la vie est prodigieux; je vais plus loin : moi qui ne peux penser à lui sans frissonner, sans défaillir, quand je me représente la passion forcenée de cet attachement, quand je songe à la crainte qu'il a de me voir le supprimer par un suicide, je trouve encore moyen de le plaindre!

« Inutile de prolonger cette peinture d'un état lamentable; personne n'a souffert jamais de tels tourments, — cela suffit. Pourtant, à ces tourments mêmes l'habitude aurait pu, non pas apporter un soulagement, mais opposer une certaine acquiescence, un endurcissement de l'âme; mon châtiment eût duré ainsi plusieurs années sans la dernière calamité qui a fondu sur moi. La provision de sels, qui n'avait jamais été renouvelée depuis ma première expérience, étant près de s'épuiser, j'en fis demander une autre; je me servis de celle-ci pour préparer le breuvage. L'ébullition ordinaire s'ensuivit, et aussi le premier changement de couleur, mais non pas le second; je bus... inutilement. Poole vous dira que Londres fut fouillé en vain dans tous les sens. Je suis maintenant persuadé que ma première provision était impure, et que c'est à cette impureté non connue que le breuvage dut d'être efficace.

« Une semaine environ s'est passée; j'achève cette confession sous l'influence du dernier paquet qui me reste des anciennes poudres. C'est donc la dernière fois, à moins d'un miracle, qu'Henry Jekyll peut penser ses propres pensées et voir, dans la glace, son propre visage, — si terriblement altéré. Il faut d'ailleurs que je termine sans retard. Si la métamorphose survenait tandis que j'écris, Hyde mettrait ces pages en pièces; mais si quelque temps s'écoule après que je les aurai cachées, son égoïsme prodigieux, sa préoccupation unique du moment présent les préserveront sans doute, une fois encore, de son dépit de singe en colère. Et, de fait, la destinée qui s'accomplit pour nous deux l'a déjà modifié, écrasé. Avant une demi-heure, quand je serai rentré pour toujours dans cette individualité abhorrée, je sais que je serai assis à frémir et à pleurer là-bas sur cette chaise, ou que je reprendrai, l'oreille fiévreusement tendue à tous les bruits, une éternelle promenade de long en large dans cette chambre, mon dernier refuge terrestre. Hyde périra-t-il sur l'échafaud ou bien trouvera-t-il le courage de se délivrer lui-même? Dieu le sait,... peu m'importe; ceci est l'heure de ma mort véritable, ce qui suivra regarde un autre moi-même. Ici donc, tandis que je dépose la plume, s'achève la vie du malheureux Henry Jekyll... »

. . . .

On voit que M. Stevenson a mêlé ici le merveilleux à la science, comme ailleurs il l'a fait entrer dans la vie quotidienne. Il s'est inspiré sans doute d'ouvrages récents, tels que la *Morphologie générale*, où Hæckel, d'accord avec Gegenbaur, étend à tous les êtres vivants une théorie appliquée aux plantes par Gaudichaud : chacune d'elles se trouverait être, suivant lui, une sorte de polypier. De même, selon Hæckel, l'animal ne serait qu'un groupe d'individualités enchevêtrées et superposées; on y distinguerait jusqu'à sept degrés différents; nous aurions conscience d'un de ces degrés, notre moi, sans avoir conscience du moi des autres. Sur ce point, M. Stevenson altère la théorie scientifique pour les besoins de la psychologie, et nul n'aura le pédantisme de le lui reprocher. Très probablement les découvertes plus ou moins fondées de la science fourniront à mesure des matériaux précieux à la littérature de fiction ; elles permettront notamment de prendre, pour point de départ des sujets fantastiques, tout autre chose que la magie ou les vieux pactes infernaux. Ce qu'on peut redouter, c'est que les romanciers n'abusent de ces nouvelles richesses assez dangereuses, tous n'ayant pas, pour y toucher, la main aussi légère que M. Stevenson.

Mais encore que nous estimions fort cette légèreté, il nous semble qu'elle n'a ici qu'un prix secondaire, et que la leçon de morale qui se dégage du roman établit sa réelle valeur. Chacun de nous n'a-t-il pas senti, en lui, le combat de deux natures distinctes et le pouvoir démesuré que prend la moins noble des deux, quand l'autre se prête à ses caprices? Chacun de nous ne se rappelle-t-il pas le moment précis où il a trouvé difficile de faire rentrer dans l'ordre celui qui doit toujours rester à son rang subalterne? L'histoire du docteur Jekyll atténuée, réduite à des porportions moins saisissantes, est celle du grand nombre. Où M. Stevenson atteint au tragique, c'est dans le passage si court et si poignant où il nous fait assister au réveil involontaire de Jekyll sous les traits de Hyde, lorsque le regard de l'honnête homme se fixe pour la première fois épouvanté sur cette main velue, sur cette main de bête, étendue sur les draps du lit, et qui est la sienne; c'est encore dans la page terrible où le docteur, si généralement vénéré, reprend au milieu du parc qu'il traverse, en se remémorant ses plaisirs furtifs, la figure de l'être abject et criminel que poursuit la police; c'est enfin dans la conversation pleine d'angoisse qu'il a par la fenêtre avec son ami, quand le rideau s'abaisse précipitamment sur la figure de Hyde intervenue à l'improviste. Jamais les conséquences de l'abandon de la volonté, jamais la revanche de la conscience, n'ont été personnifiées d'une façon plus terrible. Dans ce récit, sans le secours d'une seule figure de femme, l'intérêt passionné ne languit pas une minute. Après l'avoir dévoré jusqu'à la dernière ligne, car il ne livre son secret qu'à la fin, on revient à la partie symbolique avec une sorte d'angoisse. Ce merveilleux est si terriblement humain! Jusqu'ici, M. Stevenson, tout expert qu'il soit à captiver l'attention de ses lecteurs, n'avait su que les amuser et les effrayer tour à tour; cette fois, il les fait penser; il touche aux fibres les plus secrètes et les plus profondes de l'âme; il assure notre pitié à son triste héros, tant la perte définitive de l'empire de l'homme sur lui-même est un spectacle déchirant, tant il y a d'horreur tragique dans l'instant où ce qui a été, au début, complaisance coupable et bientôt criminelle, devient malheur involontaire, disgrâce passivement subie, maladie mortelle. Vous étiez tout à l'heure une créature responsable et libre, vous pouviez vous guérir, l'occasion s'offrait : un retard, indifférent en apparence, a tout perdu; ce retard a suffi pour que vous ne soyez plus qu'un jouet déplorable de la fatalité. Peut-être le docteur Jekyll aurait-il pu secouer encore le joug de Hyde, si, après avoir renoncé à l'usage de la drogue maudite, il s'était défendu des faiblesses communes à presque tous les hommes, des indignes jouissances dont il n'abuse plus, mais qu'il recommence à goûter avec modération, clandestinement. Ce n'est pas le meurtre commis par Hyde, c'est un retour honteux de Jekyll à sa primitive faiblesse qui décide de l'affreuse catastrophe. Le docteur se fait personnellement complice du monstre qu'il craint désormais d'appeler, mais qui, sans qu'il l'appelle, est devenu maître d'envahir sa vie. Il y a là un point bien délicat et supérieurement traité. L'Écossais, avec son sentiment implacable de la justice, s'y révèle.

On peut attendre beaucoup, assurément, de celui qui a su tirer, du mystère de la dualité humaine, des effets semblables. M. Stevenson dédaigne encore une certaine habileté nécessaire dans la conduite des événements. L'acte de cruauté commis par Hyde, au premier chapitre, envers la petite fille qui se trouve, on ne sait comment, la nuit, au coin d'une rue déserte, semble bien insuffisamment indiqué; le meurtre de sir Danvers Carew reste plus vague encore et fait l'effet, tel qu'il le présente, d'une scène d'ombres chinoises enfantine, presque ridicule. Nombre de personnages sont évoqués, puis abandonnés, selon les exigences du récit, auquel d'ailleurs rien ne les rattache. Il faut que quelqu'un ait vu, que quelqu'un porte témoignage; l'auteur tire de sa boîte une nouvelle marionnette; elle parle, remplit une lacune, puis disparaît,... artifice vraiment trop grossier. Les ficelles de l'art, quand on y a recours, doivent être soignées. *Docteur Jekyll* est, somme toute, un roman, et les amateurs de romans tiennent à ces accessoires; ils y tiennent même jusqu'à permettre qu'ils usurpent trop souvent la première place, dissimulant, sous un certain machinisme, le vide presque absolu du fond. Ce n'est certes pas le fond qui manque ici, et on ne peut qu'encourager M. Stevenson à persévérer, en s'y perfectionnant, dans cette curieuse psychologie sensationnelle, mais ne méprisons pas trop pour cela les pages faciles et brillantes dédiées aux enfants de tout âge par la plume qui traça en se jouant *Treasure Island* et *New Arabian Nights* (1).

TH. BENTZON

(1) Un recueil de nouvelles, récemment paru, *The Merry men, and other tales and fables*, tient toutes les promesses de *Doctor Jekyll*. Les terribles problèmes de l'hérédité, de la démence, de la responsabilité humaine y sont traités avec puissance sous une forme brève et poignante, fantastique à demi.

LE CLUB DU SUICIDE

HISTOIRE DU JEUNE HOMME AUX TARTES A LA CRÈME.

Lors de son séjour à Londres, le prince Florizel de Bohême conquit l'affection de toutes les classes de la société par le charme de ses manières, la culture de son esprit et sa générosité. Ce qu'on savait de lui suffisait à révéler un homme supérieur; encore ne connaissait-on qu'une bien petite partie de ses actes. Malgré son calme apparent dans les circonstances ordinaires de la vie et la philosophie avec laquelle il considérait toutes les choses de ce monde, le prince de Bohême aimait l'aventure, et ses goûts sous ce rapport ne cadraient guère avec le rang où l'avait placé sa naissance.

De temps en temps, lorsqu'il n'y avait de pièce amusante à voir dans aucun des théâtres de Londres, lorsque la saison n'était favorable ni à la chasse ni à la pêche, ses plaisirs de prédilection, il proposait à son grand écuyer, le colonel Geraldine, une excursion nocturne. Geraldine était la bravoure même; il accompagnait volontiers son maître. Nul ne s'entendait comme lui à inventer d'ingénieux déguisements; il savait conformer non seulement sa figure et ses manières, mais sa voix et presque ses pensées à quelque caractère, à quelque nationalité que ce fût; de cette façon il protégeait l'incognito du prince et il lui arrivait parfois d'être admis avec lui dans des cercles fort étranges. Jamais la police n'était instruite de ces périlleuses équipées, le courage imperturbable de l'un des compagnons, la présence d'esprit, l'adresse et le dévouement de l'autre suffisaient à les sauver de tous les périls.

Un soir, au mois de mars, ils furent poussés par des tourbillons de neige vers un bar voisin de Leicester-Square. Le colonel Géraldine jouait, cette fois, le rôle d'un petit journaliste réduit aux expédients; le prince avait, comme d'habitude, changé complètement sa physionomie par l'addition de grands favoris et d'une paire de larges sourcils postiches. Ainsi défiguré, il pouvait, quelque connu qu'il fût, défier les gens de soupçonner son identité. Les deux compagnons savouraient donc à petits coups un mélange d'eau de seltz et de rhum dans une entière sécurité.

Le bar était rempli de buveurs, hommes et

femmes; plusieurs d'entre eux avaient essayé de lier conversation avec les nouveaux venus, mais aucun ne paraissait offrir la moindre particularité intéressante. Il n'y avait là rien que la lie de la société sous son aspect le plus vulgaire. Le prince commençait déjà à bâiller et à se dégoûter de son excursion, lorsque les portes battantes du bar furent poussées avec violence : un jeune homme entra, suivi de deux commissionnaires; chacun de ceux-ci portait un grand plat fermé par un couvercle qu'ils enlevèrent, découvrant des tartes à la crème. Alors le jeune homme fit le tour de la salle en pressant les personnes présentes d'accepter ces friandises. Il y mettait une courtoisie exagérée. Parfois, ses offres étaient agréées en riant; d'autres fois, elles étaient repoussées avec dédain ou même avec insolence. Alors cet original mangeait lui-même la tarte, non sans se livrer à des commentaires humoristiques.

Finalement, il alla saluer jusqu'à terre le prince Florizel.

« Monsieur, dit-il, en tenant une tarte entre le pouce et l'index, ferez-vous cet honneur à un étranger?... Je peux répondre de la qualité de la pâte, ayant mangé à moi tout seul vingt-sept de ces tartes depuis cinq heures.

— J'ai l'habitude, répliqua le prince, de considérer moins la nature du don que la disposition d'esprit dans laquelle il est offert.

— Mon esprit, Monsieur, répondit le jeune homme avec un nouveau salut, est un esprit de moquerie.

— En vérité, Monsieur? Et de qui vous moquez-vous?

— Mon Dieu, je ne suis pas ici pour exposer ma philosophie, mais pour distribuer des gâteaux. Si je dis que je me comprends volontiers parmi les plus ridicules, vous voudrez bien peut-être vous montrer indulgent. Sinon, vous allez me contraindre à manger ma vingt-huitième tarte, et j'avoue que cet exercice commence à me fatiguer.

— Vous me touchez, dit le prince, et j'ai toute la volonté du monde de vous être agréable; mais à une condition : si mon ami et moi nous mangeons de vos gâteaux, — pour lesquels nous ne nous sentons, ni l'un ni l'autre, aucun goût naturel, — nous exigeons que vous nous rejoigniez à souper en guise de remerciement. »

Le jeune homme sembla réfléchir.

« J'ai encore quelques douzaines de tartes sur les bras, répondit-il; il me faudra visiter plusieurs tavernes avant d'en avoir fini. Cela prendra un peu de temps; si vous avez faim... »

Le prince l'interrompit d'un geste poli.

« Nous allons vous accompagner, Monsieur; car nous prenons déjà le plus vif intérêt à cette manière divertissante que vous avez de passer la soirée. Et, maintenant que les préliminaires de la paix sont réglés, permettez-moi de signer le traité pour nous deux. »

Et le prince avala de bonne grâce une tarte à la crème.

« C'est délicieux, déclara-t-il.

— Je vois, répliqua le jeune homme, que vous êtes connaisseur. »

Le colonel Geraldine fit, lui aussi, honneur à la pâtisserie; et, comme chacun dans ce cabaret avait maintenant accepté ou refusé les offres du jeune homme, celui-ci dirigea ses pas vers un autre établissement de même espèce. Les commissionnaires, qui semblaient habitués à leur absurde emploi, marchaient sur ses talons; le prince et le colonel, se donnant le bras, formaient l'arrière-garde, en riant tout bas. Dans cet ordre, la compagnie visita deux cafés, où des scènes analogues à celle qui vient d'être contée se produisirent, quelques-uns déclinant, d'autres acceptant les faveurs du pâtissier vagabond, qui toujours mangeait lui-même chaque tarte refusée.

Au moment de quitter le troisième bar, l'homme aux tartes fit le compte de ce qui lui restait. Il n'y avait plus que neuf petits gâteaux en tout.

« Messieurs, dit-il à ses camarades improvisés, je ne veux point retarder votre souper, car je suis sûr que vous devez avoir faim. Je vous dois une reconnaissance toute spéciale. En ce grand jour où je termine une carrière de folie par un acte plus sot que tous les autres, je désire me conduire galamment à l'égard des personnes qui m'auront secondé. Messieurs, vous n'attendrez pas davantage. Quoique ma santé soit ébranlée par les excès auxquels j'ai déjà dû me livrer ce soir, je vais procéder à une liquidation définitive. »

Là-dessus il avala successivement d'une seule bouchée les neuf tartes qui restaient et, se tournant vers les commissionnaires, leur remit deux souverains.

— J'ai à vous remercier, dit-il, de votre patience vraiment extraordinire. »

Puis il les congédia, avec de beaux saluts. Quelques secondes encore il resta en contemplation devant la bourse dont il venait de tirer le salaire de ses aides; après quoi, partant d'un grand éclat de rire, il la lança au milieu de la rue et déclara qu'il était prêt à souper.

Dans certain cabaret du quartier de Soho, — un petit restaurant français dont la réputation passagère, fort exagérée, baissait déjà, — les trois compagnons se firent donner un cabinet particulier au deuxième étage, et commandèrent un souper fin arrosé de plusieurs bouteilles de champagne. En mangeant, en buvant, ils causaient de mille choses indifférentes; le jeune homme aux tartes se montrait fort gai, mais il riait trop bruyamment; ses mains tremblaient, sa voix prenait des inflexions subites et inattendues qui semblaient être indépendantes de sa volonté. Le dessert étant enlevé, les convives ayant allumé leurs cigares, le prince s'adressa en ces termes à son hôte inconnu :

« Vous voudrez bien excuser ma curiosité. Ce que j'ai vu de vous me plaît singulièrement, mais m'intrigue davantage. Mon ami et moi, nous nous croyons parfaitement dignes de devenir les dépositaires d'un secret. Si, comme je le suppose, votre histoire est absurde, vous n'avez pas besoin de vous gêner avec nous, qui sommes les deux individus les plus fous de l'Angleterre. Mon nom est Godall, Théophile Godall; mon ami est le major Alfred Hammersmith, du moins tel est le nom de son choix, le nom sous lequel il veut être connu. Nous passons notre vie à la recherche d'aventures extravagantes, et il n'y a pas de choses insensées auxquelles nous ne soyons capables d'accorder la plus cordiale sympathie.

— Vous me plaisez aussi, Mr. Godall, répondit le jeune homme; vous m'inspirez tout naturellement confiance, et je n'ai pas la moindre objection à soulever contre votre ami le major, qui me fait l'effet d'un grand seigneur déguisé; dans tous les cas je suis bien sûr qu'il n'est pas militaire. »

Le colonel sourit du compliment qui attestait la perfection de son art, et le jeune homme poursuivit avec animation :

« J'aurais toute sorte de motifs de cacher mon histoire. Peut-être est-ce justement pour cela que je vais vous la conter. Vous paraissez bien préparés à entendre des folies. Pourquoi vous désappointerais-je? Mais je ne dirai pas mon nom malgré votre exemple; je tairai aussi mon âge, qui n'est pas essentiel au récit. Je descends de mes ancêtres par la génération ordinaire; ils m'ont laissé l'habitation fort convenable que j'occupe encore, et une fortune qui s'élevait à trois cents livres sterling de rente. Je suppose qu'ils m'ont également légué une incorrigible étourderie à laquelle je me suis abandonné outre mesure. J'ai reçu une bonne éducation. Je sais jouer du violon assez bien pour faire ma partie dans un concert à deux sous. Je suis à peu près de la même force sur la flûte et le cor de chasse. J'ai appris le whist de façon à perdre une centaine de livres par an à ce jeu scientifique; mes connaissances en français se sont trouvées suffisantes pour me permettre de dissiper de l'argent à Paris presque avec la même facilité qu'à Londres; bref, je suis pétri de talents variés. J'ai eu toute sorte d'aventures, y compris un duel à propos de rien. Il y a deux mois, j'ai rencontré une jeune personne qui réalisait, au moral et au physique, mon idéal de la beauté; je sentis mon cœur s'enflammer, je m'aperçus que j'étais enfin arrivé au moment décisif, que j'allais tomber amoureux; mais en même temps je découvris qu'il me restait de mon capital tout au plus quatre cents livres. De bonne foi, un homme qui se respecte peut-il être amoureux avec quatre cents livres? Vous conviendrez que non. J'ai donc fui la présence de l'enchanteresse et, ayant légèrement accéléré le cours de mes dépenses, j'arrivai à n'avoir plus, ce matin, que quatre-vingts livres.

Cette somme, je la divisai en deux parties égales; je réservai quarante livres pour un but particulier, je résolus de dépenser le reste avant la nuit. J'ai passé une journée charmante et j'ai fait beaucoup de bonnes plaisanteries, outre celle des tartes à la crème, qui m'a procuré l'avantage de votre connaissance; car j'avais pris la détermination, comme je vous l'ai dit, de conduire ma folle carrière à une conclusion encore plus folle; et, lorsque vous me vîtes lancer ma bourse dans la rue, les quarante livres étaient épuisées. Maintenant, vous me connaissez aussi bien que je me connais moi-même; oui, je suis fou, mais un fou dont la folie ne manque pas de fond et qui n'est, je vous prie de le croire, ni pleurnicheur ni lâche. »

Le ton qu'avait pris le jeune homme indiquait assez qu'il nourrissait beaucoup d'amertume et de mépris contre lui-même. Ses auditeurs n'hésitèrent pas à penser que son affaire d'amour lui tenait au cœur plus qu'il ne voulait l'admettre et qu'il avait l'intention sinistre d'en finir avec la vie.

« Eh bien, n'est-ce pas étrange, dit Geraldine en regardant le prince Florizel, n'est-ce pas étrange que nous soyons là trois individus à peu près dans les mêmes conditions, réunis par l'effet du hasard dans un désert aussi grand que Londres?

— Comment! s'écria le jeune homme, êtes-vous donc ruinés, vous aussi? Ce souper serait-il une folie comme mes tartes à la crème? Le diable aurait-il rassemblé trois des siens pour une dernière débauche?

— Le diable peut faire parfois des choses fort aimables, répondit le prince, et je suis si charmé de cette coïncidence que, quoique nous ne soyons pas absolument dans le même cas, je m'en vais mettre fin à cette inégalité. Que votre conduite héroïque envers les dernières tartes à la crème me serve d'exemple! »

En parlant, Florizel tira sa bourse et y prit un petit paquet de billets de banque.

« Vous voyez, je suis en avance sur vous de huit jours environ; mais je puis me rattraper et me rapprocher de plus en plus du poteau fatal. Celui-ci, continua-t-il, en posant un des billets sur la table, suffira pour la note. Quant au reste... »

Il jeta la liasse dans le feu, où elle disparut en flambant.

Le jeune homme avait essayé de saisir le prince par le bras; mais, comme une table les séparait, son intervention arriva trop tard.

« Malheureux, s'écria-t-il, vous n'auriez pas

dû les brûler tous... Il fallait garder quarante livres !

— Quarante livres, répéta le prince, pourquoi, au nom du ciel, quarante livres?

— Pourquoi pas quatre-vingts? s'écria le colonel; il devait y en avoir une centaine dans le paquet.

— Quarante livres suffisent, dit le jeune homme tristement, car sans cela, il n'y a pas d'admission possible. La règle est absolue: quarante livres pour chacun. Vie damnée que la nôtre! Un homme ne peut pas même mourir sans argent. »

Le prince et le colonel échangèrent un coup d'œil.

« Expliquez-vous, dit le dernier. J'ai encore un portefeuille passablement garni et je n'ai pas besoin de dire que je suis prêt à partager ma fortune avec Godall. Mais je désire savoir à quelle fin. Que pensez-vous donc faire ? »

Le jeune homme promenait des regards inquiets de l'un à l'autre, comme au sortir d'un rêve. Il rougit violemment.

« Ne suis-je pas votre dupe? demanda-t-il. Êtes-vous tout de bon des gens ruinés?

— Je le suis, pour ma part, autant qu'on peut l'être, répliqua le colonel.

— Et, quant à moi, dit le prince, je vous en

ai donné la preuve; je reste sans le sou. Qui donc aurait jeté ces billets au feu, sauf un homme ruiné? L'action parle d'elle-même.

— Un homme ruiné, oui, répondit l'autre d'un air de soupçon, ou bien un millionnaire!

— Assez, Monsieur, dit le prince; j'ai dit et je n'ai pas l'habitude qu'on doute de ma parole.

— Ruinés? répéta le jeune homme. Êtes-vous vraiment mes pareils, arrivés après une vie d'abandon à une situation telle que vous n'ayez plus qu'une issue? Allez-vous donc, — il baissait la voix à mesure qu'il parlait, — allez-vous donc vous donner ce dernier luxe? Comptez-vous fuir les conséquences de vos désordres par la seule voie infaillible et facile? »

Soudain il s'interrompit et essaya de rire.

« A votre santé! s'écria-t-il, en vidant son verre, bonne nuit, mes joyeux camarades. »

Le colonel Geraldine le saisit par le bras, au moment où il allait se lever.

— Vous manquez de confiance, dit-il, et vous avez tort. Nous aussi, nous avons assez de la vie. Nous sommes, comme vous, décidés à mourir. Tôt ou tard, isolément ou réunis, nous nous proposions d'aller au-devant de la mort et de la défier là où elle se tiendrait prête. Puisque nous vous avons rencontré et que votre cas est le plus pressant, que tout s'accomplisse donc cette nuit, et d'un seul coup; si vous le voulez, mourons tous trois ensemble. Notre trio pénétrera bras dessus, bras dessous, la poche vide, dans l'empire de Pluton; nous nous encouragerons mutuellement parmi les ombres!

Geraldine jouait son rôle avec des intonations si justes que le prince lui-même le regarda, troublé, prêt à le croire sincère. Quant au jeune homme, un flot de sang lui monta au visage et ses yeux étincelèrent.

« Bon, vous êtes des camarades comme il m'en faut! s'écria-t-il avec une gaieté presque effrayante. Tope là et que le marché soit conclu. (Sa main était glacée.) Vous ne savez pas en quelle compagnie vous allez commencer votre course, vous ne savez pas dans quel moment propice vous avez pris votre part de mes tartes à la crème! Je ne suis qu'une unité, mais une unité dans une armée. Je connais la porte dérobée de la Mort. Je suis un de ses intimes et peux vous conduire jusque dans l'éternité sans cérémonie,... sans scandale pourtant. »

Ils l'engagèrent derechef à expliquer ce qu'il voulait dire.

« Messieurs, pouvez-vous réunir quatre-vingts livres entre vous? »

Geraldine consulta son portefeuille avec ostentation et répliqua affirmativement.

« Gaillards favorisés que vous êtes! Quarante livres, c'est le prix d'entrée dans le Club du suicide.

— Le Club du suicide, répéta Florizel, que diable est-ce que cela?

— Écoutez, dit l'inconnu, ce siècle est celui du progrès, et j'ai à vous révéler le progrès suprême! Des intérêts d'argent et autres appelant les hommes à la hâte dans différents endroits, on inventa les chemins de fer; puis, les chemins de fer nous séparant de nos amis, il fallut créer les télégraphes, qui permettent de communiquer promptement à travers de grands espaces. Dans les hôtels même, nous avons aujourd'hui des ascenseurs qui nous épargnent une escalade de quelques centaines de marches. Maintenant nous savons bien que cette vie n'est qu'une estrade faite pour y jouer le rôle de fou tant que la partie nous amuse. Une commodité de plus manquait au confort moderne, une voie décente et facile pour quitter cette estrade, l'escalier de derrière menant à la liberté, ou bien, comme je viens de le dire, la porte dérobée de la Mort. Le Club du suicide y supplée. N'allez pas supposer que, vous et moi, nous soyons seuls à professer un désir essentiellement légitime. Bon nombre de nos semblables ne sont arrêtés dans leur fuite que par certaines considérations. Les uns ont une famille qui serait cruellement frappée ou même accusée, d'autres manquent de courage, les préparatifs de la mort leur font horreur. C'est mon cas. Je ne peux ni approcher un pistolet de ma tête ni presser la détente; quelque chose m'en empêche; quoique j'aie le dégoût de la vie, je n'ai pas assez de force pour en finir. C'est à l'intention de gens tels que moi et de tous ceux qui souhaitent d'être fauchés sans scandale posthume que le Club du suicide a été inauguré. De quelle façon? Quelle est son histoire? Quelles peuvent être ses ramifications dans d'autres pays? Je l'ignore, et ce que je connais de sa constitution, je n'ai pas le droit de vous le communiquer. Pour abréger, je suis à votre service. Si vous êtes vraiment las de vivre, je vais vous introduire dans une réunion, et avant la fin de la semaine, sinon cette nuit même, vous serez débarrassés du fardeau de l'existence. Maintenant il est... (le jeune homme consulta sa montre), il est onze heures; à onze heures et demie au plus tard, nous quitterons ce lieu-ci; vous avez une demi-heure devant vous pour examiner ma proposition. C'est plus sérieux qu'une tarte à la crème, ajouta-t-il avec un sourire, et plus agréable, j'imagine.

— Plus sérieux, certainement, répondit le colonel, si sérieux que je vous prierai de vouloir bien m'accorder un entretien particulier de cinq minutes avec mon ami M. Godall?

— A merveille, répondit le jeune homme. Je vais me retirer... »

Aussitôt que le prince et Geraldine furent seuls :

« Il me semble, dit le premier, que vous êtes ému, tandis qu'au contraire j'ai pris mon parti. Je veux voir la fin de cette aventure.

— Que Votre Altesse réfléchisse, répliqua le colonel en pâlissant; qu'elle considère l'importance qu'une vie telle que la sienne a non seulement pour ses amis, mais pour le bien public. En supposant que, cette nuit, un malheur irréparable atteigne la personne de Votre Altesse, quel serait mon désespoir, quelle serait l'affliction de tout un peuple?

— Je veux voir la fin, répéta le prince de sa voix la plus délibérée; ayez la bonté, colonel, de tenir votre parole de gentilhomme. Dans nulle circonstance, souvenez-vous-en bien, vous ne trahirez, sans que je vous y autorise, l'incognito que j'ai choisi pour voyager à l'étranger. Tels sont les ordres que je réitère. Et maintenant, je vous serai obligé d'aller demander l'addition. »

Le colonel s'inclina avec respect, mais il avait la face blême lorsqu'il pria le jeune homme aux tartes à la crème de rentrer. Le prince conservait pour sa part une contenance parfaitement calme; il raconta une farce du Palais-Royal au jeune suicide avec beaucoup d'entrain. Sans ostentation, il évita les regards suppliants de Geraldine, et choisit un nouveau cigare avec plus de soin que d'habitude. De fait, il était le seul des trois qui gardât quelque puissance sur ses nerfs.

La note étant acquittée, le prince donna toute la monnaie au domestique très étonné; puis on partit en voiture. Peu de temps après, le fiacre s'arrêta à l'entrée d'une cour un peu sombre. Là ils descendirent.

Après que Geraldine eut payé la course, le jeune homme s'adressa au prince en ces termes :

« Il est encore temps, Mr. Godall, d'échapper à une destinée inévitable, vous et le major Hammersmith. Consultez-vous bien avant de faire un pas de plus, et, si vos cœurs disent non, voici les chemins de traverse.

— Conduisez-nous, Monsieur, dit le prince,

je ne suis pas homme à reculer devant une chose une fois dite.

— Votre sang-froid me fait du bien, répliqua le jeune guide. Je n'ai jamais vu personne d'impassible à ce point, quoique vous ne soyez pas le premier que j'aie accompagné à cette porte. Plus d'un m'a précédé pour aller où je savais que je le suivrais bientôt. Mais ceci n'est d'aucun intérêt pour vous. Attendez-moi quelques instants; je reviendrai dès que j'aurai arrangé les préliminaires de votre introduction. »

Là-dessus le distributeur de tartes, ayant tendu la main à ses compagnons, traversa la cour, entra dans un vestibule et disparut.

« De toutes nos folies, dit le colonel à voix basse, celle-ci me paraît la plus violente et la plus dangereuse.

— Je le crois, répondit le prince.

— Nous avons encore un moment à nous, continua le colonel. Que Votre Altesse profite de l'occasion et se retire. Les conséquences de cette démarche peuvent être si graves! C'est ce qui m'autorise à pousser un peu plus loin qu'à l'ordinaire la liberté de langage que Votre Altesse daigne m'accorder.

— Dois-je comprendre que le colonel Geraldine a peur? dit Florizel en retirant le cigare de sa bouche et en fixant sur son écuyer un regard perçant.

— Mes craintes ne sont certainement pas personnelles, répliqua fièrement Geraldine.

— Je le supposais bien, dit le prince, avec une bonne humeur imperturbable; mais je n'avais nulle envie de vous rappeler la différence de nos positions réciproques. Assez, ajouta-t-il, voyant que Geraldine était prêt à demander pardon, — vous êtes excusé. »

Et il fuma tranquillement, appuyé contre une grille, jusqu'à ce que l'ambassadeur fût de retour.

« Eh bien, demanda-t-il, notre réception est-elle arrangée?

— Suivez-moi, Messieurs. Le président vous interrogera dans son cabinet. Et permettez-moi de vous avertir que vos réponses doivent être franches. Je me suis porté caution; mais le Club exige une enquête sérieuse avant d'admettre qui que ce soit; l'indiscrétion d'un seul membre amènerait la dispersion de la Société pour toujours. »

Le prince et Geraldine s'entendirent à voix basse; après quoi ils accompagnèrent leur guide au cabinet du président.

Il n'y avait pas d'obstacles bien considérables

à franchir. La porte extérieure était ouverte, la porte du cabinet entre-bâillée; et là, dans un local de petites dimensions, mais au plafond très élevé, le jeune homme les laissa seuls pour la seconde fois.

— Le président se rendra ici tout à l'heure, dit-il, avec un signe de tête, en disparaissant.

Des voix se faisaient entendre à travers la porte à deux battants qui formait l'une des extrémités, et par intervalles le bruit d'un bouchon de champagne, suivi d'un éclat de rire, se mêlait aux lambeaux de la conversation. Une grande fenêtre donnait sur la rivière, et la disposition des lumières leur fit supposer qu'ils n'étaient pas loin de la station de Charing Cross. Le mobilier leur parut mesquin sous des housses usées jusqu'à la corde; ils remarquèrent la sonnette placée au centre d'une table ronde, les chapeaux et les pardessus nombreux accrochés le long des murs.

« Quel est ce repaire? dit Geraldine.

— C'est ce que je veux voir, répliqua le prince, si le diable le permet; la chose peut devenir amusante. »

Sur ces entrefaites, la porte à deux battants s'ouvrit, mais pas plus qu'il n'était nécessaire pour le passage d'un corps humain, et un bruyant bourdonnement de voix accompagna l'entrée du redoutable président. Qu'on imagine un homme d'une cinquantaine d'années, grand de taille, à la démarche hardie, aux favoris hérissés, à la tête chauve, à l'œil gris voilé qui de temps en temps lançait une étincelle. Ses lèvres serraient un gros cigare qu'il mâchait et tortillait de droite à gauche, tout en regardant d'un air pénétrant et froid les deux étrangers. Il portait des habits de lainage clair, avec un col de chemise très dégagé à rayures de couleur.

« Bonsoir, commença-t-il, après avoir fermé la porte derrière lui. On m'a dit que vous désiriez me parler.

— Nous voulons, Monsieur, nous joindre au Club du suicide, répliqua le colonel. »

Le président roula son cigare dans sa bouche.

« Qu'est-ce que c'est que ça? dit-il brusquement.

— Je vous demande pardon, répondit Geraldine, mais je crois que vous êtes la personne la mieux autorisée à me donner des informations là-dessus.

— Moi? s'écria le président. Un Club du suicide? Allons, vous voulez rire! Je peux permettre à des jeunes gens d'avoir le vin gai; mais il ne faudrait point insister trop.

— Appelez votre Club comme vous voudrez, dit le colonel, mais vous avez quelque compagnie derrière ces portes et nous désirons nous joindre à elle.

— Monsieur, répondit le président, vous êtes dans l'erreur. Ceci est une maison particulière et je vous saurai gré d'en sortir sur-le-champ. »

Le prince était resté tranquillement à sa place pendant ce petit colloque; mais, lorsque le colonel tourna les yeux vers lui, comme pour dire : « Allons-nous-en, de grâce... » — il retira son cigare et répondit :

— Je suis venu ici sur l'invitation d'un de vos amis. Sans doute il vous a informé des motifs qui justifient notre démarche. Permettez-moi de vous rappeler qu'un homme qui se trouve dans les conditions où je suis n'a point à se gêner et n'est nullement disposé à tolérer des impertinences. Je suis très pacifique d'ordinaire; mais, cher Monsieur, vous allez me rendre le service que je demande ou bien vous aurez lieu de vous repentir de m'avoir jamais admis dans votre antichambre. »

Le président poussa un bruyant éclat de rire.

« C'est ainsi qu'il faut parler, dit-il. Oui, vous êtes vraiment un homme. Vous connaissez le chemin de mon cœur et pouvez faire de moi tout ce qu'il vous plaira. Voudriez-vous, continua-t-il en s'adressant à Geraldine, vous éloigner un instant? J'en finirai d'abord avec votre compagnon. Certaines formalités du Club doivent être remplies secrètement. »

A ces mots, il ouvrit la porte d'un petit cabinet, dans lequel il enferma le colonel.

« J'ai foi en vous, dit-il à Florizel, aussitôt qu'ils furent seuls, mais êtes-vous sûr de votre ami?

— Pas aussi sûr que je le suis de moi-même, assez cependant pour que j'aie pu l'amener ici sans inquiétude; les raisons qui lui font désirer d'entrer dans votre Club sont encore plus puissantes que les miennes. L'autre jour, il s'est laissé prendre trichant aux cartes.

— Une bonne raison, j'en conviens, répliqua le président, nous en avons un autre dans le même cas. Avez-vous été au service, Monsieur?

— Oui, mais j'étais trop paresseux, je l'ai quitté de bonne heure.

— Quel est le motif qui vous fait abandonner la vie? poursuivit le président.

— Toujours le même, autant que je peux m'en rendre compte, la paresse toute pure. »

Le président tressaillit.

« C'est impossible, s'écria-t-il, vous devez avoir une raison plus sérieuse que celle-là.

— Je n'ai plus le sou, ajouta Florizel. C'est aussi un tourment. Mon oisiveté en souffre. »

Le président tourmenta son cigare pendant quelques secondes en regardant droit dans les yeux ce néophyte extraordinaire; mais le prince supporta son examen avec un sang-froid imperturbable.

« Si je n'avais une si grande expérience, dit à la fin le président, je vous renverrais. Mais je connais le monde; il arrive qu'en matière de suicide les causes les plus frivoles sont souvent les plus irrésistibles. Et, lorsqu'un homme me plaît, comme vous me plaisez, Monsieur, je presse la conclusion plutôt que je ne la retarde. »

Le prince et le colonel furent soumis à un interrogatoire long et particulier, le prince seul d'abord; puis Geraldine en présence de ce dernier, de sorte que le président pouvait observer la contenance de l'un, tout en écoutant les réponses de l'autre. Le résultat fut satisfaisant et le président, après avoir enregistré quelques détails sur un carnet, leur proposa de prêter serment. On ne saurait imaginer de formule plus absolue de l'obéissance passive, rien de plus rigoureux que les termes par lesquels le récipiendaire se liait pour toujours.

Florizel signa le document, mais non sans horreur. Le colonel suivit son exemple d'un air accablé. Alors le président ayant reçu la somme fixée pour l'entrée, introduisit sans plus de difficultés les deux amis dans le fumoir du Club.

Ce fumoir était de la même hauteur que le cabinet dans lequel il donnait, mais bien plus grand et garni d'une imitation de boiserie de chêne. Un grand feu et un certain nombre de becs de gaz éclairaient la compagnie. Le prince compta dix-huit personnes. La plupart fumaient et buvaient; une gaieté fiévreuse régnait partout, entrecoupée de silences subits et quelque peu sinistres.

« Est-ce un grand jour? demanda le prince.

— Moyen, répondit le président. Par parenthèse, si vous avez quelque argent, il est d'usage d'offrir du champagne; cela soutient la bonne humeur et constitue un de mes petits profits.

— Hammersmith, dit Florizel, occupez-vous du champagne. »

Puis il fit le tour du cercle, en abordant celui-ci, celui-là; son usage évident du meilleur monde, sa grâce et sa politesse, avec un mélange imperceptible d'autorité, imposèrent très vite à cette assemblée macabre et la séduisirent malgré elle; en même temps il ouvrait les yeux et les oreilles. Bientôt il commença à se faire une idée générale du monde au milieu duquel il se trouvait. Les jeunes gens formaient une majorité considérable; ils avaient les apparences de l'intelligence et de la sensibilité, plutôt que de l'énergie. Si quelques-uns dépassaient la trentaine, plusieurs étaient âgés de moins de vingt ans. Ils se tenaient appuyés contre les tables, changeant sans cesse de maintien; tantôt ils fumaient très fort et tantôt ils laissaient s'éteindre leurs cigares; quelques-uns s'exprimaient bien, mais la loquacité du grand nombre n'était évidemment que le résultat d'une excitation nerveuse, avec absence complète d'esprit et de bon sens. Chaque fois qu'une bouteille de champagne était débouchée, la gaieté augmentait d'une façon manifeste.

Il n'y avait que deux hommes assis : l'un, près de la fenêtre, les mains plongées dans les poches de son pantalon et la tête basse, mortellement pâle, la sueur au front, ne proférait pas un mot; on eût dit une véritable ruine d'âme et de corps; l'autre, sur un sofa qui le séparait de la cheminée, différait étrangement de tout le reste de la compagnie. Peut-être n'avait-il guère que quarante ans, mais on lui en eût donné dix de plus. Florizel pensa qu'il n'avait jamais vu un être plus hideux, plus ravagé par la maladie et les excès. Il n'avait que la peau et les os, était en partie paralysé et portait des lunettes d'une puissance si extraordinaire que ses yeux paraissaient à travers singulièrement grossis et déformés. Excepté le prince et le président, il était dans ce salon l'unique personne qui conservât le calme de la vie ordinaire.

Les membres du *Suicide Club* ne se piquaient pas d'une tenue très décente. Quelques-uns tiraient vanité des actions déshonorantes qui les avaient amenés à chercher un refuge dans la mort; on écoutait sans témoigner de désapprobation. Il y avait un accord tacite contre les arrêts de la morale et quiconque franchissait le seuil du Club jouissait déjà de quelques-unes des immunités de la tombe. Ils burent à la mémoire les uns des autres et à celle des suicidés remarquables du passé. Ils comparaient et développaient leurs vues différentes sur la mort, ceux-ci déclarant que ce n'était rien que ténèbres et néant, ceux-là espérant que, cette même nuit, ils iraient escalader les étoiles.

« À la mémoire éternelle du baron de Trenck,

le type des suicidés ! cria quelqu'un. Il passa d'une petite cellule dans une plus petite, afin d'atteindre enfin à la liberté

— Pour ma part, dit un second, je ne demande qu'un bandeau sur mes yeux et du coton dans mes oreilles. Seulement, il n'y a pas de coton assez épais en ce monde. »

Le troisième espérait, dans l'état nouveau où il allait entrer, découvrir les secrets de la vie, et le quatrième avouait qu'il n'aurait jamais fait partie du Club s'il n'eût été amené à croire au système de Darwin.

« Je n'ai pu supporter, disait-il, l'idée de descendre d'un singe. »

En somme, le prince était tout à fait désillusionné par les manières et la conversation de ses nouveaux collègues.

« Il n'y a pas de quoi faire tant d'embarras, pensait-il. Dès qu'un homme s'est réconcilié avec l'idée de se tuer, qu'il s'exécute, pour Dieu, en gentilhomme. Cet émoi et ces gros mots sont déplacés. »

Cependant, le colonel Geraldine était en proie aux plus vives appréhensions : le Club et ses règlements restaient toujours à l'état de mystères, et il regardait autour de la salle afin de trouver quelqu'un qui fût en mesure de le renseigner. Son regard tomba enfin sur le paralytique, dont la sérénité la frappa; il supplia le président, qui, très pressé, ne faisait que sortir de la chambre et y rentrer, expédiant des affaires, de le présenter à ce monsieur assis sur le canapé.

Le président répondit que de semblables formalités étaient inutiles chez lui; néanmoins il présenta Mr. Hammersmith à Mr. Malthus.

Mr. Malthus regarda le colonel avec curiosité et le pria de prendre place à sa droite.

« Vous êtes un nouveau venu, dit-il, et vous désirez des renseignements. Eh bien; vous vous adressez à la bonne source. Il y a deux ans que j'ai fait ma première visite à ce Club enchanteur. »

Le colonel respira. Si Mr. Malthus avait fréquenté ce lieu pendant deux ans, le prince pouvait ne courir aucun danger durant une seule soirée.

« Comment! s'écria-t-il, deux ans? De quelle mystification suis-je donc le jouet? »

— D'aucune, répliqua Mr. Mathus avec douceur. Mon cas est singulier. Je ne suis pas du tout, à proprement parler, un suicide, mais un membre honoraire, pour ainsi dire. Je ne visite guère le Club que deux fois par mois. Mon infirmité et la condescendance du président m'ont procuré ce privilège, que d'ailleurs je paye assez cher.

— Je vous prierai, dit le colonel, de vouloir bien être plus explicite. Rappelez-vous que je ne suis encore que très imparfaitement familier avec les statuts de l'endroit.

— Un membre ordinaire tel que vous, lancé à la recherche de la mort, revient ici tous les soirs jusqu'à ce que la chance le favorise, répliqua le paralytique; s'il est sans le sou, il peut même être logé et nourri par le président; pas de luxe, mais le nécessaire; on ne saurait faire davantage vu la modicité de la souscription. D'ailleurs, la seule société du président est par elle-même un très vif agrément.

— En vérité! s'écria Geraldine, je ne l'aurais pas cru.

— Ah! c'est que vous ne connaissez pas l'homme. L'esprit le plus drôle! Des histoires! Un cynisme!... Il sait la vie sur le bout du doigt, et, entre nous, c'est le coquin le plus corrompu de toute la chrétienté.

— Est-il, lui aussi, membre permanent comme vous-même, si je puis poser cette question sans vous offenser?

— Il est permanent dans un sens bien différent, répliqua M. Malthus. J'ai été gracieusement épargné jusqu'ici, mais, enfin, tôt ou tard, je dois partir. Lui ne joue jamais; il mêle et donne les cartes et fait les arrangements nécessaires. Cet homme, Mr. Hammersmith, est l'adresse même. Depuis trois ans il poursuit à Londres son utile profession, que je pourrais appeler un art, et jamais l'ombre d'un soupçon ne s'est élevée contre lui. Moi-même, je le crois inspiré. Sans doute, vous vous rappelez ce cas célèbre, il y a six mois, d'un gentleman accidentellement empoisonné dans une pharmacie? Et ce ne fut encore qu'une de ses inventions les moins riches. Mais comme c'était simple, et comme il est sorti sauf de l'aventure!

— Vous m'étonnez, dit le colonel; ce malheureux était-il une des... — il allait dire victimes; mais il se reprit à temps, — un des membres du Club? »

En même temps il se rappela que Mr. Malthus lui-même n'avait pas paru ambitieux de mourir pour son propre compte; il ajouta avec empressement:

« Mais je m'aperçois que je suis encore dans l'obscurité. Vous parliez de mêler et de donner les cartes; dans quel but? Puisque vous avez l'air plutôt mal disposé à mourir qu'autrement, je dois avouer que je ne puis concevoir ce qui vous amène ici.

— Vous dites vrai, vous êtes dans les ténèbres, répliqua Mr. Malthus avec plus d'animation. Cher Monsieur, ce Club est le temple même de l'ivresse; si ma santé affaiblie pouvait mieux supporter de pareilles excitations, je viendrais plus souvent, je vous le jure. Il faut tout le sentiment du devoir, qu'engendre une longue habitude de mauvaise santé et de régime rigoureux, pour me retenir d'abuser de ce qui est, je puis le dire, mon dernier plaisir. Je les ai épuisés tous, Monsieur, continua-t-il en posant sa main sur le bras de Geraldine, tous sans exception, et je vous déclare, sur mon honneur, qu'il n'y en a pas un dont le prix n'ait été grossièrement exagéré. On joue avec l'amour; moi, je nie que l'amour soit une forte passion. La peur en est une plus forte; c'est avec la peur qu'il faut badiner, si l'on veut goûter les joies intenses de la vie. Enviez-moi, enviez-moi, ajouta-t-il avec un ricanement ignoble, je suis poltron. »

Geraldine ne parvint à dissimuler son dégoût qu'avec peine, mais il prit sur soi et poursuivit l'interrogatoire.

« Comment cette excitation peut-elle être si habilement prolongée? Il y a donc quelque élément d'incertitude?

— Je vais vous expliquer par quel moyen la victime de chaque soir est choisie, répondit M. Malthus, et non seulement la victime, mais un autre membre qui est destiné à jouer le rôle d'instrument entre les mains du Club, à devenir le grand prêtre de la mort.

— Mon Dieu! ils s'entre-tuent donc alors?

— Le tourment du suicide est supprimé de cette manière, dit Malthus avec un signe de tête.

— Miséricorde! s'écria le colonel, et pouvez-vous... puis-je... peut-il... mon ami... je veux dire,... quelqu'un de nous peut-il être condamné ce soir à devenir le meurtrier du corps et de l'âme d'un autre être? Des choses semblables sont-elles possibles entre hommes nés de la femme? Oh! infamie des infamies! »

Dans son effroi, il était sur le point de se lever, lorsqu'il rencontra le regard du prince. Ce regard courroucé était fixé sur lui à travers la chambre. En un instant Geraldine eut repris son calme.

« Après tout, ajouta-t-il, pourquoi pas? Et, puisque vous dites que le jeu est intéressant, vogue la galère! Je suis du Club! »

Mr. Malthus avait joui d'une façon toute particulière de l'effroi de son interlocuteur.

« Après un premier moment de surprise, vous êtes, je le vois, en état d'apprécier les délices de notre Société, Monsieur... Elle réunit les émotions de la table de jeu, celles du duel et celles d'un amphithéâtre romain. Les païens étaient allés assez loin déjà, certes, et j'admire les raffinements de leur imagination en pareille matière; mais il était réservé à un pays chrétien d'atteindre cet extrême degré, cette quintessence, cet absolu du plaisir poignant. Vous comprenez combien tous les amusements doivent paraître fades à l'homme qui a pris le goût de celui-ci. La partie que nous jouons, continua-t-il, est d'une extrême simplicité. Un jeu complet... Mais... venez donc, vous êtes à même de voir la chose par vos propres yeux. Voulez-vous me prêter l'appui de votre bras? Malheureusement, je suis paralysé. »

En effet, tandis que Mr. Malthus commençait sa description, une autre porte à deux battants s'était ouverte; le Club entier se mit à défiler, non sans quelque hâte, dans la pièce voisine.

Elle était en tout semblable à celle que l'on venait de quitter, mais un peu différemment meublée. Le centre en était occupé par une longue table à tapis vert, devant laquelle le président était assis ; il mêlait un jeu de cartes avec beaucoup de soin. Même avec l'aide de sa canne et du bras de Geraldine, Mr. Malthus marchait avec tant de difficulté, que chacun fut assis avant que ce couple et le prince qui les attendait entrassent dans l'appartement ; par conséquent tous les trois prirent place côte à côte, au bout inférieur de la table.

« C'est un jeu de cinquante-deux cartes, dit tout bas Malthus. Veillez sur l'as de pique, qui est le signe de mort, et sur l'as de trèfle, qui désigne l'exécuteur de cette nuit. Heureux jeunes gens que vous êtes ! Vous avez de bons yeux et pouvez suivre la partie ! Hélas ! je ne saurais reconnaître un as d'un deux à travers la largeur d'une table. »

Et il plaça sur son nez une seconde paire de lunettes.

« Je veux au moins observer les physionomies, » expliqua-t-il.

En quelques mots rapides, Geraldine informa le prince de tout ce qu'il avait appris par la bouche du membre honoraire et de l'alternative possible qui leur était réservée. Le prince eut un frisson, une contraction au cœur ; il promena ses regards de côté et d'autre, comme un homme abasourdi.

« Un coup hardi, dit tout bas le colonel, et nous pouvons encore nous échapper. »

Mais cette suggestion rappela le courage du prince.

« Silence, dit-il. Faites-moi voir que vous savez jouer en gentilhomme, l'enjeu fût-il sérieux. »

Maintenant, il avait recouvré en apparence tout son sang-froid, quoique son cœur battit lourdement et qu'il eût une sensation de chaleur désagréable dans la poitrine. Les membres du Club étaient tous attentifs; chacun d'eux très pâle, mais nul ne l'était autant que Mr. Malthus. Ses yeux sortaient de leurs orbites; sa tête se balançait sur la colonne vertébrale par un mouvement d'oscillation involontaire; ses mains, l'une après l'autre, se portaient à sa bouche pour tirailler ses lèvres livides et frémissantes.

« Attention, Messieurs! » dit le président qui se mit à donner lentement les cartes.

Il s'arrêtait jusqu'à ce que chaque membre eût montré la sienne. Presque tous hésitaient; vous auriez vu les doigts trembler avant de réussir à retourner le funeste morceau de carton qui portait l'arrêt du destin. A mesure que le tour du prince approchait, il éprouvait une émotion grandissante, qui faillit le suffoquer; mais sans doute il avait quelque peu le tempérament d'un joueur, car il reconnut qu'un certain plaisir se mêlait à cette angoisse. Le neuf de trèfle lui échut; le trois de pique fut donné à Geraldine et la dame de cœur à Mr Malthus, incapable de réprimer un soupir de soulagement. Le jeune homme aux tartes à la crème, presque immédiatement après, retourna l'as de trèfle et resta glacé d'horreur, car il n'était pas venu pour tuer, mais pour être tué. Et le prince, dans sa sympathie généreuse, oublia presque, en le plaignant, l'extrême danger qui était encore suspendu au-dessus de lui-même et de son ami.

La donne se renouvela, et, cette fois encore, la carte de la mort ne sortit pas. Les joueurs retenaient leur souffle, haletants; le prince eut un autre trèfle, Geraldine, un carreau; mais, lorsque Mr. Malthus eut retourné sa carte, un horrible bruit, semblable à celui de quelque chose qui se brise, partit de sa bouche; il se leva et se rassit sans aucun signe de paralysie. C'était l'as de pique. Le membre honoraire s'était amusé de ses propres terreurs une fois de trop.

La conversation éclata de nouveau presque tout d'un coup. Les joueurs, renonçant à leurs attitudes rigides, commencèrent à se lever de table et revinrent en flânant, par deux et par trois, dans le fumoir. Le président étirait ses bras et bâillait comme un homme qui a fini son travail journalier. Mais Mr. Malthus restait assis à sa place, la tête dans ses mains, les mains sur la table, immobile, atterré.

Le prince et Geraldine s'échappèrent, l'impression d'horreur qu'ils emportaient avec eux, redoublant dans le froid de la nuit.

« Ah! s'écria le prince, être lié par un serment dans une affaire comme celle-ci, permettre que ce trafic de meurtre continue avec profit et impunité! Si seulement j'osais manquer à ma parole!

— C'est impossible pour Votre Altesse, répliqua le colonel. Son honneur est celui de la Bohême; mais je me charge, moi, de manquer à la mienne avec bienséance.

— Geraldine, dit le prince, si votre honneur souffre en quelqu'une de nos équipées, non seulement je ne vous pardonnerai jamais, mais ce qui, je crois, vous affectera plus vivement encore, je ne me le pardonnerai pas à moi-même.

— J'attends les ordres de Votre Altesse, répondit le colonel. Nous éloignerons-nous de ce lieu maudit?

7

— Oui, dit le prince. Appelez un cab. J'essayerai de perdre dans le sommeil le souvenir de cette abominable aventure. »

Mais il eut soin de lire le nom de l'impasse avant de la quitter.

Le lendemain, aussitôt que le prince fut éveillé, le colonel Geraldine lui apporta un journal quotidien avec le paragraphe suivant intitulé :

« *Triste accident.* — Cette nuit, vers deux heures, Mr. Barthélemy Malthus, domicilié n° 16 Chepstow place, Westbourne Grove, à son retour d'une soirée, est tombé par-dessus le parapet de Trafalgar-square et s'est fracturé le crâne en même temps qu'une jambe et un bras. La mort dut être instantanée. Mr. Malthus, accompagné d'un ami, cherchait un cab au moment de cet affreux accident. Comme M. Malthus était paralysé, on pense que sa chute a pu être occasionnée par une nouvelle attaque. Ce gentleman était bien connu dans les cercles les plus respectables et sa perte sera généralement déplorée. »

« Si jamais une âme mérita d'aller droit à l'enfer, dit solennellement Geraldine, c'est bien celle de ce paralytique. »

Le prince cacha son visage entre ses mains et resta silencieux.

« Je me réjouis presque, continua le colonel, de le savoir mort. Mais, pour notre jeune homme aux tartes à la crème, ma pitié est grande, je l'avoue.

— Geraldine, dit le prince en relevant la tête, ce malheureux garçon était, la nuit passée, aussi innocent que vous et moi, et, ce matin, le poids d'un crime est sa conscience. Quand je pense au président, mon cœur défaille au dedans de moi. Je ne sais comment cela se passera, mais je veux tenir ce gredin à ma merci, comme il y a un Dieu au ciel. Quelle expérience, quelle leçon que celle de ce jeu de cartes!

— Une leçon qu'il ne faudrait jamais recommencer, » fit observer le colonel.

Le prince resta si longtemps sans répondre que son fidèle serviteur devint inquiet.

« Monseigneur, dit-il, vous ne pouvez penser à y retourner? Vous n'avez déjà que trop souffert et vu trop d'horreurs, les devoirs de votre situation vous défendent de tenter le hasard.

— Hélas! répliqua le prince, je n'ai jamais senti ma faiblesse d'une manière aussi humiliante qu'aujourd'hui, mais elle est plus forte que moi. Puis-je cesser de m'intéresser au sort du malheureux jeune homme qui a soupé avec nous, il y a quelques heures? Puis-je laisser le président poursuivre sa carrière d'infamie sans la surveiller ? Puis-je commencer une aventure aussi entraînante sans la continuer jusqu'à la fin ? Non, Geraldine, vous demandez au prince plus que l'homme n'est capable d'accomplir. Cette nuit, encore une fois, nous irons prendre place à la table de ce Club du suicide. »

Le colonel tomba sur ses deux genoux.

« Mon prince veut-il m'ôter la vie ? s'écria-t-il. Elle est à lui ; mais qu'il n'exige pas que je le laisse affronter un pareil risque !

— Colonel, répliqua Florizel avec quelque hauteur, votre vie vous appartient absolument. Je ne demande que de l'obéissance, et, si celle-ci m'est accordée sans empressement, je ne la demanderai plus. »

Le grand écuyer se retrouva sur pied en un clin d'œil et dit simplement :

« Votre Altesse veut-elle me dispenser de mon service durant l'après-midi ? Je ne puis me hasarder une seconde fois dans cette maison fatale avant d'avoir parfaitement réglé mes affaires. Votre Altesse ne rencontrera plus, je le promets, la moindre opposition de la part du plus dévoué et du plus reconnaissant de ses serviteurs.

— Mon cher Geraldine, répondit le prince, je suis toujours aux regrets, lorsque vous m'obligez à me rappeler mon rang. Disposez de votre journée, comme bon vous semblera, et soyez ici avant onze heures sous le même déguisement. »

Le Club, ce second soir, n'était pas aussi nombreux que la veille; lorsque Geraldine et le prince arrivèrent, il n'y avait pas plus de six personnes dans le fumoir. Son Altesse prit le président à part et le félicita chaleureusement au sujet de la démission de Mr. Malthus.

« J'aime, dit-il, à rencontrer des capacités, et, certainement, j'en trouve beaucoup chez vous. Votre profession est de nature très délicate, mais je vois que vous vous en acquittez avec succès et discrétion. »

Le président parut touché des compliments que lui accordait un homme aussi supérieur de ton et de maintien. Il remercia presque avec humilité.

Le jeune homme aux tartes à la crème était dans le salon, mais abattu et silencieux. Ses nouveaux amis essayèrent en vain de le faire causer.

« Combien je voudrais, s'écria-t-il, ne vous avoir jamais conduits dans ce bouge infâme! Fuyez, tandis que vous avez les mains pures. Si vous aviez pu entendre le cri aigu de ce vieillard au moment de sa chute et le bruit de ses os sur le pavé! Souhaitez-moi, en admettant que vous ayez encore quelque bonté pour un être dégradé comme je le suis, souhaitez-moi l'as de pique pour cette nuit! »

Quelques membres entrèrent dans le courant de la soirée, mais le diable ne put compter qu'une douzaine de joueurs autour du tapis vert. Le prince sentit de nouveau qu'une certaine excitation agréable se mêlait à son inquiétude; mais il s'étonna de voir Geraldine bien plus calme qu'il ne l'était la nuit précédente.

« Il est extraordinaire, pensa-t-il, que le parti pris de la volonté puisse opérer un si grand changement!

— Attention, Messieurs! » dit le président; — et il se mit à donner.

Trois fois les cartes firent le tour de la table sans résultat. Lorsque le président recommença pour la quatrième fois, l'émotion était générale et intense. Il y avait juste assez de cartes pour faire encore un tour entier. Le prince, assis auprès de celui qui se tenait à la gauche du banquier, avait à recevoir l'avant-dernière carte. Le troisième joueur retourna un as noir, c'était l'as de trèfle; le suivant eut le carreau; mais l'apparition de l'as de pique tardait toujours. Enfin Geraldine, assis à la gauche du prince, retourna sa carte : c'était un as, mais un as de cœur.

Lorsque le prince Florizel vit sa destinée encore voilée sur la table devant lui, son cœur cessa de battre. Il était homme et courageux, mais la sueur perlait sur son visage : il avait cinquante chances sur cent pour être condamné. Il retourna la carte; c'était l'as de pique. Une sorte de rugissement remplit son cerveau et la table tourbillonna sous ses yeux. Il entendit le joueur assis à sa droite partir d'un éclat de rire qui sonnait entre la joie et le désappointement; il vit la compagnie se disperser, mais ses pensées étaient loin. Il reconnaissait combien sa conduite avait été légère, criminelle même.

« Mon Dieu! s'écria-t-il, mon Dieu, pardonnez-moi! »

Et aussitôt son trouble fit place à l'empire habituel qu'il avait sur lui-même.

A sa grande surprise, Geraldine avait disparu. Il ne restait personne dans la salle de jeu, excepté le bourreau destiné à l'expédier, qui se concertait avec le président, et le jeune homme aux tartes à la crème. Celui-ci se glissa vers le prince et lui souffla dans l'oreille, en guise d'adieu :

« Je donnerais un million, si je le possédais, pour avoir la même chance que vous. »

Son Altesse ne put s'empêcher de penser, qu'Elle aurait vendu volontiers cette chance beaucoup moins cher.

La conférence à voix basse était terminée. Le possesseur de l'as de trèfle quitta la chambre avec un signe d'intelligence, et le président, s'approchant de l'infortuné prince, lui tendit la main.

« Je suis content de vous avoir rencontré, Monsieur, dit-il, et content d'avoir été en état de vous rendre ce petit service. Au moins vous ne pouvez vous plaindre d'un long retard. A la seconde soirée, — quel coup de fortune ! »

Le prince essaya vainement d'articuler une réponse quelconque, mais sa bouche était sèche et sa langue semblait paralysée.

« Vous sentez-vous mal à votre aise ? demanda le président d'un air de sollicitude. Cela arrive à beaucoup de ces messieurs. Voulez-vous prendre un peu d'eau-de-vie ? »

Florizel fit un signe affirmatif.

« Pauvre vieux Malthus ! répéta le président, tandis qu'il vidait son verre. Il en a bu près d'un demi-litre, qui n'a paru lui faire que peu de bien.

— Cela agit mieux sur moi, dit le prince, me voici redevenu moi-même, comme vous voyez.

Permettez-moi une question : où dois-je me rendre?

— Vous allez suivre le Strand dans la direction de la Cité, sur le trottoir de gauche, jusqu'à ce que vous ayez rencontré l'individu qui vient de s'en aller. Il vous donnera ses instructions et vous aurez la bonté de vous y conformer; il est investi de l'autorité du club pour cette nuit. Et maintenant, ajouta le président, je vous souhaite une promenade agréable. »

Florizel répondit à ce salut avec une certaine gaucherie et se retira. Il traversa le fumoir, où l'ensemble des joueurs restait encore à consommer du champagne qu'il avait commandé et payé en partie, et fut surpris de s'apercevoir qu'il les maudissait du fond de son cœur. Il mit lentement son chapeau, son pardessus, choisit son parapluie dans un coin. L'habitude qu'il avait de ces actes familiers et la pensée qu'il les faisait pour la dernière fois le poussèrent à un éclat de rire qui résonna d'une façon sinistre à ses propres oreilles. Il éprouvait une répugnance à sortir de la maison et se tourna vers la fenêtre. La vue des réverbères qui brillaient dans l'obscurité le rappela au sentiment de la réalité.

« Allons, allons, il faut être un homme et m'arracher d'ici. »

7.

Au coin de Box-Court, trois hommes tombèrent sur le prince Florizel à l'improviste et il fut transporté sans façon dans une voiture qui partit rapidement. Déjà, il s'y trouvait quelqu'un.

« Votre Altesse me pardonnera-t-elle mon zèle? » dit une voix bien connue.

Le prince se jeta au cou du colonel dans l'élan de son soulagement.

« Comment pourrai-je jamais vous remercier? s'écria-t-il. Et par quel miracle cela s'est-il fait? »

Quoiqu'il eût accepté sa condamnation, il était trop heureux de céder à cette violence amicale, de retourner une fois de plus à la vie et à l'espérance.

« Vous pourrez me remercier effectivement, répliqua le colonel, si vous évitez dans l'avenir de pareils dangers. Tout s'est produit par les moyens les plus simples. J'ai arrangé l'affaire durant l'après-midi. Discrétion a été promise et payée. Vos propres serviteurs étaient principalement engagés dans l'affaire. La maison de Box-Court fut cernée dès la tombée de la nuit, et cette voiture, l'une des vôtres, attendait depuis une heure environ.

— Et le misérable voué à m'assassiner, qu'est-il devenu? demanda le prince.

— Il a été arrêté au moment où il quittait le Club, répliqua le colonel; maintenant il attend sa sentence au palais, où bientôt il sera rejoint par ses complices.

— Geraldine, dit le prince, vous m'avez sauvé contrairement à mes ordres absolus, et vous avez bien fait. Je vous dois non seulement la vie, mais encore une leçon, et je serais indigne de régner si je ne témoignais de la gratitude à mon maître. Choisissez votre récompense. »

Il y eut un silence pendant lequel la voiture continua de rouler à travers les rues; les deux hommes étaient plongés chacun dans ses propres pensées. Le silence fut rompu par le colonel.

« Votre Altesse, dit-il, a en ce moment un nombre considérable de prisonniers. Il y a au moins un criminel dans ce nombre. Pour lui justice doit être faite. Notre serment nous défend tout recours à la loi, et la discrétion l'interdirait même si l'on nous dégageait du serment. Puis-je demander les intentions de Votre Altesse?

— C'est décidé, répondit Florizel, le président tombera dans un duel. Il ne reste qu'à trouver l'adversaire.

— Votre Altesse m'a permis de choisir ma propre récompense, dit le colonel. Veut-elle confier à mon frère cette mission délicate? Il est homme à s'en acquitter parfaitement.

— Vous me demandez là une méchante faveur, dit le prince, mais je ne peux rien vous refuser. »

Le colonel lui baisa la main avec la plus grande affection, et, en ce moment, la voiture roula sous le porche de la résidence splendide du prince.

Une heure après, Florizel, revêtu de ses habits officiels et couvert de tous les ordres de Bohême, reçut les membres du *Suicide Club*.

— Misérables insensés que vous êtes, dit-il, comme beaucoup d'entre vous ont été jetés dans cette voie par le manque d'argent, vous aurez des secours et du travail. Ceux que tourmente le remords devront s'adresser à un potentat plus puissant et plus généreux que moi. J'éprouve de la pitié pour vous tous, une pitié plus profonde que vous n'êtes capables de l'imaginer, et, si vous répondez franchement, je tâcherai de remédier à votre malheur. Quant à vous, ajouta-t-il en se tournant vers le président, je ne ferais qu'offenser une personne de votre sorte par quelque offre d'assistance; au lieu de cela, j'ai une partie de plaisir à vous proposer. »

Posant sa main sur l'épaule du frère de Geraldine :

« Voici, ajouta-t-il, un de mes officiers qui

désire faire un tour sur le continent, et je vous demande, comme une faveur, de l'accompagner dans cette excursion. Tirez-vous bien le pistolet? continua le prince en changeant de ton. Vous pourrez avoir besoin de cet art. Lorsque deux hommes s'en vont voyager ensemble, le mieux c'est d'être préparé à tout. Laissez-moi ajouter que si, par suite de quelque accident, vous perdiez le jeune Geraldine en route, j'aurai toujours un autre des miens à mettre à votre disposition; je suis connu, monsieur le président, pour avoir la vue longue et le bras long. »

Par ces paroles prononcées avec sévérité, il termina son discours. Le lendemain, les membres du Club reçurent des preuves de sa munificence et le président se mit en route sous les auspices du frère de Geraldine, qu'accompagnaient deux laquais de confiance, adroits et bien dressés dans le service du prince.

Enfin, des agents discrets occupèrent la maison de Box-Court : toutes les lettres, toutes les visites pour le Club du suicide devaient être soumises à l'examen du prince Florizel en personne.

Ici se termine l'HISTOIRE DU JEUNE HOMME AUX TARTES A LA CRÈME, qui est maintenant un propriétaire aisé de Wigmore street, Cavendish square. Je supprime le numéro de la maison pour des raisons évidentes. Ceux qui désireraient connaître la suite des aventures du prince Florizel et de ce scélérat, le président du *Suicide Club*, n'ont qu'à lire l'Histoire d'un médecin et d'une malle.

HISTOIRE D'UN MÉDECIN

ET D'UNE MALLE

Mr. Silas Q. Scuddamore était un jeune Américain, d'un caractère simple et inoffensif, ce qui l'honorait d'autant plus qu'il venait de la Nouvelle-Angleterre, une partie du Nouveau-Monde qui n'est pas précisément renommée pour de pareilles qualités. Bien qu'il fût excessivement riche, il tenait, sur un petit carnet de poche, le compte exact de ses dépenses, et il avait fait choix, pour s'initier aux plaisirs de Paris, d'un septième étage dans ce qu'on appelle un Hôtel meublé au Quartier-Latin. Il entrait beaucoup d'habitude dans sa parcimonie, et sa vertu fort étonnante, vu le milieu où il se trouvait, était principalement fondée sur la défiance de soi et sur une grande jeunesse.

La chambre voisine de la sienne était habitée par une dame, très séduisante d'allure et très élégante de toilette, qu'à son arrivée il avait prise pour une comtesse. Par la suite, il apprit qu'elle était connue sous le nom de Zéphyrine. Quelle que fût la situation qu'elle occupât dans le monde, ce n'était assurément pas celle d'une personne titrée. Mme Zéphyrine, sans doute dans l'espoir de charmer le jeune Américain, avait pris l'habitude de le croiser sur l'escalier; et là, après un signe de tête gracieux, un mot jeté tout naturellement et un regard fascinateur de ses yeux noirs, elle disparaissait avec un froufrou de soie, laissant apercevoir un pied et une cheville incomparables. Mais ces avances, bien loin d'encourager Mr. Scuddamore, le plongeaient dans des abîmes de découragement et de timidité. Plusieurs fois, elle était venue chez lui, demander de la lumière ou s'excuser des méfaits imaginaires de son caniche. Hélas! en présence d'une créature aussi supérieure, la bouche de l'innocent étranger restait close; il oubliait son français, et, jusqu'à ce qu'elle fût partie, ne savait plus qu'ouvrir de grands yeux et bégayer. Cependant, leurs rapports si fugitifs suffisaient pour qu'il lançât parfois des insinuations dignes d'un fat, lorsque, seul avec quelques camarades, il se sentait en sûreté.

La chambre de l'autre côté de celle du jeune

Américain, — car il y avait trois chambres par étage dans l'hôtel, — était occupée par un vieux médecin anglais, d'une réputation plutôt équivoque. Le docteur Noël, tel était son nom, avait été forcé de quitter Londres, où il jouissait d'une clientèle nombreuse et chaque jour croissante ; on racontait que la police n'avait pas été étrangère à ce changement de résidence. En tous cas, lui qui avait tenu jadis un certain rang, vivait maintenant au Quartier-Latin, dans la solitude et avec la plus grande simplicité, consacrant la majeure partie de son temps à l'étude. Mr. Scuddamore avait fait sa connaissance, et il leur arrivait de dîner frugalement ensemble, dans un restaurant, de l'autre côté de la rue.

Silas Q. Scuddamore, quoique vertueux, nous l'avons dit, avait nombre de petits défauts et, pour les satisfaire, ne reculait pas devant les moyens les plus répréhensibles. Le premier parmi ces vices, relativement véniels, était la curiosité. Il était bavard de naissance ; la vie, et surtout tels côtés de la vie dont il n'avait pas l'expérience, l'intéressaient passionnément. Il questionnait avec audace, et l'opiniâtreté qu'il déployait dans ses enquêtes n'avait d'égale que son indiscrétion. Silas Scuddamore était de ceux qui, lorsqu'ils se chargent de porter une lettre à la poste, la soupèsent, la retournent dans tous les sens et en étudient avec soin la suscription. Il ne faut donc pas s'étonner si, ayant aperçu d'aventure une fente dans la cloison qui séparait sa chambre de celle de Mme Zéphyrine, il se garda de la boucher, mais l'élargit au contraire et l'augmenta si bien, qu'il put s'en servir comme d'un observatoire pour espionner les faits et gestes de sa voisine.

Vers la fin de mars, sa curiosité augmentant à mesure qu'il la satisfaisait, il agrandit encore davantage l'ouverture de manière à pouvoir inspecter un autre coin de la chambre; mais, ce soir-là, lorsque, comme d'habitude, il voulut se mettre à surveiller les mouvements de Mme Zéphyrine, Silas fut tout étonné de trouver le trou bouché d'une singulière façon, et encore plus honteux lorsque, l'obstacle ayant été subitement enlevé, un éclat de rire frappa son oreille. Quelques plâtras avaient évidemment trahi son secret, et sa voisine lui apprenait le proverbe : A bon chat, bon rat! Scuddamore éprouva un sentiment de vive contrariété; il blâma impitoyablement Mme Zéphyrine et s'adressa même quelques reproches par la même occasion; mais, quand il s'aperçut le lendemain qu'on n'avait pris aucune précaution pour le priver de son passe-temps favori, il continua sans scrupules à profiter d'une négligence si favorable à sa frivole curiosité.

Le jour suivant, Mme Zéphyrine reçut la visite d'un homme grand et fortement charpenté, d'une cinquantaine d'années ou peut-être davantage, que Silas n'avait encore jamais vu. Son costume de *tweed* et sa chemise de couleur, non moins que ses favoris hérissés, indiquaient un Anglais; son œil gris et morne produisit sur Silas une sensation de froid. Pendant tout l'entretien, qui eut lieu à voix basse, le jeune Américain resta l'oreille tendue, la figure plaquée contre l'ouverture traîtresse. Plus d'une fois, il lui sembla que les gestes des deux interlocuteurs désignaient son propre appartement; mais la seule phrase complète qu'il pût recueillir, en y apportant une scrupuleuse attention, fut cette remarque faite par l'Anglais sur un ton un peu plus haut, comme s'il eût combattu quelque hésitation ou quelque refus :

« J'ai étudié ses goûts à fond, et je vous répète que vous êtes l'unique femme sur laquelle je puisse compter. »

Pour toute réponse, Mme Zéphyrine prit l'air triste et résigné, d'une personne qui cède à une autorité absolue.

Cet après-midi-là, l'observatoire fut définitivement masqué par une armoire placée de l'autre côté. Pendant que Silas se lamentait sur cette infortune qu'il attribuait à une jalouse suggestion de l'Anglais, le concierge lui apporta une lettre d'une écriture féminine. Elle était conçue en français, d'une orthographe peu rigoureuse, et, dans les termes les plus engageants, invitait l'Américain à se trouver vers onze heures, le même soir, dans un endroit indiqué du bal Bullier. La curiosité et la timidité se combattirent longtemps dans son cœur; tantôt il n'était que vertu puritaine, tantôt il se sentait tout feu et tout audace. Le résultat de cette lutte intéressante fut que, longtemps avant dix heures, Mr. Silas Q. Scuddamore, dans une tenue irréprochable, se présenta à la porte des salons de Bullier et paya son entrée avec un sentiment de hardiesse libertine qui ne manquait pas de charme.

On était en plein carnaval, le bal était nombreux et bruyant. D'abord les lumières et la foule intimidèrent notre jeune aventurier; mais bientôt, ces influences, lui montant à la tête comme une sorte d'ivresse, le rendirent au contraire plus vaillant qu'il ne l'avait jamais été. Il se sentait prêt à affronter le démon en personne et pénétra fièrement dans la salle de bal avec la crânerie d'un mauvais sujet. Pendant qu'il se pavanait ainsi, il aperçut Mme Zéphyrine et son Anglais en conférence derrière une colonne. Son instinct félin d'espionnage le ressaisit aussitôt. A pas de loup, il se glissa par derrière, plus près du couple, plus près encore, jusqu'à ce qu'il fût à portée d'entendre.

« Voilà l'homme, disait l'Anglais, — là-bas, avec de longs cheveux blonds, parlant à cette fille en vert. »

Silas remarqua un charmant garçon de petite taille, qui évidemment était l'objet de cette désignation.

« C'est bien, dit Mme Zéphyrine, je ferai de mon mieux; mais, souvenez-vous-en, les plus adroites peuvent échouer en pareille occurrence.

— Bah! répliqua son compagnon, je réponds du résultat. Ne vous ai-je pas choisie entre trente? Allez, mais méfiez-vous du prince. Je ne puis comprendre quelle maudite chance l'a amené ici cette nuit. Comme s'il n'y avait pas à Paris une douzaine de bals plus dignes de sa présence que cette orgie d'étudiants et de sauteuses de comptoir! Regardez-le, assis là-bas, plus semblable à un Empereur rendant la justice qu'à une Altesse en vacances! »

Cette fois encore, Silas eut du bonheur. Il aperçut un personnage assez corpulent, d'une beauté de traits remarquable et d'un aspect majestueux mais affable, assis devant une table en compagnie d'un autre homme de quelques années plus jeune, qui l'entretenait avec une visible déférence. Le nom de prince sonna agréablement aux oreilles républicaines de Silas, et celui à qui ce titre était donné exerça sur lui un charme particulier. Il laissa Mme Zéphyrine et son Anglais se suffire l'un à l'autre, et, coupant à travers la foule, s'approcha de la table que le Prince et son confident avaient honorée de leur choix.

« Je vous déclare, Geraldine, disait le premier, que c'est pure folie. Vous-même (je suis aise de m'en souvenir), avez choisi votre frère pour cette mission périlleuse; vous êtes donc tenu en conscience de surveiller sa conduite. Il a consenti à s'arrêter trop longtemps à Paris; ceci déjà était une imprudence, si l'on considère le caractère de l'homme contre lequel il doit lutter; mais maintenant qu'il est à quarante-huit heures de son départ, et à deux ou trois jours de l'épreuve décisive, je vous le demande, est-ce ici l'endroit où il doit passer son temps? Sa place serait plutôt dans une salle d'armes à se faire la main; il devrait dormir de longues heures et s'imposer un exercice modéré; il devrait se mettre à une diète rigoureuse, ne boire ni vin blanc ni liqueurs. Le gaillard s'imagine-t-il que nous jouons tous une comédie? La chose est terriblement sérieuse, Geraldine.

— Je connais trop mon frère pour intervenir, répliqua le colonel; je lui ferais injure en m'alarmant. Il est plus circonspect que vous ne pensez et d'une fermeté indomptable. S'il s'agissait d'une femme, je n'en dirais pas autant; mais je lui ai confié le président sans une minute d'appréhension, d'autant qu'il a deux hommes pour lui prêter main-forte.

— Eh bien, dit le prince, votre confiance ne suffit pas à me tranquilliser. Les deux prétendus domestiques sont des policiers émérites, et pourtant le misérable n'a-t-il pas déjà trois fois réussi à tromper leur surveillance? Il a pu passer plusieurs heures en affaires secrètes et probablement fort dangereuses... Non, non, ne croyez pas que ce soit le hasard. Cet homme sait ce qu'il fait et a en lui-même des ressources exceptionnelles.

— Je pense que l'affaire relève maintenant de mon frère et de moi-même, répondit Geraldine avec une nuance de dépit dans la voix.

— Je permets qu'il en soit ainsi, colonel, repartit le prince. Peut-être devriez-vous, justement pour cette raison, accepter mes conseils. Mais en voilà assez. Cette petite en jaune danse bien. »

Et la conversation revint aux sujets habituellement traités dans un bal de carnaval à Paris.

Le souvenir de l'endroit où il était revint à Silas; il se rappela que l'heure du rendez-vous était proche. Plus il y réfléchissait, moins il en aimait la perspective; et un remous du public l'ayant poussé, au moment même, dans la direction de la porte, il se laissa entraîner sans résistance. La houle humaine le fit échouer dans un coin, sous une galerie, où son oreille fut immédiatement frappée par le son de la voix de Mme Zéphyrine. Elle causait en français avec le jeune homme blond qui lui avait été signalé par l'étrange Anglais, moins d'une demi-heure auparavant.

« J'ai une réputation à ménager, disait-elle; sans cela je n'y mettrais pas d'autres conditions que celles qui me sont dictées par mon cœur. Mais vous n'avez qu'à dire ces mots au concierge et il vous laissera passer.

— Pourquoi, diable, cette histoire de dette?, objecta son compagnon.

— Bon! s'écria Zéphyrine, pensez-vous que je ne sache pas manœuvrer dans mon hôtel? »

Et elle passa, tendrement suspendue au bras du jeune homme. Ceci rappela d'une façon troublante à Silas Scuddamore le billet qu'il avait reçu.

« Dans dix minutes! se dit-il. Pourquoi pas?... Dans dix minutes, il se peut que je me promène avec une femme non moins belle que celle-ci, mieux mise, même, avec une vraie grande dame, — cela s'est vu, — avec une femme titrée. »

Mais il se souvint de l'orthographe et fut un peu découragé.

« Il est possible qu'elle ait fait écrire par sa femme de chambre, » pensa-t-il.

L'aiguille de l'horloge n'était plus qu'à quelques secondes de l'heure fixée. Chose singulière, l'approche d'un si grand honneur, d'un si grand plaisir, lui procura un battement de cœur désordonné, plutôt pénible. Enfin il se dit, avec un soupir de soulagement, qu'il n'était en aucune manière tenu de se montrer. La vertu et la lâcheté étaient d'accord; de nouveau il se dirigea vers la porte, mais cette fois de son propre mouvement et en bataillant contre la foule qui se portait dans la direction contraire. Peut-être cette résistance prolongée l'énerva-t-il, ou bien peut-être était-il dans cette disposition d'esprit, où le seul fait de poursuivre le même dessein pendant un certain nombre de minutes amène une réaction et un projet différent; ce qui est certain, c'est que pour la troisième fois il fit volte-face et ne s'arrêta que lorsqu'il eut trouvé une place où il pût se dissimuler, à quelques pas de celle du rendez-vous convenu.

Là, il passa par une véritable agonie d'esprit, pendant laquelle, à plusieurs reprises, il pria Dieu de lui venir en aide, car Silas avait été dévotement élevé. A ce point de sa bonne fortune, il n'avait plus le moindre désir de rencontrer la dame; rien ne l'eût empêché de fuir, n'eût été la sotte crainte d'être jugé poltron; mais cette crainte était si puissante, qu'elle l'emporta sur toutes les autres considérations; quoiqu'elle ne pût le décider à avancer, elle l'empêcha du moins de se sauver définitivement. A la fin, l'horloge indiqua que l'heure était dépassée de dix minutes.

Le jeune Scuddamore, reprenant ses esprits, regarda furtivement de son coin, et ne vit personne à l'endroit désigné. Sans doute, sa correspondante inconnue s'était lassée et avait dû partir.

Il devint alors aussi fanfaron qu'il avait été craintif jusque-là. Il lui sembla que s'il paraissait au lieu du rendez-vous, fût-ce tardivement, il échapperait au reproche de lâcheté. Maintenant il soupçonnait même une plaisanterie, et se complimenta sur la finesse avec laquelle il avait deviné et dépisté ses mystificateurs. Tellement vaine est la cervelle d'un adolescent!

Enhardi par ces réflexions, il sortit bravement de son encoignure; mais il n'avait pas fait plus de deux pas, qu'une main se posait sur son bras. Silas se retourna et vit une femme robuste, imposante et de traits altiers, mais sans aucune sévérité dans le regard.

« Je crois que vous êtes un séducteur bien sûr de lui-même, dit-elle, car vous vous faites attendre. N'importe, j'étais décidée à vous rencontrer. Quand une femme s'est une fois oubliée jusqu'à faire les premières avances, il y a longtemps qu'elle a laissé de côté toute fausse pudeur. »

La haute taille et les attraits volumineux de sa conquête, ainsi que la façon soudaine dont elle était tombée sur lui, avaient ahuri Silas, mais la dame le mit bien vite à son aise. Elle était singulièrement expansive et engageante, le poussant à faire des plaisanteries et applaudissant ses moindres mots; bref, en très peu de temps, grâce à ses paroles enjôleuses et à des libations de punch, elle l'amena, non seulement à se croire amoureux, mais à déclarer sa passion dans les termes les plus vifs.

« Hélas! répondit-elle, je ne sais si je ne dois pas déplorer ce moment, quelque plaisir que me fasse votre aveu. Jusqu'ici j'étais seule à souffrir; maintenant, pauvre enfant, nous serons deux. Je ne suis pas maîtresse de mes actes. Je n'ose vous demander de venir chez moi, car je suis surveillée par des yeux jaloux. Laissez-moi réfléchir, ajouta-t-elle, je suis plus âgée que vous, quoique tellement plus faible; et, tout en me fiant à votre courage et à votre résolution, il faut que je vous fasse profiter de mon expérience du monde. »

Elle le questionna sur l'hôtel meublé où il logeait, puis sembla se recueillir.

« Je vois, dit-elle enfin. Vous serez loyal et obéissant, n'est-ce pas? »

Silas protesta avec ardeur de sa soumission à ses moindres caprices.

« Alors, dans la nuit de demain, continua-t-elle avec un sourire encourageant. Vous resterez chez vous toute la soirée; si quelque ami vient vous voir, renvoyez-le aussitôt, sous un prétexte. Votre porte est probablement fermée vers dix heures? » ajouta-t-elle.

« A onze heures, » répondit Silas.

« A onze heures et quart, poursuivit l'inconnue, sortez de la maison. Demandez simplement la porte et surtout ne parlez pas au concierge, car cela ferait tout manquer. Allez droit au coin, où le jardin du Luxembourg rejoint le boulevard; là vous me trouverez, vous attendant; je compte sur vous pour suivre mes indications de point en point; et souvenez-vous que si vous y manquez par le plus petit détail, vous apporterez le trouble dans l'existence d'une femme dont la seule faute est de vous avoir vu et de vous avoir aimé.

— Je ne puis comprendre l'utilité de toutes ces instructions, dit Silas.

— Je crois que vous commencez déjà à parler en maître, s'écria-t-elle, lui donnant un coup d'éventail sur le bras. Patience, patience; cela viendra en son temps. Une femme aime à être obéie d'abord, bien que plus tard elle mette son bonheur à obéir elle-même. Faites comme je vous en prie, pour l'amour du ciel, ou je ne réponds de rien. En vérité, ajouta-t-elle, de l'air de quelqu'un qui entrevoit une nouvelle difficulté, à force d'y songer je découvre un plan meilleur pour vous débarrasser des visites importunes. Dites au concierge de ne recevoir âme qui vive, excepté une personne qui pourra venir dans la soirée vous réclamer le payement d'une dette et parlez avec émotion, comme si vous redoutiez cette entrevue, de façon à ce qu'il puisse prendre vos paroles au sérieux.

— Je pense que vous pouvez vous fier à moi pour vous défendre contre les intrus, dit-il, non sans une petite pointe de susceptibilité.

— Voilà comment je préfère que la chose soit arrangée, répondit-elle froidement. Je vous connais, vous autres hommes. Pour vous la réputation d'une femme ne compte pas. »

Silas rougit et baissa la tête; car, en effet, le projet qu'il avait formé devait lui procurer une petite satisfaction de vanité vis-à-vis de ses connaissances.

« Avant tout, ajouta-t-elle, ne parlez point au concierge quand vous sortirez.

— Et pourquoi? De toutes vos recommandations, celle-ci me semble la moins essentielle.

— Au commencement, vous avez douté de la sagesse des autres précautions que maintenant vous jugez comme moi nécessaires, répliqua la dame. Fiez-vous à ma parole, celle-ci a également son utilité. Et que penserais-je de votre amour si, dès la première entrevue, vous me refusiez de semblables bagatelles? »

Silas se confondit en explications et en excuses, au milieu desquelles, regardant l'horloge et joignant les mains, la dame poussa un cri étouffé.

« Ciel! murmura-t-elle, est-il si tard? Je n'ai pas un instant à perdre. Hélas! pauvres femmes, quelles esclaves nous sommes! Que de risques n'ai-je pas déjà courus pour vous! »

Après lui avoir répété ses instructions qu'elle entremêlait savamment de caresses et de regards langoureux, elle lui dit adieu et disparut dans la foule.

Toute la journée du lendemain, Silas fut gonflé du sentiment de son importance; maintenant il en était sûr, c'était une comtesse! Quand le soir arriva, il obéit minutieusement à ses ordres et fut, à l'heure fixée, au coin du jardin du Luxembourg. Il n'y avait personne. Il attendit près d'une demi-heure, dévisageant chaque passant et chaque flâneur; il visita même les coins environnants du boulevard et fit tout le tour de la grille du jardin, mais aucune belle comtesse n'était là, prête à se jeter dans ses bras. Enfin, et bien à contre-cœur, il revint sur ses pas et se dirigea vers l'hôtel. Chemin faisant, il se souvint des paroles qu'il avait surprises entre Mme Zéphyrine et le jeune homme blond; elles lui causèrent un vague malaise.

« Il paraît, se dit-il, que tout le monde s'entend pour débiter des mensonges à notre portier. »

Il tira la sonnette, la porte s'ouvrit devant lui, et le concierge, en vêtements de nuit, vint lui offrir une lumière.

« Est-il parti? demanda cet homme en même temps.

— Qui?... Que voulez-vous dire? répondit Silas d'un ton sec, car il était irrité de sa mésaventure.

— Je ne l'ai pas vu sortir, continua le concierge; mais j'espère que vous l'avez payé. Nous ne tenons pas, dans la maison, à avoir des locataires endettés.

— Que le diable m'emporte, dit brutalement Silas, si je comprends un traître mot à votre galimatias! De qui parlez-vous?

— Je parle du petit monsieur blond venu pour sa créance; répliqua le bonhomme. C'est de lui que je parle; de qui cela pourrait-il être puisque j'avais reçu vos ordres de ne laisser entrer aucun autre?

— Mais, grand Dieu! il n'est pas venu... je suppose!

— Je sais ce que je sais, reprit le portier en faisant claquer sa langue contre sa joue d'un air passablement goguenard.

— Vous êtes un insolent coquin, riposta Silas, et, sentant qu'il montrait une mauvaise humeur tout à fait ridicule, affolé de terreur en même temps, sans bien savoir pourquoi, il se retourna et se mit à monter l'escalier en courant.

— Vous n'avez donc pas besoin de lumière? » cria le portier.

Mais Silas ne s'arrêta que sur le palier du septième étage, devant sa propre porte. Là il reprit haleine, assailli par les plus funestes pressentiments et redoutant presque d'entrer dans sa chambre. Lorsqu'enfin il s'y décida, il éprouva un soulagement en la trouvant sombre et, selon toute apparence, vide. Enfin il était donc de retour chez lui en sûreté!.. Cette première folie serait la dernière. Les allumettes étaient sur une petite table près de son lit, et il se mit à marcher à tâtons dans cette direction. Comme il avançait, ses craintes lui revinrent de nouveau, et, son pied rencontrant un obstacle, il fut heureux de constater que ce n'était rien de plus effrayant qu'une chaise. Enfin il effleura des rideaux. D'après la situation de la fenêtre, qui était faiblement visible, il reconnut qu'il devait se trouver au pied du lit et qu'il n'avait qu'à continuer le long de ce lit pour atteindre la table en question.

Il abaissa la main, mais ce qu'il toucha n'était pas seulement une courte-pointe, c'était une courte-pointe avec quelque chose dessous ayant la forme d'une jambe humaine. Silas retira son bras, et s'arrêta pétrifié.

« Qu'est-ce donc? se dit-il. Qu'est-ce que cela signifie? »

Il écouta anxieusement; on n'entendait aucun bruit de respiration. De nouveau, par un grand effort de volonté, il étendit le bout de son doigt jusqu'à l'endroit qu'il avait déjà touché; mais cette fois, il fit un bond en arrière, puis resta cloué au sol, frissonnant de terreur. Il y avait quelque chose dans le lit. Ce que c'était, il n'en savait rien, mais quelque chose était là. Plusieurs secondes s'écoulèrent sans qu'il pût remuer. Alors, guidé par un instinct, il tomba droit sur les allumettes, et, tournant le dos au lit, alluma un flambeau. Aussitôt que la flamme eut brillé, il se retourna lentement et regarda ce qu'il craignait de voir. En vérité, ses pires imaginations étaient réalisées. La couverture, soigneusement remontée sur l'oreiller, dessinait les contours d'un corps humain gisant inerte... Il rejeta de côté les draps; le jeune homme blond, qu'il avait vu la nuit précédente au bal Bullier, lui apparut, les yeux ouverts et sans regard, la figure enflée, noircie, un léger filet de sang coulant de ses narines.

Silas poussa un long et douloureux gémissement, laissa échapper le flambeau et tomba à genoux près du lit.

Il fut tiré de la stupeur dans laquelle l'avait plongé cette horrible découverte, par des coups discrets frappés à sa porte. Il lui fallut quelques secondes pour se rappeler sa situation, et, lorsqu'il se précipita pour empêcher qui que ce fût d'entrer, il était déjà trop tard. Le docteur Noël, coiffé d'un haut bonnet de nuit, portant une lampe qui éclairait sa longue silhouette blanche, regardant à droite, à gauche, avec des mouvements de tête qui faisaient songer à quelque grand oiseau, poussa doucement la porte, puis se glissa jusqu'au milieu de la chambre.

« J'ai cru entendre un cri, commença le docteur, et, craignant que vous ne fussiez souffrant, je n'ai pas hésité à me permettre cette indiscrétion... »

Silas, la figure bouleversée, se tenait entre le docteur et le lit, mais ne trouvait pas la force de répondre.

« Vous êtes dans l'obscurité, poursuivit le

docteur, et vous n'avez même pas commencé à vous déshabiller. Vous ne me persuaderez pas aisément contre toute apparence que vous n'ayez besoin en ce moment ni d'un ami ni d'un médecin. Voyons lequel des deux doit se mettre à votre service? Laissez-moi vous tâter le pouls; il est souvent l'indice certain de l'état du cœur.

Le docteur s'avança vers Silas qui continuait à reculer devant lui et essaya de le saisir par le poignet; mais la tension des nerfs du jeune Américain était devenue insupportable. Il s'échappa, d'un mouvement fébrile, se jeta sur le parquet, éclata en sanglots.

Aussitôt que le docteur Noël aperçut le cadavre sur le lit, sa figure s'assombrit. Courant vers la porte qu'il avait laissée entr'ouverte, il la ferma vivement à double tour.

« Debout! cria-t-il à Silas d'un ton de commandement. Ce n'est pas l'heure de pleurer. Qu'avez-vous fait? Comment ce corps est-il dans votre chambre? Parlez franchement à un homme qui saura vous aider. Croyez-vous que ce morceau de chair morte sur votre oreiller puisse diminuer en quoi que ce soit la sympathie que vous m'avez inspirée? Non, l'odieux qu'une loi injuste et aveugle attache à certaines actions ne retombe pas sur leur auteur aux yeux de quiconque aime celui-là; si je voyais un ami revenir vers moi à travers des flots de sang, mon affection pour lui n'en serait nullement altérée. Relevez-vous, répéta-t-il; le bien et le mal sont des chimères; il n'y a rien dans la vie, si ce n'est la fatalité, et, quoi qu'il arrive, quelqu'un est auprès de vous qui vous soutiendra jusqu'à la fin. »

Ainsi encouragé, Silas rassembla ses forces, et, d'une voix entrecoupée, réussit enfin, grâce aux questions du docteur, à expliquer les faits tant bien que mal. Cependant il omit le colloque entre le prince et Geraldine, ayant à peine saisi le sens de cet entretien et ne pensant guère qu'il pût avoir quelque rapport avec son propre malheur.

« Hélas! s'écria le docteur Noël, ou je me trompe fort ou vous êtes tombé entre les mains les plus dangereuses de toute l'Europe. Pauvre, pauvre garçon! Quel abîme a été creusé devant votre crédulité! Vers quel mortel péril vos pas imprudents ont-ils été conduits! Cet homme, cet Anglais que vous avez vu deux fois, et que je soupçonne d'être l'âme de cette ténébreuse affaire, pouvez-vous me le décrire? Était-il jeune ou vieux, grand ou petit? »

Mais Silas, qui, malgré toute sa curiosité,

était incapable de la moindre remarque judicieuse, ne put fournir aucun renseignement en dehors de généralités insignifiantes, d'après lesquelles il était impossible de reconnaître quelqu'un.

« Je voudrais que ceci fût dans le programme d'éducation de toutes les écoles, s'écria le docteur avec rage. A quoi servent et la vue et la parole, si un homme n'est capable ni d'observer ni de se souvenir des traits de son ennemi? Moi, qui connais tous les antres de l'Europe, j'aurais pu fixer son identité et acquérir de nouvelles armes pour votre défense. Cultivez cet art dans l'avenir, mon pauvre enfant, vous en retirerez d'énormes avantages.

— L'avenir! répéta Silas; quel avenir m'est réservé, sauf les galères?

— La jeunesse est toujours lâche, répliqua le docteur, et à chacun ses propres difficultés paraissent plus grosses qu'elles ne le sont en effet. Je suis vieux, moi, et cependant je ne désespère jamais.

— Puis-je raconter une semblable histoire à la police? demanda Silas.

— Assurément non, répondit le docteur. D'après ce que je vois de la machination dans laquelle vous êtes pris, votre cas, de ce côté-là, serait désespéré; pour des juges vulgaires vous êtes le coupable. Et souvenez-vous que nous ne connaissons qu'une partie du complot; les mêmes artisans infâmes ont dû combiner maintes autres circonstances, qui, mises au jour par une enquête de police, rejetteraient le crime encore plus sûrement sur votre innocence.

— Alors, je suis perdu en vérité!

— Je n'ai pas dit cela, répliqua le docteur Noël, car je suis un homme prudent.

— Mais, regardez! sanglota Silas en montrant le cadavre. Là, dans mon lit, cette chose impossible à expliquer,... impossible à voir sans horreur!

— Sans horreur, dites-vous? Non; quand cette sorte d'horloge s'arrête, ce n'est plus pour moi qu'une ingénieuse pièce de mécanique bonne à fouiller au scapel. Lorsque le sang est une fois figé, ce n'est plus du sang humain; lorsque la chair est morte, elle n'est plus cette chair que nous désirons chez nos maîtresses et que nous respectons chez nos amis. La grâce, le charme, la terreur, tout en est sorti avec l'esprit qui l'animait. Habituez-vous à contempler cela tranquillement, car, si mon projet est praticable, il vous faudra vivre plusieurs jours en compagnie constante avec ce qui, à cette heure, vous effraie.

— Votre projet? s'écria Silas. Quel est-il? Dites-le moi vite, docteur, car, il me à reste peine assez de courage pour continuer à vivre. »

Sans répondre, le docteur Noël s'approcha du lit et se mit à palper le cadavre.

« Absolument mort, murmura-t-il; oui, ainsi que je le supposais,... les poches vides,... le chiffre de la chemise coupé. Leur œuvre a été accomplie tout entière. Heureusement il est de petite taille. »

Silas recueillait ces paroles avec une ardente anxiété. Son examen terminé, le docteur prit une chaise et s'adressa au jeune homme en souriant :

« Depuis que je suis dans cette chambre, dit-il, bien que mes oreilles et ma langue aient été si occupées, mes yeux ne sont pas restés inactifs. J'ai remarqué tout à l'heure, que vous aviez là, dans un coin, une de ces monstrueuses constructions que vos compatriotes emportent avec eux dans toutes les parties du globe, — en un mot une malle de Saratoga. Jusqu'à présent, je n'avais jamais pu deviner l'utilité de ces monuments; mais aujourd'hui je commence à la soupçonner. Était-ce pour plus de commodité dans la traite des esclaves, était-ce pour obvier aux conséquences d'un emploi trop prompt du couteau, je ne sais... Mais je vois clairement une chose, — le but d'une pareille caisse est de contenir un corps humain.

— En vérité, s'écria Silas, ce n'est pas le moment de plaisanter!

— Bien que je m'exprime avec une sorte de gaieté, répliqua le docteur, le sens de mes paroles est extrêmement sérieux. Et la première chose que nous ayons à faire, mon jeune ami, est de débarrasser votre coffre de tout ce qu'il contient... »

Silas céda docilement à l'autorité du docteur Noël. La malle de Saratoga une fois vidée, — ce qui produisit un désordre considérable sur le plancher, — le cadavre fut retiré du lit, Silas le prenant par les talons et le docteur le tenant par les épaules, puis, après quelques difficultés, on le plia en deux et on l'inséra tout entier dans le coffre. Grâce à un effort vigoureux des deux hommes, le couvercle se rabattit sur ce singulier bagage et la caisse fut fermée, cadenassée, cordée par la propre main du docteur, pendant que Silas rangeait tout ce qu'elle avait contenu, dans un cabinet et dans la commode.

« Maintenant, dit le docteur, le premier pas

vers la délivrance est fait. Demain, ou plutôt aujourd'hui, votre tâche sera d'apaiser les soupçons de votre portier en lui payant tout ce que vous devez; pendant ce temps, vous pourrez vous fier à moi pour prendre d'autres dispositions nécessaires. En attendant, accompagnez-moi dans ma chambre, où je vous donnerai un narcotique indispensable, car, quoi que vous deviez faire, il vous faut du repos.. »

La journée suivante fut la plus longue dont Silas put se souvenir. Il semblait qu'elle ne dût jamais s'achever, cette journée maudite.

L'Américain défendit sa porte et s'assit à l'écart, les yeux fixés sur la malle de Saratoga, dans une lugubre contemplation. Ses anciennes indiscrétions lui furent rendues avec usure : le trou dans la muraille ayant été ouvert de nouveau, il eut conscience d'une surveillance presque continuelle dirigée sur lui de l'appartement de Mme Zéphyrine. Ce sentiment d'être épié devint même si pénible, qu'à la fin il se vit obligé de boucher l'ouverture de son côté. Lorsque, par ce moyen, il fut à l'abri de tout regard importun, Scuddamore passa son temps en larmes de repentir et en prières.

La soirée était fort avancée quand le docteur Noël entra dans la chambre, portant à la main deux enveloppes cachetées, sans adresses, l'une, plutôt volumineuse, l'autre si mince qu'elle semblait vide.

« Silas, dit-il en s'asseyant devant la table, le moment est venu de vous expliquer le plan que j'ai formé pour vous sauver. Demain matin, de très bonne heure, le prince Florizel de Bohême retourne à Londres, après avoir passé quelques jours dans le tourbillon du carnaval parisien. Il m'a été donné, il y a longtemps déjà, de rendre au colonel Geraldine, son écuyer, un de ces services, si fréquents dans ma profession et qui ne sont jamais oubliés, ni d'un côté ni de l'autre. Je n'ai pas besoin de vous expliquer la nature de l'obligation sous laquelle il se trouve; qu'il me suffise de dire que je le sais prêt à m'aider de toutes manières. Or il était urgent que vous pussiez gagner Londres sans que votre malle fût ouverte; à cela, n'est-ce pas, la douane semblait opposer une difficulté insurmontable. Mais il me revint à l'esprit, que, par courtoisie, les bagages de l'héritier d'un trône devaient être exempts de la visite ordinaire. Je m'adressai au colonel Geraldine et obtins une réponse favorable. Demain, si vous vous trouvez avant six heures à l'hôtel où demeure le prince, vos bagages seront transportés avec les siens, dont ils sembleront faire partie, et vous-même ferez le voyage comme membre de la suite de Son Altesse.

— Je crois avoir déjà vu le prince de Bohême et le colonel Geraldine; j'ai même entendu par hasard une partie de leur conversation, l'autre soir, au bal Bullier.

— C'est possible, car le prince veut connaître tous les milieux. Une fois arrivé à Londres, votre tâche est presque terminée. Dans cette grosse enveloppe, j'ai remis une lettre que je n'ose adresser à son destinataire; mais dans l'autre, vous trouverez la désignation de la maison où vous devez porter cette lettre avec votre malle, qui vous sera alors enlevée et ne vous embarrassera pas davantage.

— Hélas! dit Silas, j'ai un vif désir de vous croire, mais comment serait-ce possible? Vous m'ouvrez une perspective irréalisable, je le crains bien! Soyez généreux, faites-moi mieux comprendre votre dessein. »

Le docteur Noël parut péniblement impressionné.

« Enfant, répondit-il, vous ne savez pas quelle cruelle chose vous me demandez. N'importe, qu'il en soit ainsi! Je suis aguerri désormais contre l'humiliation, et il serait étrange de vous refuser cela, après vous avoir tant accordé. Sachez donc que, bien que je sois maintenant d'apparence si tranquille, sobre, solitaire, adonné à l'étude, mon nom, quand j'étais plus jeune, servait de cri de ralliement aux esprits les plus hardis et les plus dangereux de Londres. Pendant qu'extérieurement j'étais entouré de respect, ma véritable puissance s'appuyait sur les relations les plus secrètes, les plus terribles, les plus criminelles. C'est à un de ceux qui m'obéissaient alors que je m'adresse aujourd'hui pour vous délivrer de votre fardeau. Ces hommes étaient de nationalités et d'aptitudes diverses, mais tous liés par un serment formidable; tous agissaient dans le même but; ce but était l'assassinat; et, moi qui vous parle, j'étais, si peu que j'en aie l'air, le chef de cette bande redoutable.

— Quoi, s'écria Silas, un assassin?.. et un assassin pour qui le meurtre était un métier?... Puis-je toucher votre main désormais? Dois-je même accepter vos services? Vieillard sinistre, voudriez-vous abuser de ma détresse pour vous gagner un complice? »

Le docteur se mit à rire amèrement.

« Vous êtes difficile à contenter, Mr. Scuddamore, dit-il. Soit! je vous laisse le choix entre la société de l'assassiné et celle d'un assassin. Si votre conscience est trop timorée pour accepter mon aide, dites-le, et je vous quitte sur-le-champ. Dorénavant vous pourrez agir avec votre caisse et son contenu comme il conviendra le mieux à votre âme délicate.

— Je reconnais mes torts, répliqua Silas; j'aurais dû me souvenir de la générosité avec laquelle vous avez offert de me protéger, avant même que je ne vous eusse convaincu de mon innocence; pardon, je continuerai à écouter vos conseils et à en être reconnaissant.

— C'est bien, répondit le docteur, vous commencez à profiter des leçons de l'expérience.

— Mais, reprit l'Américain, puisque vous êtes, d'après votre propre aveu, habitué à ces besognes tragiques, puisque les gens auxquels vous me recommandez sont vos anciens associés et vos amis, ne pourriez-vous, Monsieur, vous charger vous-même du transport de la malle et me délivrer tout de suite de sa présence abhorrée?

— Par ma foi, répliqua le docteur, je vous admire, jeune homme! Si vous trouvez que je ne me suis pas déjà suffisamment mêlé de vos affaires, moi, du fond du cœur, je pense le contraire. Prenez ou dédaignez mes services tels que je les offre, et ne m'ennuyez pas davantage avec vos remerciements, car je fais encore moins de cas de votre estime que de votre intelligence. Un temps viendra où, s'il vous est donné de vivre sain d'esprit un certain nombre d'années, vous jugerez différemment tout ceci et rougirez de votre conduite de cette nuit. »

En prononçant ces mots, le docteur se leva, répéta brièvement et clairement ses indications, puis quitta la chambre sans laisser à Silas le temps de répondre.

Le lendemain matin, Silas Scuddamore se présenta à l'hôtel, où il fut poliment reçu par le colonel Geraldine et délivré de toute crainte immédiate au sujet de la malle et de son hideux contenu. Le voyage se passa sans incident, quoique le jeune homme fût terrifié d'entendre les matelots et les porteurs du chemin de fer se plaindre entre eux du poids extraordinaire des bagages. Silas monta dans la voiture de suite, le prince voyageant seul avec son écuyer. A bord du paquebot cependant, Florizel remarqua l'attitude mélancolique de ce jeune homme, debout, en contemplation devant une pile de malles.

« Voilà un individu, dit-il, qui doit avoir quelque sujet de chagrin.

— C'est l'Américain pour lequel j'ai obtenu la permission de voyager avec votre suite, répondit Geraldine.

— Vous me rappelez que j'ai manqué de courtoisie, » dit le prince.

S'avançant vers Silas, avec la plus parfaite urbanité, il lui adressa la parole :

« J'ai été charmé, Monsieur, de pouvoir satisfaire le désir que vous m'avez fait exprimer par le colonel Geraldine. »

Après cette entrée en matière, il lui fit quelques questions sur la situation politique de l'Amérique, auxquelles Silas répondit avec tact et bon sens.

« Vous êtes encore un très jeune homme, dit le prince; je vous trouve bien sérieux pour votre âge. Peut-être laissez-vous votre esprit s'absorber outre mesure dans des études ardues. Mais peut-être, d'autre part, suis-je moi-même indiscret en touchant à quelque sujet pénible.

— J'ai, en effet, une excellente raison pour être au désespoir, dit Silas; jamais un être plus innocent que moi ne fut plus abominablement trompé.

— Je ne veux pas forcer vos confidences, répliqua Florizel, mais n'oubliez pas que la recommandation du colonel Geraldine est un passeport assuré, et que je suis non seulement désireux de vous rendre service à l'occasion, mais peut-être plus en état que beaucoup d'autres de le faire. »

Silas fut charmé de l'amabilité d'un si grand personnage; néanmoins son esprit revint bientôt à ses sombres préoccupations; car rien, pas même la courtoisie d'un prince à l'égard d'un républicain, ne peut décharger de ses soucis un cœur souffrant.

Le train arriva à Charing-Cross; la douane eut les égards habituels pour l'auguste bagage. Des voitures attendaient, et Silas fut conduit, en même temps que toute la suite, à la résidence du prince. Là, le colonel Geraldine alla le chercher et lui exprima sa satisfaction d'avoir pu obliger un ami du docteur Noël, pour lequel il professait la plus haute considération.

« J'espère, ajouta-t-il, que vous ne trouverez aucune de vos porcelaines brisées. Des ordres spéciaux ont été donnés le long de la ligne, afin que les bagages de Son Altesse fussent traités avec précaution. »

Puis, commandant aux domestiques de mettre

une voiture à la disposition du jeune homme ; le colonel lui serra la main et s'en alla vaquer aux devoirs de sa charge.

Alors, Silas ouvrit l'enveloppe qui cachait l'adresse de son protecteur inconnu et dit au majestueux laquais de le conduire à Box-Court, du côté du Strand. L'endroit n'était probablement pas inconnu à celui-ci, car il parut stupéfait et se fit répéter l'ordre en question. Ce fut l'âme pleine d'alarmes poignantes que Silas monta dans le carrosse princier et fut mené à destination. L'entrée de Box-Court était trop étroite pour le passage d'une voiture ; c'était un simple chemin de piétons, entre deux barrières, avec une borne à chaque bout ; sur l'une de ces bornes était assis un homme, qui aussitôt sauta à terre et échangea un signe amical avec le cocher, pendant que le valet de pied ouvrait la portière et demandait à Silas s'il devait descendre la malle et à quel numéro elle devait être portée.

« S'il vous plaît, dit Silas, au numéro trois. »

Le valet de pied et l'homme qui venait de quitter la borne eurent beaucoup de peine, même avec l'aide de Silas, à transporter la caisse ; avant qu'on ne l'eût déposée devant la porte du numéro trois, le jeune Américain fut terrifié de voir une vingtaine de badauds le considérer d'un œil curieux. Cependant il souleva le marteau en gardant la meilleure contenance possible, et présenta la seconde enveloppe à celui qui vint lui ouvrir.

« Il n'est pas à la maison, Monsieur; si vous voulez me remettre votre lettre et revenir demain matin, je m'informerai de l'heure à laquelle il pourra vous recevoir. Désirez-vous laisser la caisse?

— De tout mon cœur! » s'écria Silas.

Mais aussitôt il regretta sa précipitation et déclara avec une égale énergie qu'il préférait emporter sa malle avec lui à l'hôtel.

La foule se moqua de son indécision et le suivit jusqu'à la voiture avec force quolibets insultants; et Silas, couvert de honte, éperdu de terreur, supplia les domestiques de le conduire à quelque hôtel tranquille des environs.

L'équipage du prince déposa ce malheureux à l'hôtel Craven, dans Craven-Street, puis s'éloigna immédiatement, le laissant seul avec les gens de l'hôtel. L'unique chambre vacante, lui dit-on, était un cabinet, au quatrième étage, donnant sur le derrière. A cette espèce de cellule, avec des peines et des plaintes infinies, deux solides porteurs montèrent la malle. Il est superflu d'ajouter que, pendant toute l'ascension, Silas les suivit de près, ne quittant pas leurs talons, et qu'à chaque marche son cœur défaillait. — Un simple faux pas, se disait-il, et la caisse peut, en passant par-dessus la rampe, rejeter son fatal contenu, révélé au grand jour, sur le pavé du vestibule.

Dans sa chambre, il s'assit au pied du lit, pour se remettre de l'angoisse qu'il venait de subir; mais il avait à peine pris cette position qu'il fut épouvanté de nouveau par le mouvement d'un des porteurs, qui, à genoux près de la malle, était en train d'en défaire les attaches compliquées.

« N'y touchez pas! cria Silas. Je n'aurai besoin de rien de ce qu'elle renferme, pendant mon séjour ici.

— Vous auriez pu la laisser dans le vestibule, alors! grommela le porteur. Une malle aussi grosse et aussi lourde qu'une cathédrale! Ce que vous avez dedans, je ne peux l'imaginer. Si tout est de l'argent, vous êtes plus riche que moi.

— De l'argent? répéta Silas très troublé. Qu'entendez-vous par de l'argent? Je n'ai pas d'argent et vous parlez comme un sot!

— Très bien, capitaine, répliqua le porteur avec un clignement d'œil. Personne n'en veut à ce qui vous appartient. Je suis aussi sûr que la

Banque elle-même, ajouta-t-il; mais, comme la caisse est lourde, je boirais volontiers quelque chose à la santé de Votre Seigneurie. »

Silas lui présenta deux napoléons, non sans exprimer son regret de l'embarrasser de monnaie étrangère. Et l'homme, grognant encore plus fort, et portant ses regards, avec mépris, de l'argent qu'il faisait sauter dans sa main, à la malle monumentale, puis encore de la malle à l'argent, finit par consentir à s'en aller.

Depuis tantôt deux jours, le cadavre était emballé dans la caisse de Silas; à peine fut-il seul que l'infortuné Américain approcha son nez de toutes les fentes et de toutes ouvertures, avec l'attention la plus angoissée. Mais le temps était froid et la malle réussissait encore à cacher son abominable secret.

Il prit une chaise et médita, la tête ensevelie entre ses mains. A moins qu'il ne fût promptement délivré, toute illusion était impossible, sa perte paraissait certaine. Seul dans une ville étrangère, sans amis ni complices, si la recommandation du docteur lui manquait, il n'avait plus de ressource.

Pathétiquement, il repassa dans son esprit ses ambitieux desseins pour l'avenir; il ne deviendrait plus le héros, l'homme célèbre de sa

ville natale, Bangor (Maine), il ne monterait
plus, ainsi qu'il l'avait amoureusement rêvé, de
charge en charge et d'honneurs en honneurs.
Il pouvait aussi bien abandonner tout de suite
l'espoir d'être élu président des États-Unis et de
laisser derrière lui une statue, dans le plus
mauvais style possible, pour orner le Capitole
à Washington. Quelle destinée que celle de cet
Américain enchaîné à un Anglais mort et plié
en deux au fond d'une malle de Saratoga! S'il
ne réussissait pas à se débarrasser de ce cadavre importun, c'en était fait. Il n'y avait plus la
plus petite place pour lui dans les annales des
gloires nationales!

Je n'oserais pas répéter ses imprécations
contre le docteur, l'homme assassiné, Mme Zéphyrine, les porteurs de l'hôtel, les serviteurs
du prince, en un mot, contre tous ceux qui
avaient été mêlés, même de la façon la plus
lointaine, à son horrible infortune.

Vers sept heures, il s'échappa et descendit
dîner; mais la salle du restaurant le glaça d'effroi; les yeux des autres dîneurs semblaient
s'arrêter sur lui avec méfiance et son esprit demeurait obstinément là-haut, près de la malle.
Lorsque le garçon vint lui présenter du fromage,
ses nerfs étaient tellement excités, qu'il sauta

en l'air et renversa le reste d'une pinte d'ale sur la nappe.

Le garçon lui proposa de le conduire au fumoir; quoiqu'il eût préféré de beaucoup retourner tout de suite auprès de son dangereux trésor, il n'eut pas le courage de refuser et se laissa conduire dans un sous-sol sans jour, éclairé au gaz, qui servait, et sert peut-être encore, de café à l'hôtel Craven.

Deux hommes jouaient tristement au billard, assistés par un marqueur hâve et phtisique; un moment Silas crut qu'ils étaient les seuls occupants de la salle. Mais, au second coup d'œil, son regard tomba sur un individu qui, dans un coin, fumait, les yeux baissés, de l'air le plus modeste et le plus respectable. Il se souvint d'avoir déjà rencontré cette figure; malgré le changement complet de costume, il reconnut l'homme qu'il avait trouvé assis sur la borne de Box-Court et qui avait aidé à transporter sa malle. Aussitôt l'Américain se retourna et, se mettant à courir, ne s'arrêta que lorsqu'il se fut enfermé et verrouillé dans sa chambre.

Là, pendant toute la nuit, en proie aux plus terribles imaginations, il veilla auprès de la caisse fatale remplie de chair morte. L'allusion du porteur à sa malle pleine d'or le tenait en émoi, et la présence dans le fumoir, sous un déguisement évident, de l'homme de Box-Court, lui prouvait qu'il était, une fois de plus, le centre de ténébreuses machinations.

Minuit était déjà sonné depuis quelque temps, quand Silas, poussé par le soupçon, ouvrit la porte de sa chambre et regarda dans le corridor faiblement éclairé par un seul bec de gaz. A quelque distance, il aperçut un garçon d'hôtel, endormi sur le plancher. Il s'approcha furtivement, à pas de loup, et se pencha sur le dormeur; celui-ci était couché de côté, son bras droit relevé lui cachant la figure. Tout à coup, il déplaça ce bras et ouvrit les yeux; Silas se trouva de nouveau face à face avec l'espion de Box-Court.

« Bonsoir, Monsieur, » dit l'homme d'un ton de bonne humeur.

Mais Silas était trop profondément impressionné pour trouver une réponse et il regagna sa chambre silencieusement.

Vers le matin, épuisé par la peur, il s'endormit dans son fauteuil et tomba, la tête en avant, sur la malle. En dépit d'une position aussi contrainte et d'un si hideux oreiller, son sommeil fut long et profond; il ne fut réveillé qu'à une heure tardive par un coup violent frappé à sa porte.

Se hâtant d'ouvrir, il vit un domestique qui attendait.

« C'est Monsieur qui est allé hier à Box-Court? » demanda celui-ci.

Silas, avec un frisson, reconnut qu'il y était allé.

« Alors, cette lettre est pour vous, ajouta le domestique, lui présentant une enveloppe cachetée.

Silas la déchira précipitamment et y trouva ce mot : « Midi. »

Il fut exact à l'heure dite; la malle fut portée devant lui par plusieurs vigoureux gaillards et on l'introduisit dans une chambre, où un homme se chauffait, assis devant le feu, le dos tourné à la porte. Le bruit de tant de monde, entrant et sortant, et le grincement de la malle quand on la déposa sur le plancher, ne réussirent pas à attirer l'attention de celui-ci; Silas attendit debout, dans une véritable agonie, qu'il daignât s'apercevoir de sa présence.

Cinq minutes peut-être s'écoulèrent, avant que se retournât lentement le prince Florizel de Bohême.

« Ainsi Monsieur, dit-il, en interpellant Scuddamore avec la plus grande sévérité, c'est de cette manière que vous abusez de ma complaisance ! Vous vous joignez à des personnes de qualité, dans le seul but d'échapper aux conséquences de vos crimes; je puis facilement comprendre votre embarras, lorsque je vous adressai la parole hier.

« Je jure, s'écria Silas, que je suis innocent de tout, si ce n'est de mon infortune ! »

Là-dessus, d'une voix entrecoupée, avec la plus parfaite ingénuité, il raconta au prince toute l'histoire de ses malheurs.

« Je vois que j'ai été induit en erreur, dit Florizel lorsqu'il eut écouté jusqu'au bout. Vous n'êtes qu'une victime et, puisque je ne suis pas forcé de punir, vous pouvez être sûr que je ferai mes efforts pour vous aider. Maintenant, continua-t-il, à l'œuvre ! Ouvrez immédiatement votre caisse et laissez-moi voir ce qu'elle contient : »

Silas changea de couleur et gémit tout bas :

« J'ose à peine... »

« Quoi, répliqua le prince, ne l'avez-vous pas déjà regardé? Ceci est une espèce de sensiblerie à laquelle il faut résister, Monsieur. La vue d'un malade que l'on peut secourir doit nous émouvoir plus fortement que celle d'un mort, auquel on ne peut plus faire ni bien ni mal. Commandez à vos nerfs. »

Et, voyant que Silas hésitait de plus belle :

« Je voudrais, cependant, ne pas être obligé de donner un autre nom à ma requête, » ajouta-t-il.

Le jeune Américain se réveilla comme d'un rêve et, avec un frisson d'horreur, se mit à ouvrir la serrure de sa malle. Le prince se tenait auprès de lui, le surveillant d'un air calme, les mains derrière le dos. Le corps était complètement raidi et il fallut à Silas un grand effort, à la fois physique et moral, pour le déloger de sa position et découvrir le visage.

Aussitôt Florizel recula, en jetant une exclamation de douloureuse surprise.

« Hélas! s'écria-t-il, vous ne savez pas quel présent cruel vous m'apportez. Ceci est un jeune homme de ma propre suite, le frère de mon plus fidèle ami; et c'est dans une affaire relevant de mon service qu'il a péri par les mains de malfaiteurs infâmes. Pauvre Geraldine, continua-t-il, comme s'il se fût parlé à lui-même, dans quels termes vous apprendrai-je le sort de votre frère? Comment pourrai-je m'excuser à vos yeux et aux yeux de Dieu des projets présomptueux qui l'ont mené à cette mort sanglante et prématurée? Ah Florizel! Florizel! quand apprendrez-vous la prudence qu'il faut dans cette vie mortelle? quand ne serez-vous plus ébloui par le fantôme de puissance qui est à votre disposition? La puissance! cria-t-il; qui donc est plus impuissant que moi? Je regarde ce jeune homme que j'ai sacrifié, oui, sacrifié, Mr. Scuddamore, et je sens combien c'est peu de chose que d'être prince. »

L'Américain, très ému, essaya de balbutier quelques paroles de consolation et fondit en larmes. Florizel, touché de sa bonne intention évidente, se rapprocha et lui prit la main.

« Calmez-vous, dit-il. Nous avons tous deux beaucoup à apprendre, et tous deux nous deviendrons, je gage, meilleurs par suite de notre entrevue d'aujourd'hui. »

Silas remercia silencieusement d'un regard affectueux.

« Écrivez-moi l'adresse du docteur Noël sur ce morceau de papier, continua le prince. Et laissez-moi vous recommander d'éviter la société de cet homme dangereux, lorsque vous serez de retour à Paris. Dans cette affaire, cependant, il a, je crois, agi d'après une inspiration généreuse; s'il eût été complice de la mort du jeune Geraldine, il n'aurait jamais expédié son cadavre à l'assassin lui-même. »

« A l'assassin lui-même! répéta Silas stupéfait.

— C'est ainsi, reprit le prince. Cette lettre, que la volonté de Dieu a si étrangement fait tomber entre mes mains, était adressée à un homme qui n'est autre que le criminel en personne, l'infâme président du *Suicide Club*. Ne cherchez pas à pénétrer plus profondément dans ces périlleux labyrinthes, contentez-vous d'avoir miraculeusement échappé et quittez cette maison sans perdre une minute. J'ai des affaires pressantes, je dois m'occuper tout de suite de cette pauvre dépouille, qui, il y a si peu de temps encore, était le corps bien vivant d'un beau et noble jeune homme. »

Silas prit congé du prince Florizel avec gratitude et déférence; mais, poussé par sa curiosité ordinaire, il s'attarda dans Box-Court, jusqu'à ce qu'il l'eût vu s'éloigner en équipage, se rendant chez le colonel Henderson, de la police. Républicain comme il l'était, ce fut avec un sentiment presque de dévotion qe le jeune Américain ôta son chapeau pendant que la voiture disparaissait. Et, le soir même, il prit le train pour retourner à Paris.

Voilà (fait observer mon auteur arabe) la fin

de l'*Histoire d'un médecin et d'une malle*. Passant sous silence quelques réflexions sur la toute-puissante intervention de la Providence, très convenables dans l'original, mais peu appropriées à notre goût d'Occident, j'ajouterai que Mr. Scuddamore a déjà commencé à monter les degrés de la renommée politique, et que, d'après les dernières nouvelles, il était shérif de sa ville natale.

L'AVENTURE DES CABS

Le lieutenant Brackenbury Rich s'était singulièrement distingué aux Indes, dans une guerre de montagnes; il avait, de sa propre main, fait un chef prisonnier. Sa bravoure était universellement reconnue; aussi, quand, affaibli par un affreux coup de sabre et par la fièvre des jungles, il revint en Angleterre, la société se montrat-elle disposée à le fêter comme une célébrité au moins de second ordre. Mais la marque distinctive du caractère de Brackenbury Rich était une sincère modestie; si les aventures lui étaient chères, il se souciait fort peu des compliments; il alla donc attendre tantôt sur le continent, dans des villes d'eaux, tantôt à Alger, que le bruit de ses exploits se fût éteint. L'oubli vient toujours vite en pareil cas et, dès le commencement de la saison, cet homme sage put rentrer à Londres incognito. Comme il n'avait que des parents éloignés, demeurant tous en province, ce fut presque à la façon d'un étranger qu'il s'installa dans la capitale du pays pour lequel il avait versé son sang.

Le lendemain de son arrivée, il dîna seul au cercle militaire, donna des poignées de main à quelques vieux camarades et reçut leurs chaleureuses félicitations, mais tous avaient des engagements d'un genre ou d'un autre, et il fut bientôt laissé complètement à lui-même. Brackenbury était en tenue du soir, ayant formé le projet d'aller au théâtre; il ne savait cependant de quel côté diriger ses pas. La grande ville lui était peu familière; il avait passé d'un collège de province à l'école militaire et, de là, était parti directement pour l'Orient. Du reste, les hasards d'un nouveau genre ne l'effrayaient pas; il se promettait nombre de jouissances variées dans l'exploration de ce monde inconnu.

Il se dirigea donc, en balançant sa canne, vers la partie ouest de Londres. La soirée était tiède, déjà sombre, et, de temps en temps, la pluie menaçait. Cette multitude de figures, se succédant à la lumière du gaz, excitait l'imagination du lieutenant, il lui semblait qu'il pourrait marcher éternellement dans cette atmosphère troublante et environné par le mystère de quatre millions d'existences. Regardant les maisons, il se demanda ce qui se déroulait derrière ces fenêtres vivement éclairées; il examinait chaque passant et les voyait tous tendre vers un but quelconque, soit criminel, soit généreux, qu'il eût voulu deviner.

« On parle de la guerre, pensa-t-il, mais ceci est le grand champ de bataille de l'humanité. »

Et alors il s'étonna d'avoir marché si longtemps déjà sur une scène aussi compliquée, sans rencontrer l'ombre d'une aventure pour son propre compte.

« Tout vient à son heure, se dit-il enfin. Je serai forcément entraîné dans le tourbillon, avant peu. »

La nuit était assez avancée, lorsqu'une grosse averse très froide, tomba soudain. Brackenbury s'arrêta sous quelques arbres et, pendant qu'il cherchait à se garantir, il aperçut le cocher d'un de ces fiacres qu'on appelle hansom-cabs, lui faisant signe qu'il était libre. L'offre tombait à propos; il leva sa canne pour toute réponse et eut vite fait de se mettre à l'abri.

« Où faut-il aller, Monsieur ? demanda le cocher.

« Où vous voudrez, répondit Brackenbury.

Immédiatement, à une allure vertigineuse, le cab partit à travers la pluie et un dédale de villas. Chaque villa, avec son jardin en façade, était tellement semblable à l'autre, il était si difficile de distinguer les rues désertes et faiblement éclairées, les places, les tournants par lesquels le cab précipitait sa course, que Brackenbury perdit bientôt toute idée de la direction qu'il suivait. Un instant il lui sembla que le cocher s'amusait à le faire tourner dans un même quartier; mais non, l'homme avait un but; il se hâtait vers un endroit déterminé, comme si quelque affaire pressante l'eût attendu. Brackenbury, étonné de son habileté à se reconnaître au milieu d'un tel labyrinthe, un peu inquiet aussi, se demandait la raison de cette extraordinaire vitesse. Il avait entendu raconter des histoires sinistres d'étrangers, auxquels il était arrivé malheur dans Londres. Son conducteur faisait-il partie de quelque association sanguinaire? Et lui-même était-il entraîné vers une mort violente?

Ce soupçon s'était à peine présenté à son esprit que le cab tourna un angle et s'arrêta net sur une large avenue, devant la grille de certaine villa brillamment illuminée. Un autre fiacre s'éloignait à l'instant, et Brackenbury put voir un gentleman, reçu à la porte d'entrée par plusieurs laquais en livrée. Il s'étonna que le cocher se fût justement arrêté devant une maison où il y avait réception, mais il ne douta pas que ce ne fût par suite d'un accident et continua de fumer tranquillement jusqu'à ce qu'il entendit le vasistas se relever au-dessus de sa tête :

« Nous voici arrivés, Monsieur.

— Arrivés? répéta Brackenbury, arrivés où?

— Vous m'avez dit de vous conduire où il me plairait, répondit le cocher en riant, et nous y voici. »

Brackenbury fut frappé du ton singulièrement doux et poli de cet homme d'une classe inférieure; il se rappela la vitesse avec laquelle il avait été mené et remarqua que le cab était plus élégant que la majorité des voitures publiques.

« Il faut que je vous demande une petite explication, dit-il. Comptez-vous me mettre dehors par cette pluie? Mon brave, je pense que c'est à moi que le choix appartient.

— Certainement, le choix vous appartient, répondit le cocher; mais, quand j'aurai tout dit, je crois savoir de quelle façon se décidera un gentleman de votre sorte. Il y a là une réunion de messieurs; je ne sais si le propriétaire est un étranger qui n'a dans Londres aucunes connaissances, ou si c'est simplement un original, mais ce qu'il y a de certain, c'est que j'ai été loué, pour lui amener, aussi nombreux que possible, des messieurs seuls, en tenue de soirée, et de préférence des officiers de l'armée. Vous n'avez qu'à entrer et à dire que Mr. Morris vous a invité.

— Êtes-vous ce Mr. Morris? » demanda le lieutenant.

— Oh non! répondit le cocher. Mr. Morris est le maître de la maison.

— Ce n'est pas une manière banale de rassembler des convives, dit Brackenbury; mais un homme excentrique peut fort bien se passer cette fantaisie sans aucune mauvaise intention. Supposez que je refuse l'invitation de Mr. Morris, qu'arrivera-t-il alors? »

— Mes ordres sont de vous ramener là où je vous ai pris, Monsieur, et de continuer à chercher d'autres voyageurs jusqu'à minuit : — Ceux qui ne sont pas tentés par une telle partie de plaisir, a dit Mr. Morris, ne sont pas les hôtes qu'il me faut. »

Ces paroles décidèrent le lieutenant.

« Après tout, se dit-il en mettant pied à terre, je n'ai pas attendu longtemps mon aventure. »

Il avait à peine touché le trottoir et il était encore en train de chercher de l'argent dans sa poche quand le cab fit demi-tour et, reprenant le chemin par lequel il était venu, s'éloigna à la même allure de casse-cou. Brackenbury appela le cocher, qui n'y fit aucune attention et continua de filer; mais le son de sa voix fut entendu de la maison; de nouveau la porte s'ouvrit, projetant un flot de lumière sur le jardin, et un domestique accourut, tenant un parapluie.

« Le cab a été payé, » fit observer cet homme d'un ton obséquieux.

Après quoi il se mit à escorter Brackenbury le long de l'allée et sur les marches du perron.

Dans le vestibule, plusieurs autres laquais le débarrassèrent de son chapeau, de sa canne et de son pardessus, lui remirent un carton portant un numéro, et très poliment le firent monter par un escalier orné de fleurs tropicales, jusqu'à la porte d'un appartement au premier étage. Là, un majestueux maître d'hôtel, lui demanda son nom puis, annonçant le lieutenant Brackenbury Rich, le fit entrer dans le salon, où un jeune homme, grand, mince et singulièrement beau, l'accueillit d'un air noble et affable tout à la fois.

Des centaines de bougies éclairaient cette pièce, qui, ainsi que l'escalier, était parfumée de plantes rares et superbes, en pleine floraison. Dans un coin, une table s'offrait, chargée de viandes appétissantes. Plusieurs domestiques passaient des fruits et des coupes de champagne. Il y avait dans le salon à peu près seize personnes, rien que des hommes, dont un petit nombre seulement avaient dépassé la première jeunesse; presque tous avaient l'air hardi et intelligent. Ils étaient divisés en deux groupes, le premier devant une roulette, l'autre entourant une table de baccarat.

« Je comprends, pensa Brackenbury. Je suis dans une maison de jeu clandestine et le cocher était un racoleur. »

Son regard, ayant embrassé tous les détails qui motivaient cette conclusion, se reporta sur l'hôte qui l'avait reçu avec tant de bonne grâce et qui le tenait encore par la main. L'élégance naturelle de ses manières, la distinction, l'amabilité qui se lisaient sur ses traits, ne convenaient pas pourtant au propriétaire d'un tripot, son langage semblait indiquer un homme bien né. Brackenbury ressentit une sympathie instinctive pour son amphitryon, bien qu'il se blâmât lui-même de cette faiblesse.

« J'ai entendu parler de vous, lieutenant Rich, dit Mr. Morris en baissant la voix, et, croyez-moi, je suis charmé de vous connaître. Votre apparence est bien d'accord avec la réputation qui vous a précédé : on sait votre belle conduite dans l'Inde, et, si vous consentez à oublier l'irrégularité de votre présentation, je regarderai non seulement comme un honneur de vous avoir chez moi, mais encore j'en éprouverai un très sincère plaisir. L'homme qui ne fait qu'une bouchée d'une troupe de cavaliers barbares, ajouta-t-il en riant, ne doit pas être scandalisé par une infraction, même sérieuse, à l'étiquette. »

Il le mena vers le buffet et insista pour lui faire prendre quelques rafraîchissements.

« Ma parole, pensa le lieutenant, voilà l'un des plus charmants compagnons que j'aie rencontré jamais, et, je n'en doute pas, l'une des plus agréables sociétés de Londres. »

Il but un peu de vin de Champagne qu'il trouva excellent, et, remarquant que plusieurs personnes étaient en train de fumer, alluma un manille, avant de se diriger vers la table de roulette, où, il risqua son enjeu. Ce fut alors qu'il s'aperçut que tous les invités étaient soumis à un examen très serré. Mr. Morris allait de-ci de-là, occupé en apparence de ses devoirs d'hospitalité, mais, cependant, il jetait tout autour de lui des regards scrutateurs. Personne n'échappait à son œil perçant; il observait la tenue de ceux qui perdaient de grosses sommes, il évaluait le montant des mises, il écoutait les conversations; en un mot il semblait guetter le moindre indice de caractère et en prendre note. Brackenbury sentit renaître ses soupçons. Était-il vraiment dans une maison de jeu? Que signifiait cette enquête? Il épia Mr. Morris dans tous ses mouvements, et, quoique celui-ci eût un sourire toujours prêt, il crut distinguer, sous ce masque, une expression soucieuse et préoccupée. Tous, autour de lui, riaient, causaient et faisaient leurs jeux; mais les invités n'inspiraient plus aucun intérêt à Brackenbury.

« Ce Morris, se dit-il, n'est pas ici pour s'amuser. Il poursuit quelque dessein profond; pourvu qu'il me soit donné de le découvrir! »

De temps en temps, Mr. Morris entraînait à l'écart un des visiteurs; et, après un bref colloque dans l'antichambre, il revenait seul, l'autre ne reparaissait plus. Ce manège, plusieurs fois répété, excita au plus haut degré la curiosité de Brackenbury. Il résolut d'aller immédiatement au fond de ce petit mystère, et, sortant d'un air de flânerie dans l'antichambre, découvrit une embrasure de fenêtre très profonde, cachée par des rideaux d'un vert à la mode. Là, il se dissimula à la hâte; il n'eut pas à attendre longtemps : un bruit de pas et de voix se rapprochait, venant du salon principal. Regardant entre les rideaux, il vit Mr. Morris qui escortait un personnage épais et coloré, ayant un peu la mine d'un commis voyageur et que Brackenbury avait déjà remarqué à cause de son air commun. Tous deux s'arrêtèrent juste devant la fenêtre, de sorte que celui qui écoutait ne perdit pas un mot du discours suivant :

« Je vous demande mille pardons, disait Mr. Morris, avec une exquise politesse, vous me voyez fort embarrassé; mais dans une grande ville comme Londres, des erreurs surviennent continuellement, et le mieux est d'y remédier au plus vite. Je ne vous le cacherai donc pas, Monsieur : je crains que vous ne vous soyez trompé et que vous n'ayez honoré ma modeste demeure par mégarde; car, pour parler net, je ne puis nullement me rappeler votre figure. Laissez-moi vous poser la question sans circonlocutions inutiles, un mot suffira : — Chez qui pensez-vous être?

— Chez Mr. Morris, » balbutia l'autre, en manifestant la prodigieuse confusion qui s'était visiblement emparée de lui pendant les dernières minutes.

« John ou James Morris? » demanda le maître de la maison.

« Je ne puis réellement le dire, repartit le malheureux invité; je ne suis pas en relations personnelles avec ce gentleman, pas plus que je ne le suis avec vous-même.

— Je comprends, dit Mr. Morris; il y a quelqu'un du même nom dans le bas de la rue et sans doute le policeman pourra vous indiquer son adresse. Croyez que je me félicite du malentendu qui m'a pendant quelques instants procuré le plaisir de votre compagnie, et laissez-moi vous exprimer l'espoir que nous nous rencontrerons de nouveau d'une manière plus régulière. D'ici là, je ne voudrais, pour rien au monde, vous retenir plus longtemps loin de vos amis. John, ajouta-t-il en élevant la voix, voulez-vous aider Monsieur à retrouver son pardessus? »

Et, d'un air aimable, Mr. Morris accompagna son hôte jusqu'à la porte de l'antichambre, où il le laissa aux soins du maître d'hôtel. Comme il passait devant la fenêtre, en retournant dans le salon, Brackenbury put l'entendre pousser un profond soupir, comme si son esprit était chargé d'une grande anxiété et ses nerfs déjà lassés par la tâche qu'il poursuivait.

Pendant près d'une heure, les cabs continuèrent à arriver avec une telle fréquence, que Mr. Morris eut à recevoir un nouvel hôte, pour chacun des anciens qu'il renvoyait, de sorte que le nombre des joueurs resta toujours à peu près le même. Mais au bout de ce temps, les arrivées s'espacèrent de plus en plus, pour cesser enfin tout à fait, tandis que les éliminations continuaient tout aussi activement. Le salon commença donc à se vider; le baccarat cessa, faute de banquier; plus d'un invité prit de lui-même congé, sans qu'on essayât de le retenir; en même temps Mr. Morris redoublait d'attentions empressées auprès de ceux qui demeuraient encore. Il allait de groupe en groupe et de l'un à l'autre, prodiguant les regards sympathiques et les paroles gracieuses; il était moins hôte qu'hôtesse, pour ainsi dire, car il y avait, dans sa manière d'être, une sorte de coquetterie, de condescendance féminine qui prenait le cœur de tous.

Comme l'assemblée se réduisait de plus en plus, le lieutenant Rich, en quête d'un peu d'air, sortit du salon et alla jusque dans le vestibule; mais il n'en eut pas plus tôt franchi le seuil, qu'il fut subitement arrêté par une découverte fort extraordinaire. Les plantes fleuries avaient disparu de l'escalier; trois grands fourgons de mobilier stationnaient devant la porte du jardin; les domestiques étaient occupés à déménager la maison de tous les côtés; même quelques-uns d'entre eux avaient déjà quitté leur livrée et se préparaient à s'en aller. C'était comme la fin d'un bal à la campagne, où tout a été fourni en location. Certes Brackenbury avait lieu de réfléchir. D'abord les invités, qui, en somme, n'étaient pas réellement des invités, avaient été renvoyés; et maintenant les serviteurs, qui évidemment n'étaient pas de vrais serviteurs, se dispersaient en toute hâte.

« N'était-ce donc qu'un rêve? se demanda-t-il, une fantasmagorie qui doit s'évanouir avant le jour? »

Saisissant une occasion favorable, Brackenbury gagna l'escalier et monta jusqu'aux étages supérieurs de la maison. C'était bien comme il l'avait pressenti. Il courut de chambre en chambre et ne vit pas le moindre meuble, pas même un tableau accroché aux murs. Bien que les peintures fussent fraîches et les papiers nouvellement posés, la maison était non seulement inhabitée pour l'instant, mais n'avait certainement jamais été habitée du tout. Le jeune officier se rappela avec étonnement l'air élégant, confortable et hospitalier qu'elle affectait lors de son arrivée. Ce n'était qu'à force de prodigieuses dépenses que l'imposture avait pu être organisée sur une si grande échelle.

Qui donc était Mr. Morris? Quel était son but pour jouer ainsi, pendant une nuit, le rôle d'un maître de maison dans ce coin reculé de Londres? Et pourquoi rassemblait-il ses hôtes au hasard de la rue? Brackenbury se souvint qu'il avait déjà tardé trop longtemps et se hâta de redescendre. Pendant son absence, beaucoup de monde était parti, et, en comptant le lieutenant, il n'y avait plus que cinq personnes dans le salon, tout à l'heure si rempli. Comme il rentrait, Mr. Morris l'accueillit avec un sourire et se leva :

« Il est temps maintenant, Messieurs, dit-il, de vous expliquer quel était mon projet en vous enlevant ainsi. J'espère que la soirée ne vous aura pas paru ennuyeuse; je le confesse toutefois, mon dessein n'était pas d'amuser vos loisirs, mais de me procurer du secours dans une circonstance critique. Vous êtes tous des gentlemen, continua-t-il, votre apparence le prouve suffisamment et je ne demande pas de meilleure garantie. Donc, je le dis sans aucun détour, je viens vous demander de me rendre un service à la fois dangereux et délicat; dangereux, car vous y risquerez votre vie; délicat, parce qu'il me faut exiger de vous la plus absolue discrétion sur tout ce qu'il vous arrivera de voir et d'entendre. De la part de quelqu'un qui vous est absolument étranger, la requête est presque ridiculement extravagante, je le sens; si l'un d'entre vous recule devant une périlleuse confidence et un acte de dévouement digne de Don Quichotte, je suis donc prêt à lui tendre la main avec toute la sincérité possible, en lui souhaitant une bonne nuit, à la garde de Dieu. »

Un homme très grand et très brun, au dos voûté, répondit immédiatement à cet appel.

« J'approuve votre franchise, Monsieur, et pour ma part, je m'en vais. Je ne fais pas de réflexions, mais je ne puis nier que vous ne m'inspiriez quelque méfiance. Je m'en vais, je le répète, et peut-être trouverez-vous que je n'ai aucun droit d'ajouter des paroles à l'exemple que je donne.

— Au contraire, répliqua Mr. Morris; je vous remercie de ce que vous dites. Il serait impossible d'exagérer la gravité de mon dessein.

— Eh bien, Messieurs, qu'en pensez-vous? reprit l'homme brun en s'adressant aux autres.

Nous avons mené assez loin cette fredaine nocturne. Rentrerons-nous au logis, paisiblement et tous ensemble? Vous approuverez ma proposition demain matin, quand, sans peur et sans reproche, vous reverrez le soleil. »

Celui qui parlait prononça ces derniers mots avec une intonation qui ajoutait à leur force, et sa figure portait une singulière expression de gravité. Un des assistants se leva précipitamment et, d'un air alarmé, se prépara aussitôt à prendre congé. Deux seulement restèrent fermes à leur place : Brackenbury et un vieux major de cavalerie au nez rubicond; ces deux derniers gardaient une attitude nonchalante, et, sauf un regard d'intelligence rapidement échangé entre eux, semblaient absolument étrangers à la discussion qui venait de finir.

Mr. Morris conduisit les déserteurs jusqu'à la porte, qu'il ferma sur leurs talons; puis il se retourna en laissant voir une expression de soulagement. S'adressant aux deux officiers :

« J'ai choisi mes hommes comme le Josué de la Bible, dit-il, et je crois maintenant avoir l'élite de Londres. Votre physionomie séduisit mes cochers; elle me plut encore davantage; j'ai surveillé votre conduite au milieu d'une étrange société et dans les circonstances les plus singulières; j'ai remarqué comment vous jouiez et de quelle façon vous supportiez vos pertes; enfin, tout à l'heure, je vous ai mis à l'épreuve d'une annonce stupéfiante et vous l'avez reçue comme une invitation à dîner. Ce n'est pas pour rien, ajouta-t-il, que j'ai été pendant des années le compagnon et l'élève du prince le plus courageux et le plus sage de toute l'Europe.

— A l'affaire de Bunderchang, fit observer le major, je demandai douze volontaires, et, répondant à mon appel, tous les troupiers sortirent du rang. Mais une société de joueurs n'est pas la même chose qu'un régiment sous le feu. Vous pouvez vous féliciter, je suppose, d'en avoir trouvé deux, et deux qui ne vous manqueront pas à l'assaut. Quant aux animaux qui viennent de se sauver, je les place parmi les chiens les plus piteux que j'aie jamais rencontrés. Lieutenant Rich, ajouta-t-il, s'adressant à Brackenbury, j'ai beaucoup entendu parler de vous en ces derniers temps, et je ne doute pas que vous ne connaissiez également mon nom. Je suis le major O'Rooke. »

Et le vétéran tendit sa main, qui était rouge et tremblante, au jeune lieutenant.

« Qui ne le connait? répondit Brackenbury.

— Lorsque cette petite affaire sera réglée,

dit Mr. Morris, vous jugerez que je vous ai suffisamment récompensés; car à aucun de vous deux je n'aurais pu rendre un service plus précieux que de lui faire faire la connaissance de l'autre.

— Et maintenant, demanda le major O'Rooke, s'agit-il d'un duel?

— C'est un duel d'une certaine sorte, répondit Mr. Morris, un duel avec des ennemis inconnus et dangereux et, je le crains, un duel à mort. Je dois vous prier, continua-t-il, de ne plus m'appeler Morris; nommez-moi, s'il vous plaît, Hammersmith. Pour ce qui est de mon vrai nom et de celui d'une personne à qui j'espère vous présenter avant peu, vous me ferez plaisir en ne les demandant pas et en ne cherchant pas à les découvrir vous-mêmes. Il y a trois jours, celui dont je vous parle disparut soudain de chez lui, et jusqu'à ce matin je n'ai pas reçu le moindre renseignement sur son compte. Vous imaginerez mon inquiétude, quand je vous aurai dit qu'il est engagé dans une œuvre de justice privée. Lié par un malheureux serment, trop légèrement prononcé, il croit nécessaire de purger la terre du dernier des misérables, traître, meurtrier, etc..., sans le secours de la loi. Déjà deux de nos amis (l'un d'eux mon propre frère) ont péri dans cette entreprise. Lui-même, ou je me trompe fort, est pris dans les mêmes trames fatales. Mais du moins il vit encore, il espère toujours, comme le prouve suffisamment ce billet. »

Là-dessus, l'homme qui parlait ainsi et qui n'était autre que le colonel Geraldine, montra une lettre conçue en ces termes :

« Major Hammersmith, — Mercredi, à trois heures du matin, vous serez introduit par la petite porte dans le jardin de Rochester-House, Regent's Park, par un homme qui est entièrement à ma dévotion. Je vous prie de ne pas me faire attendre, fût-ce une seconde. Apportez, s'il vous plaît, ma boîte d'épées, et, si vous pouvez les trouver, amenez un ou deux hommes d'honneur et d'une discrétion absolue, à qui ma personne soit inconnue. Mon nom ne doit pas paraître dans cette affaire.

T. GODALL. »

— Ne fût-ce que du droit que lui donne son caractère, mon ami est de ceux dont la volonté s'impose, poursuivit le colonel Geraldine; inutile de vous dire, par conséquent, que je n'ai même pas visité les alentours de Rochester-House et que je suis comme vous dans des ténèbres absolues, touchant la nature de ce dilemme. Aussitôt que j'eus reçu ces ordres, je me rendis chez un entrepreneur de locations; en quelques heures la maison dans laquelle nous sommes, eut pris un air de fête. Mon plan était au moins original et je suis loin de le regretter, puisqu'il m'a valu les services du major O'Rooke et du lieutenant Brackenbury Rich. Mais les habitants de cette rue auront un étrange réveil. Ils trouveront demain matin, déserte et à vendre, la maison qui cette nuit était pleine de lumières et de monde. C'est ainsi, reprit le colonel, que les affaires les plus graves, ont un côté plaisant.

— Et, permettez-moi d'ajouter, une heureuse issue, fit observer Brackenbury. »

Le colonel consulta sa montre.

« Il est maintenant près de deux heures, dit-il; nous avons une heure devant nous, et un cab bien attelé est à la porte. Puis-je compter sur votre aide, Messieurs?

— De toute ma vie, déjà longue, répondit le major O'Rooke, je n'ai jamais reculé devant quoi que ce fût, ni seulement refusé une gageure. »

Brackenbury se déclara prêt, dans les termes les plus corrects, et après qu'ils eurent bu un verre ou deux de champagne, le colonel leur remit à chacun un revolver chargé. Tous trois montèrent ensuite dans le cab et partirent pour l'endroit en question.

Rochester-House était une magnifique résidence sur les bords du canal; la vaste étendue des jardins l'isolait d'une façon exceptionnelle de tout ennui de voisinage; on eût dit le Parc aux Cerfs de quelque grand seigneur ou de quelque millionnaire. Autant qu'on pouvait en juger de la rue, aucune lumière ne brillait aux fenêtres de la maison, qui avait un aspect délaissé comme si le maître en eût été depuis longtemps absent.

Le cab fut congédié et les trois compagnons ne tardèrent pas à découvrir la petite porte, une sorte de poterne plutôt, ouvrant sur un sentier entre deux murs de jardin. Il s'en fallait encore de dix ou quinze minutes que l'heure fixée ne sonnât. La pluie tombait lentement et nos aventuriers, à l'abri sous un grand lierre, parlaient à voix basse de l'épreuve si proche. Soudain Geraldine leva le doigt pour imposer silence, et tous trois écoutèrent avec attention. Au milieu du bruit continu de la pluie, on distinguait de l'autre côté du mur le pas et la voix de deux hommes. Comme ils approchaient, Brackenbury, dont l'ouïe était remarquablement fine, put même saisir quelques fragments de leur conversation.

« La fosse est-elle creusée? demandait l'un.

« Elle l'est, répondit l'autre, derrière la haie de lauriers. Lorsque notre besogne sera terminée, nous pourrons la recouvrir avec un tas de bois. »

L'individu qui avait parlé le premier se mit à rire et cette gaieté parut horrible à ceux qui écoutaient derrière le mur.

« Dans une heure d'ici, reprit-il.

D'après le bruit des pas, il fut évident que les deux interlocuteurs se séparaient et continuaient leur marche dans une direction opposée. Presque aussitôt, la porte secrète s'entr'ouvrit avec précaution, une figure pâle se montra, une main fit signe d'avancer. Dans un silence de mort les trois hommes suivirent leur guide à travers plusieurs allées de jardin, jusqu'à l'entrée de la maison du côté des cuisines. Une seule bougie brûlait dans la vaste cuisine dallée, qui manquait absolument de tous les ustensiles habituels; et, comme la petite troupe commençait à monter les étages d'un escalier tournant, des bruits prodigieux, causés par les rats, témoignèrent plus sûrement encore de l'abandon du logis.

Le guide, qui marchait en avant, avec la lumière, était un vieillard maigre, très courbé, mais encore agile; il se retournait de temps en temps, et, par gestes, recommandait le silence, la prudence. Le colonel Geraldine suivait sur ses talons, la boîte d'épées sous le bras et un revolver tout prêt dans la main. Le cœur de Brackenbury battait violemment. Il vit qu'ils arrivaient assez tôt, mais jugea, d'après la hâte de leur conducteur, que le moment de l'action devait être proche. Les péripéties de cette aventure étaient si obscures et si menaçantes, le lieu semblait si bien choisi pour les actions les plus sombres, qu'un homme, même plus âgé que Brackenbury, eût été excusable de ressentir quelque émotion, tandis qu'il fermait la marche en montant l'escalier tournant.

Arrivés en haut, les trois officiers furent introduits dans une petite pièce éclairée seulement par une lampe fumeuse et un modeste feu. Au coin de la cheminée était assis un homme, jeune, d'une apparence robuste mais en même temps élégante et altière. Son attitude et sa physionomie témoignaient du sang-froid le plus impassible; il fumait tranquillement un cigare, et, sur une table à portée de sa main était posé un grand verre contenant quelque boisson gazeuse qui répandait une odeur agréable dans la chambre.

« Soyez le bienvenu, dit-il en tendant la main au colonel Geraldine; je savais que je pouvais compter sur votre exactitude.

— Sur mon dévouement, répondit le colonel en s'inclinant.

— Présentez-moi à vos amis, » continua le prétendu Godall.

Quand cette cérémonie fut accomplie :

« Je voudrais, Messieurs, dit-il, pouvoir vous offrir un programme plus attrayant. Les affaires sérieuses ne sont point à leur place au début de relations nouvelles, mais la force des événements l'emporte parfois sur les conventions du monde. J'espère et je crois que vous me pardonnerez cette soirée désagréable; pour des hommes de votre sorte il suffit de savoir qu'ils rendent un service considérable.

— Votre Altesse, dit O'Rooke, me pardonnera ma brusquerie. Je suis incapable de dissimulation. Depuis quelque temps, je soupçonnais le major Hammersmith; mais pour M. Godall, il est impossible de se tromper. Trouver dans Londres deux hommes qui ne connaissent pas le prince Florizel de Bohême, c'est trop réclamer de la fortune.

— Le prince Florizel! » s'écria Brackenbury stupéfait.

Et avec l'intérêt le plus profond il contempla les traits du célèbre personnage qui était devant lui.

« Je ne regrette pas la perte de mon incognito, répondit le prince, car cela me permet de vous remercier avec d'autant plus d'autorité. Vous eussiez fait, j'en suis sûr, pour Mr. Godall ce que vous ferez pour le prince de Bohême, mais ce dernier pourra peut-être, en retour, faire davantage pour vous. J'y gagne donc, ajouta-t-il avec grâce.

L'instant d'après, il entretenait les deux officiers de l'armée des Indes et des troupes d'indigènes, prouvant que, sur ce sujet comme sur tous les autres, il possédait un fonds remarquable d'information avec les idées les plus justes.

Il y avait quelque chose de si frappant dans l'attitude de cet homme, impassible à l'heure d'un péril mortel, que Brackenbury se sentit pénétré d'une admiration respectueuse; il n'était pas moins sensible au charme de sa parole et à la surprenante amabilité de son accueil. Chaque intonation, chaque geste, était non seulement noble en lui-même, mais encore semblait ennoblir l'heureux mortel auquel il s'adressait; Brackenbury enthousiasmé s'avoua dans son cœur que celui-là était un souverain pour lequel on eût donné sa vie avec ivresse.

Quelques minutes s'étaient écoulées, quand l'individu qui avait introduit le trio, et qui depuis lors était resté assis dans un coin, sa montre à la main, se leva et murmura un mot à l'oreille du prince.

« C'est bien, docteur Noël, répondit celui-ci à haute voix. » — Puis, s'adressant aux autres : « Vous m'excuserez, Messieurs, s'il me faut vous laisser dans l'obscurité. Le moment approche. »

Le docteur Noël éteignit la lampe. Un jour faible et blafard, précurseur de l'aurore, effleura les vitres, mais ne suffit pas pour éclairer la chambre; quand le prince se leva, il était impossible de distinguer ses traits, ni de deviner la nature de l'émotion qui évidemment l'étreignait. Il se dirigea vers la porte et se plaça tout contre, dans une attitude défensive.

« Vous aurez la bonté, dit-il, de garder un silence absolu et de vous dissimuler dans l'ombre le plus possible. »

Les trois officiers et le médecin se hâtèrent d'obéir, et, pendant dix minutes à peu près, le seul bruit dans Rochester House fut produit par les excursions des rats derrière les boiseries. Au bout de ce temps, un grincement de gonds tournant sur eux-mêmes éclata dans le silence et, presque aussitôt, ceux qui écoutaient purent entendre un pas lent et circonspect gravir l'escalier de service. A chaque marche, le nouvel arrivant semblait s'arrêter et prêter l'oreille; pendant ces longs intervalles, une angoisse profonde étouffait ceux qui faisaient le guet. Le docteur Noël, accoutumé cependant aux pires émotions, était tombé dans une prostration physique qui faisait pitié; sa respiration sifflait dans ses poumons; ses dents grinçaient l'une contre l'autre, et, lorsque nerveusement il changea de position, ses jointures craquèrent tout haut.

A la fin, une main se posa sur la porte et le pène fut soulevé avec un léger bruit; puis une nouvelle pause eut lieu, pendant laquelle Brackenbury put voir le prince se ramasser silencieusement sur lui-même, comme s'il se préparait à quelque effort extraordinaire. Alors la porte s'ouvrit, laissant entrer un peu plus de la lumière du matin; la silhouette d'un homme apparut sur le seuil et s'arrêta immobile. Il était grand et tenait un couteau à la main. Même dans le crépuscule, on pouvait voir briller les dents de sa mâchoire supérieure, sa bouche étant ouverte comme celle d'un chien prêt à s'élancer. Il sortait de l'eau évidemment, car, pendant qu'il se tenait là, des gouttes continuaient à ruisseler de ses vêtements mouillés et clapotaient sur le plancher.

Un moment après, il franchit le seuil. Il y eut un bond, un cri étouffé, une lutte, et, avant que le colonel Geraldine eût trouvé le temps de voler à son aide, le prince tenait l'homme désarmé et sans défense par les épaules.

« Docteur, dit-il, veuillez rallumer la lampe. »

Abandonnant alors la garde de son prisonnier à Geraldine et à Brackenbury, il traversa la pièce et se plaça le dos à la cheminée. Aussitôt que la lampe brilla de nouveau, tous remarquèrent que les traits du prince étaient empreints d'une sévérité extraordinaire. Ce n'était plus Florizel, le gentilhomme insouciant; c'était le prince de Bohême, justement irrité, et animé d'une résolution implacable; il leva la tête, et, s'adressant au captif, le président du *Suicide Club* :

« M. le président, dit-il, vous avez tendu votre dernier piège, et vos pieds se sont pris dedans. Le jour se lève: c'est votre dernier matin. A l'instant, vous venez de traverser à la nage le

Regent's Canal; ce sera votre dernier bain ici-bas. Votre ancien complice, le docteur Noël, bien loin de me trahir, vous a livré entre mes mains pour être jugé, et la tombe que vous aviez creusée pour moi cette après-midi servira, avec la permission de Dieu, à cacher aux hommes votre juste châtiment. Agenouillez-vous et priez, Monsieur, si vous avez quelque intention de cette sorte, car votre temps sera court, et Dieu est las de vos iniquités. »

Le président ne répondit ni par une parole ni par un geste; il continuait à tenir la tête baissée et à fixer le sol d'un air sombre, comme s'il avait eu conscience du regard opiniâtre et sans pitié du prince.

« Messieurs, continua Florizel, reprenant le ton ordinaire de la conversation, voici un individu qui m'a longtemps échappé, mais qu'aujourd'hui je tiens, grâce au docteur Noël. Raconter l'histoire de ses crimes, demanderait plus temps que nous n'en avons à notre disposition; si le canal ne contenait rien que le sang de ses victimes, je crois que le misérable ne serait guère plus sec que vous ne le voyez en ce moment. Même dans une affaire de cette sorte, je désire conserver cependant des formalités d'honneur. Mais je vous fais juges, Messieurs, ceci est plutôt une exécution qu'un duel, et laisser à ce coquin le choix des armes serait pousser trop loin une question d'étiquette. Je ne puis accepter de perdre la vie dans une telle aventure, continua-t-il en ouvrant la boîte qui contenait les épées, et comme une balle de pistolet est trop souvent emportée sur les ailes de la chance, comme l'adresse et le courage peuvent être vaincus par le tireur le plus ignorant, j'ai décidé, et je suis sûr que vous approuverez ma détermination, de vider cette question par l'épée. »

Lorsque Brackenbury et le major O'Rooke, auxquels ces paroles étaient spécialement adressées, eurent exprimé leur approbation :

« Vite, Monsieur, dit le prince à son adversaire, choisissez une lame et ne me faites pas attendre. J'ai hâte d'en avoir à tout jamais fini avec vous. »

Pour la première fois, depuis qu'il avait été saisi et désarmé, le président releva la tête; il était clair qu'il commençait à reprendre courage.

« L'affaire, demanda-t-il, doit-elle vraiment être décidée par les armes, entre vous et moi?

— J'ai l'intention de vous faire cet honneur, répondit le prince.

— Allons! s'écria l'autre avec vivacité; en champ loyal, qui sait comment les choses peuvent tourner? J'ajouterai que j'estime que Votre Altesse agit bien; si le pire doit m'arriver, je mourrai du moins de la main du plus galant homme de l'Europe. »

Le président, lâché par ceux qui le retenaient, s'avança vers la table et, avec un soin minutieux, se mit en mesure de choisir une épée. Il était fort excité et semblait ne douter nullement qu'il sortirait victorieux de la lutte. Devant une confiance si absolue, les spectateurs alarmés conjurèrent le prince Florizel de renoncer à son projet.

« Bah! ce n'est qu'un jeu, répondit-il, et je crois pouvoir vous promettre, Messieurs, qu'il ne durera pas longtemps. »

Le colonel essaya d'intervenir.

« Geraldine, lui dit le prince, m'avez-vous vu jamais faillir à une dette d'honneur? Je vous dois la mort de cet homme, et vous l'aurez. »

Enfin le président s'était décidé à choisir sa rapière; par un geste qui ne manquait pas d'une certaine noblesse brutale, il se déclara prêt. Même à cet odieux scélérat, l'approche du péril et un réel courage prêtaient je ne sais quelle grandeur.

Le prince prit au hasard une épée.

« Geraldine et le docteur Noël, dit-il, auront l'obligeance de m'attendre ici. Je désire qu'aucun de mes amis particuliers ne soit impliqué dans cette affaire. Major O'Rooke, vous êtes un homme rassis et d'une réputation établie; laissez-moi recommander le président à vos bons soins. Le lieutenant Rich sera assez aimable pour me prêter ses services. Un jeune homme ne saurait avoir trop d'expérience en ces sortes d'affaires.

— Je tâcherai, répondit Brackenbury, d'être à jamais digne de l'honneur que me fait Votre Altesse.

— Bien, répliqua le prince Florizel; j'espère, moi, vous prouver mon amitié dans des circonstances plus importantes. »

En prononçant ces mots, il sortit le premier de l'appartement et descendit l'escalier de service.

Les deux hommes, ainsi laissés à eux-mêmes, ouvrirent la fenêtre et se penchèrent au dehors, en tendant toutes leurs facultés pour tâcher de saisir quelque indice des événements tragiques qui allaient se passer. La pluie avait maintenant cessé de tomber; le jour était presque venu, les oiseaux gazouillaient dans les bosquets et sur les grands arbres du jardin.

Le prince et ses compagnons restèrent visibles un moment, tandis qu'ils suivaient une allée entre deux buissons en fleur; mais, dès le premier tournant, un groupe d'arbres au feuillage épais s'interposa, et de nouveau ils disparurent : ce fut tout ce que purent voir le colonel et le médecin. Le jardin était si vaste, le lieu du duel, évidemment si éloigné de la maison, que le cliquetis même des épées n'arriva pas à leurs oreilles.

« Il l'a conduit près de la fosse, dit le docteur Noël en frissonnant.

« Seigneur! murmura Geraldine, Seigneur, défendez le bon droit! »

Silencieusement, tous deux attendirent l'issue du combat, le docteur secoué par l'épouvante, le colonel tout baigné d'une sueur d'angoisses.

Un certain temps s'écoula; le jour était sensiblement plus clair et les oiseaux chantaient plus gaiement dans le jardin, quand un bruit de pas ramena les regards des deux hommes vers la porte. Ce furent le prince et les témoins qui entrèrent.

Dieu avait défendu le bon droit.

« Je suis honteux de mon émotion, dit Florizel; c'est une faiblesse indigne de mon rang;

mais le sentiment de l'existence prolongée de ce chien d'enfer commençait à me ronger comme une maladie et sa mort m'a rafraîchi plus qu'une nuit de sommeil. Regardez, Geraldine, continua-t-il, en jetant son épée à terre, voici le sang de l'homme qui a tué votre frère. Ce devrait être un spectacle agréable; et cependant,... quel étrange composé nous sommes! Ma vengeance n'est pas encore vieille de cinq minutes, et déjà je commence à me demander si, sur ce précaire théâtre de la vie, la vengeance même est réalisable. Le mal qu'a fait ce monstre, qui peut le défaire? La carrière dans laquelle il amassa une énorme fortune, car la maison dans laquelle nous nous trouvons lui appartenait, cette carrière fait maintenant et pour toujours partie de la destinée de l'humanité. Et je pourrais, jusqu'au jour du jugement dernier, exercer mon épée, que le frère de Geraldine n'en serait pas moins mort et qu'un millier d'autres innocents n'en seraient pas moins déshonorés, perdus! L'existence d'un homme est une si petite chose à supprimer, une si grande chose à employer! Hélas! y a-t-il rien dans la vie d'aussi désenchantant que d'atteindre un but?

— La justice de Dieu est satisfaite, interrompit le docteur; voilà ce que j'ai compris. La leçon, prince, a été cruelle pour moi; et j'attends mon propre tour, dans une mortelle appréhension.

— Que disais-je donc? s'écria Florizel. J'ai puni, et voici auprès de nous, l'homme qui peut m'aider à réparer. Ah! docteur, vous et moi, nous avons devant nous des jours nombreux de dur et honorable labeur! Peut-être avant que nous n'en ayons fini, aurez-vous plus que racheté vos anciennes fautes.

— Et maintenant, dit le docteur, permettez-moi d'aller enterrer mon plus vieil ami. »

Ceci, ajoute le conteur arabe, est la conclusion du récit. Le prince, il est inutile de le dire, n'oublia aucun de ceux qui l'avaient servi; jusqu'à ce jour, son autorité et son influence les poussent dans leur carrière publique, tandis que sa bienveillante amitié remplit de charme leur vie privée. Rassembler, continue mon auteur, tous les événements dans lesquels le prince a joué le rôle de la Providence, serait remplir de livres tout le globe habité. Mais les histoires qui relatent les aventures du diamant du Rajah, sont trop intéressantes, néanmoins, pour être passées sous silence.

Suivant prudemment et pas à pas cet Oriental érudit, nous commencerons donc la série à laquelle il fait allusion par l'HISTOIRE DU CARTON A CHAPEAU.

LE DIAMANT DU RAJAH

HISTOIRE D'UN CARTON A CHAPEAU

Jusqu'à l'âge de seize ans, d'abord dans un collège particulier, puis dans une de ces grandes écoles pour lesquelles l'Angleterre est justement renommée, Harry Hartley avait reçu l'instruction habituelle d'un gentleman. A cette époque, il manifesta un dégoût tout particulier pour l'étude et, le seul parent qui lui restât étant à la fois faible et ignorant, il fut autorisé à perdre son temps désormais, c'est-à-dire qu'il ne cultiva plus que ces petits talents dits d'agrément qui contribuent à l'élégance.

Deux années plus tard, demeuré seul au monde, il tomba presque dans la misère. Ni la nature ni l'éducation n'avaient préparé Harry au moindre effort. Il pouvait chanter des romances et s'accompagner lui-même discrètement au piano; bien que timide, c'était un gracieux cavalier; il avait un goût prononcé pour les échecs, et la nature l'avait doué de l'extérieur le plus agréable, encore qu'un peu efféminé. Son visage blond et rose, avec des yeux de tourterelle et un sourire tendre, exprimait un séduisant mélange de douceur et la mélancolie; mais, pour tout dire, il n'était homme ni à conduire des armées ni à diriger les conseils d'un État.

Une chance heureuse et quelques puissantes influences lui firent atteindre la position de secrétaire particulier du major général, sir Thomas Vandeleur. Sir Thomas était un homme de soixante ans, à la voix forte, au caractère violent et impérieux. Pour quelque raison, en récompense de certain service, sur la nature duquel on fit souvent de perfides insinuations qui provoquèrent autant de démentis, le rajah de Kashgar avait autrefois offert à cet officier un diamant, évalué le sixième du monde entier, sous le rapport de la valeur et de la beauté. Ce don magnifique transforma un homme pauvre en homme riche et fit d'un soldat obscur l'un des *lions* de la société de Londres. Le diamant du Rajah fut un talisman grâce auquel son possesseur pénétra dans les cercles les plus exclusifs. Il arriva même qu'une jeune fille, belle et bien née voulut avoir le droit d'appeler sien le diamant merveilleux, fût-ce au prix d'un mariage avec le butor insupportable qui avait nom Vandeleur. On citait à ce propos le proverbe : « Qui se ressemble s'assemble. » Un joyau, en effet, avait attiré l'autre ; non seulement Lady Vandeleur était par elle-même un diamant de la plus belle eau, mais encore elle se montrait sertie, pour ainsi dire, dans la plus somptueuse monture ; maintes autorités respectables l'avaient proclamée l'une des trois ou quatre femmes de toute l'Angleterre qui s'habillaient le mieux.

Le service de Harry comme secrétaire n'était pas des plus pénibles ; mais nous avons dit qu'il avait une extrême répugnance pour tout travail régulier : il lui était désagréable de se mettre de l'encre aux doigts ; comment s'étonner, en revanche, que les charmes de Lady Vandeleur et l'éclat de ses toilettes le fissent souvent passer de la bibliothèque au boudoir ?

Les manières de Harry vis-à-vis des femmes étaient les plus charmantes du monde ; cet Adonis savait causer agréablement de chiffons, et n'était jamais plus heureux que lorsqu'il discutait la nuance d'un ruban ou portait un message à la modiste. Bref, la correspondance de Sir Thomas tomba dans un piteux abandon et Mylady eut une nouvelle dame d'atours.

Un jour, le général, qui était l'un des moins patients parmi les commandants militaires retour de l'Inde, se leva soudain dans un violent accès de colère, et, par un de ces gestes péremptoires très rarement employés entre gentlemen, signifia une bonne fois à son secrétaire trop négligent que désormais il se passerait de ses services. La porte étant malheureusement ouverte, Mr. Hartley roula, la tête en avant, au bas de l'escalier.

Il se releva un peu contusionné, au désespoir, en outre. Sa situation dans la maison du général lui convenait absolument; il vivait, sur un pied plus ou moins douteux, dans une très brillante société, faisant peu de chose, mangeant fort bien, et avant tout il éprouvait auprès de Lady Vandeleur un sentiment de satisfaction intime, d'ailleurs assez tiède, mais que dans son cœur, il qualifiait d'un nom plus énergique. A peine avait-il été outragé de la sorte par le pied militaire de Sir Thomas qu'il se précipita dans le boudoir de sa belle protectrice et raconta ses chagrins.

« Vous savez, mon cher Harry, — dit Lady Vandeleur, — car elle l'appelait par son petit nom, comme un enfant, ou comme un domestique, — vous savez très bien que jamais, grâce à un hasard quelconque, vous ne faites ce que le général vous commande. Moi, je ne le fais pas davantage, direz-vous, mais cela est différent; une femme peut obtenir le pardon de toute une année de désobéissance, par un seul acte d'adroite soumission; et d'ailleurs, personne n'est marié à son secrétaire particulier. Je serai fâchée de vous perdre, mais, puisque vous ne pouvez demeurer plus longtemps dans une maison où vous avez reçu cette mortelle insulte, il faut bien nous dire adieu. Soyez sûr que le général me payera son inqualifiable conduite. »

Harry perdit contenance; les larmes lui montèrent aux yeux et il regarda Lady Vandeleur d'un air de tendre reproche.

« My Lady, dit-il, qu'est-ce qu'une insulte? J'estimerais peu l'homme qui ne saurait oublier ces peccadilles quand elles entrent en balance avec des affections. Mais rompre un lien si cher, m'éloigner de vous... »

Il fut incapable de continuer; son émotion l'étrangla et il se mit à pleurer.

Lady Vandeleur le regarda curieusement.

« Ce pauvre fou, pensa-t-elle, s'imagine être amoureux de moi. Pourquoi ne passerait-il pas à mon service, au lieu d'être à celui du général? Il a un bon caractère, il est complaisant, il s'entend à la toilette; de plus cette prétendue passion le préservera de certaines sottises. Il est positivement trop gentil pour qu'on ne se l'attache pas. »

Le soir, elle en parla au général, déjà un peu honteux de sa vivacité, et Harry passa dans le département féminin, où sa vie devint une sorte de paradis. Il était toujours vêtu avec une recherche excessive, portait des fleurs rares à sa boutonnière et savait recevoir les visiteurs avec tact; son amabilité était imperturbable. Il s'enorgueillissait de cet esclavage auprès d'une jolie femme, acceptait les ordres de Lady Vandeleur comme autant de faveurs, bref il était ravi de se montrer aux autres hommes (qui se moquaient de lui et le méprisaient) dans ses fonctions ambiguës de *monsieur de compagnie*. Il faisait même grand cas de sa propre conduite au point de vue moral. Les passions, les désordres et leurs résultats funestes eussent effrayé sa conscience délicate, au lieu que les émotions douces et innocentes des journées passées chez une noble dame à s'occuper uniquement de futilités ne troublaient en rien son repos dans cette manière d'île enchantée, où il avait jeté l'ancre au milieu des orages.

Un beau matin il vint dans le salon et se mit à ranger quelques cahiers de musique sur le piano.

Lady Vandeleur, à l'autre bout de la pièce, causait avec son frère, Charlie Pendragon, vieux garçon très usé par les excès et très boiteux d'une jambe. Le secrétaire particulier, à l'entrée duquel ils ne firent aucune attention, ne put s'empêcher d'entendre une partie de cette conversation singulièrement animée.

« Aujourd'hui ou jamais, disait Lady Vandeleur! Une fois pour toutes, ce sera fait aujourd'hui.

— Aujourd'hui, s'il le faut, répondit son frère en soupirant. Mais c'est un faux pas désastreux, une erreur déplorable, ma chère Clara; nous nous en repentirons longtemps, croyez-moi. »

Lady Vandeleur le regarda fixement d'un air étrange.

« Vous oubliez, dit-elle, que cet homme doit mourir à la fin.

— Ma parole, Clara, dit Pendragon, je crois que vous êtes la coquine la plus dénuée de cœur de toute l'Angleterre!

— Vous autres hommes, répliqua-t-elle, vous êtes trop grossièrement faits, pour pouvoir apprécier les nuances d'une intention. Vous êtes vous-mêmes rapaces, violents, impudiques et indifférents à toute espèce de sentiments élevés; n'importe, le moindre calcul vous choque de la part d'une femme. Je ne puis supporter de pareilles sornettes. Vous mépriseriez, chez le plus bête de vos semblables, les scrupules imbéciles que vous vous attendez à trouver en nous.

— Vous avez raison probablement, répondit son frère. Vous fûtes toujours bien plus habile que moi, et d'ailleurs, vous savez ma devise : la famille avant tout.

— Oui, Charlie, répliqua-t-elle en serrant sa main dans les siennes; je connais votre devise, mieux que vous ne la connaissez vous-même. « Et Clara avant la famille! » N'est-ce pas? En vérité, vous êtes le meilleur des frères et je vous aime tendrement. »

Mr. Pendragon se leva, comme s'il eût été un peu confus de ces épanchements fraternels.

« Il vaut mieux que je ne sois pas vu ici, dit-il. Je comprends mon rôle à merveille et j'aurai l'œil sur le chat domestique.

— N'y manquez pas, répondit-elle. C'est un être abject; il pourrait tout perdre. »

Délicatement, elle lui envoya un baiser du bout des doigts; puis le bon Charlie sortit par le boudoir et un petit escalier.

« Harry, dit Lady Vandeleur, se tournant vers son page, aussitôt qu'ils furent seuls, j'ai une commission à vous donner ce matin. Mais vous irez en cab; je ne puis admettre que mon secrétaire intime s'expose à prendre des taches de rousseur. »

Elle dit ces derniers mots avec emphase et un regard d'orgueil à demi-maternel qui fit éprouver une véritable jouissance au pauvre Harry; il se déclara donc charmé de pouvoir lui être utile.

« C'est encore un de nos grands secrets, reprit-elle finement, et personne n'en doit rien savoir, sauf mon secrétaire et moi. Sir Thomas ferait un esclandre des plus fâcheux; et si vous saviez combien je suis fatiguée de toutes ces scènes! Oh! Harry! Harry! Pouvez-vous m'expliquer ce qui vous rend, vous autres hommes, si violents et si injustes? Non, n'est-ce pas? Vous êtes le seul de votre sexe qui n'entende rien à ces grossièretés; vous êtes si bon, Harry, et si obligeant! Vous, au moins, vous savez être l'ami d'une femme. Et je crois que vous rendez les autres encore plus repoussants, par comparaison.

— C'est vous, dit Harry avec une suave galanterie, qui êtes la bonté même... Mon cœur en est tout éperdu. Vous me traitez comme...

— Comme une mère, interrompit Lady Vandeleur. Je tâche d'être une mère pour vous. Ou du moins, — elle se reprit avec un sourire, — presque une mère. J'ai peur d'être un peu jeune pour le rôle, en réalité. Disons une amie, une tendre amie. »

Elle s'arrêta assez pour permettre à ses paroles de produire leur effet sur les fibres sentimentales de son interlocuteur, mais pas assez pour qu'il pût répondre.

« Tout cela n'a aucun rapport avec notre projet, poursuivit-elle gaîment. En résumé, vous trouverez un grand carton du côté gauche de l'armoire à robes en chêne. Il est sous la *matinée* rose que j'ai mise mercredi avec mes malines; vous le porterez immédiatement à cette adresse-ci, — et elle lui donna un papier, — mais ne le laissez à aucun prix sortir de vos mains avant qu'on ne vous ait remis un reçu signé de moi. Comprenez-vous? Répondez, s'il vous plaît, répondez; ceci est extrêmement important et je dois vous prier de me prêter quelque attention. »

Harry la calma en lui répétant ses instructions à la lettre, et elle allait lui en dire davantage, lorsque le général, rouge de colère, et tenant dans la main une note de couturière, longue et compliquée, entra avec fracas dans l'appartement.

« Voulez-vous regarder cela, Madame? cria-t-il. Voulez-vous avoir la bonté de regarder ce document? Je sais bien que vous m'avez épousé pour mon argent et je crois n'avoir montré déjà que trop de patience; mais, aussi sûrement que Dieu m'a créé, nous mettrons un terme à cette prodigalité honteuse.

— Mr. Hartley, dit Lady Vandeleur, je pense que vous avez compris ce que vous avez à faire. Puis-je vous prier de vous en occuper tout de suite?

— Arrêtez, dit le général, s'adressant à Harry; un mot avant que vous ne vous en alliez?

Et, se tournant de nouveau vers Lady Vandeleur :

« Quelle est la commission que vous venez de donner à ce précieux jeune homme? demanda-t-il. Je n'ai pas plus de confiance en lui que je n'ai confiance en vous, permettez-moi de vous le dire. S'il avait le moindre principe d'honnêteté il dédaignerait de rester dans cette maison, et ce qu'il fait pour mériter ses gages est un mystère qui intrigue tout le monde. De quoi est-il chargé cette fois, Madame? Et pourquoi le renvoyez-vous si vite?

— Je supposais que vous aviez quelque chose à me dire en particulier, répondit Lady Vandeleur.

— Vous avez parlé d'une commission, reprit le général. N'essayez pas de me tromper dans l'état de colère où je suis. Vous avez certainement parlé d'une commission.

— Si vous tenez à rendre nos gens témoins de nos humiliantes querelles, répliqua Lady Vandeleur, peut-être ferai-je bien de prier Mr. Hartley de s'asseoir. Non? continua-t-elle; alors, vous pouvez sortir, Mr. Hartley; je compte que vous vous souviendrez de ce que vous avez entendu; cela pourra vous être utile. »

Aussitôt Harry s'échappa du salon; tout en montant l'escalier, il entendit gronder la voix du général; à chaque pause nouvelle, le timbre clair de Lady Vandeleur renvoyait des reparties glaciales.

Comme il admirait cette femme! Avec quelle habileté elle savait éluder une question dangereuse! avec quelle tranquille audace, elle répétait ses instructions sous le canon même de l'ennemi! En revanche, comme il détestait le mari!

Il n'y avait rien d'extraordinaire dans les événements de la matinée. Harry s'acquittait à chaque instant pour Lady Vandeleur de missions secrètes, qui avaient principalement rapport à sa toilette. La maison, il le savait trop, était minée par une plaie incurable. La prodigalité, l'extravagance sans bornes de la jeune femme et les charges inconnues qui pesaient sur elle avaient depuis longtemps absorbé sa fortune personnelle et menaçaient, de jour en jour, d'engloutir celle de son mari. Une ou deux fois, chaque année, le scandale et la ruine semblaient imminents; et Harry courait chez tous les fournisseurs, débitant de petits mensonges et payant de maigres àcompte sur un fort total, jusqu'à ce qu'un nouvel arrangement se fût produit, jusqu'à ce que Mylady et son fidèle secrétaire pussent respirer de nouveau. Harry, pour un double motif, était corps et âme de ce côté de la guerre; non seulement il adorait Lady Vandeleur et haïssait le général, mais il sympathisait naturellement avec le goût effréné de sa protectrice pour la parure; la seule folie qu'il se permît, quant à lui, était son tailleur.

Il trouva le carton là où on le lui avait dit, s'habilla, comme toujours, avec soin, et quitta la maison. Le soleil était ardent, la distance qu'il avait à parcourir considérable et il se rappela avec consternation que la soudaine irruption du général avait empêché Lady Vandeleur de lui remettre l'argent nécessaire pour prendre un cab. Par cette journée brûlante, il y avait des chances pour que son beau teint rose fût compromis; d'ailleurs, traverser une si grande partie de Londres avec un carton sous le bras, c'était une humiliation presque insupportable pour un jeune homme de son caractère. Il s'arrêta et tint conseil avec lui-même. Les Vandeleur demeuraient sur Eaton Place; le but de sa course était près de Notting-Hill; à la rigueur, il pouvait, à cette heure matinale, traverser le parc, en évitant les allées fréquentées.

Impatient de se débarrasser de son fardeau, il marcha un peu plus vite qu'à l'ordinaire, et il était déjà à une certaine profondeur dans les jardins de Kensington, quand, sur un point solitaire au milieu des arbres, il se trouva face à face avec le général.

« Je vous demande pardon, dit Harry se rangeant de côté, car Sir Thomas Vandeleur était juste dans son chemin.

— Où allez-vous, Monsieur? demanda l'homme terrible.

— Je fais une petite promenade, » répondit le secrétaire.

Le général frappa le carton de sa canne.

« Avec cette chose sous le bras? s'écria-t-il. Vous mentez, Monsieur, vous savez que vous mentez.

— En vérité, sir Thomas, répliqua Harry, je n'ai pas l'habitude d'être questionné sur un ton pareil.

— Vous ne comprenez pas votre situation, dit le général. Vous êtes mon serviteur et un serviteur sur lequel j'ai conçu les plus graves soupçons. Sais-je si votre boîte n'est pas remplie de cuillères d'argent?

— Elle contient un chapeau qui appartient à un de mes amis, dit Harry.

— Très bien, reprit le général. Alors je désire voir le chapeau de votre ami. J'ai, ajouta-t-il d'un air féroce, une curiosité singulière sur le chapitre des chapeaux. Et je crois que vous me connaissez pour entêté.

— Excusez-moi, sir Thomas, balbutia Harry, je suis désolé; mais vraiment il s'agit d'une affaire particulière. »

Le général le saisit rudement par l'épaule, d'une main, tandis que, de l'autre, il levait sa canne de la façon la plus menaçante. Harry se vit perdu; mais, au même instant, le ciel lui envoya un défenseur inattendu, en la personne de Charlie Pendragon, qui surgit de derrière les arbres.

« Allons, allons, général, baissez le poing, dit-il, ceci, vraiment, n'est ni courtois ni digne d'un homme.

— Ah! ah! cria le général faisant volte-face sur son nouvel adversaire, Mr. Pendragon! Et supposez-vous, Mr. Pendragon, que parce que j'ai eu le malheur d'épouser votre sœur, je souffrirai d'être agacé et contrecarré par un libertin perdu de dettes et déshonoré tel que vous? Mon alliance avec Lady Vandeleur, Monsieur, m'a enlevé toute espèce de goût pour les autres membres de sa famille.

— Et vous imaginez-vous, général Vandeleur, répliqua Charlie, sur le même ton, que parce que ma sœur a eu le malheur de vous épouser, elle ait, par cela même, perdu tous ses droits et tous ses privilèges de femme? Je reconnais, Monsieur, que, par cette action, elle a dérogé autant que possible. Mais pour moi cependant, elle est toujours une Pendragon. Je fais mon affaire de la protéger contre tout outrage indigne, oui, quand vous seriez dix fois son mari! Je ne supporterai pas que sa liberté soit entravée, ni que l'on maltraite ses messagers.

— Que dites-vous de cela, Mr. Hartley? rugit le général. Mr. Pendragon est de mon avis, paraît-il; lui aussi soupçonne Lady Vandeleur d'avoir quelque chose à voir dans le chapeau de votre ami. »

Charlie s'aperçut qu'il avait commis une inexcusable bévue, et se hâta de la réparer.

« Comment, Monsieur, cria-t-il, je soupçonne, dites-vous ?... Je ne soupçonne rien. Là seulement où je rencontre un abus de force et un homme qui brutalise ses inférieurs, je prends la liberté d'intervenir. »

Comme il disait ces mots, il fit à Harry un signe, que celui-ci, trop stupide ou trop troublé, ne comprit pas.

« Comment dois-je interpréter votre attitude, Monsieur? demanda Vandeleur.

« Mais, Monsieur, comme il vous plaira! » répondit Pendragon.

Le général leva sa canne de nouveau sur la tête de Charlie; mais ce dernier, quoique boiteux, para le coup avec son parapluie, prit son élan et saisit son adversaire à bras-le-corps.

« Sauvez-vous, Harry, sauvez-vous! cria-t-il. Sauvez-vous donc, imbécile! »

Harry demeura pétrifié un moment encore, regardant les deux hommes se colleter dans une furieuse étreinte, puis il se retourna et prit la fuite à toutes jambes. Lorsqu'il jeta un regard derière lui, il vit le général abattu sous le genou de Charlie, mais faisant encore des efforts désespérés pour renverser la situation;

le parc semblait s'être rempli de monde qui accourait de toutes les directions vers le théâtre du combat. Ce spectacle donna des ailes au secrétaire, il ne ralentit le pas que lorsqu'il eut atteint la route de Bayswater et qu'il se fut jeté au hasard dans une petite rue adjacente.

Voir ainsi deux gentlemen de sa connaissance lutter brutalement corps à corps, qu'il y avait-il de plus choquant? Harry avait hâte d'oublier ce tableau; il avait hâte surtout de mettre entre lui et le général la plus grande distance possible; dans son ardeur, il oublia tout ce qui avait rapport à sa destination et, tête baissée, tout tremblant, il courut droit devant lui. Lorsqu'il se souvint que Lady Vandeleur était la femme de l'un de ces gladiateurs et la sœur de l'autre, son cœur s'émut de pitié pour l'adorable femme dont la vie était si douloureuse, et, en face d'événements si violents, sa propre situation dans la maison du général lui parut moins agréable que de coutume.

Il marchait depuis quelque temps plongé dans ces méditations, lorsqu'un léger choc contre un autre promeneur lui rappela le carton qu'il portait sous son bras.

« Ciel! s'écria-t-il, où avais-je la cervelle? Où me suis-je égaré? »

Là-dessus, il consulta l'enveloppe que Lady Vandeleur lui avait remise. L'adresse y était, mais sans nom. Harry devait simplement demander, « le monsieur qui attendait un paquet envoyé par Lady Vandeleur » ; et, si ce monsieur n'était pas chez lui, rester jusqu'à son retour. L'individu en question, ajoutait la note, lui remettrait un reçu écrit de la main même de Lady Vandeleur. Tout ceci semblait bien mystérieux ; ce qui étonna surtout Harry, ce fut l'omission du nom et la formalité du reçu. Il avait fait à peine attention à ce mot, lorsqu'il était tombé dans la conversation ; mais, en le lisant de sang-froid et en l'enchaînant à d'autres particularités singulières, il fut convaincu qu'il était engagé dans quelque affaire périlleuse. L'espace d'un moment, il douta de Lady Vandeleur elle-même ; car il estimait ces ténébreux procédés indignes d'une grande dame et en voulait surtout à celle-ci d'avoir des secrets pour lui. Mais l'empire qu'elle exerçait sur son âme était trop absolu ; il chassa de pénibles soupçons et se reprocha de les avoir seulement admis.

Sur un point cependant, son devoir et son intérêt, son dévouement et ses craintes étaient d'accord : se débarrasser du carton le plus promptement possible.

Il arrêta le premier policeman venu et lui demanda son chemin. Or, il se trouva qu'il n'était plus très loin du but ; quelques minutes de marche l'amenèrent dans une ruelle, devant une petite maison fraîchement peinte et tenue avec la plus scrupuleuse propreté. Le marteau de la porte et le bouton de la sonnette étaient brillamment polis ; des pots de fleurs ornaient l'appui des fenêtres, et des rideaux de riche étoffe cachaient l'intérieur aux yeux des passants. L'endroit avait un air de calme et de mystère ; Harry en fut impressionné ; il frappa encore plus discrètement que d'habitude et, avec un soin tout particulier, enleva la poussière de ses bottes.

Une femme de chambre, fort avenante, ouvrit aussitôt et regarda le secrétaire d'un œil bienveillant.

« Voici le paquet de Lady Vandeleur, dit Harry.

— Je sais, répondit la soubrette, avec un signe de tête. Mais le monsieur est sorti. Voulez-vous me confier cela ?

— Je ne puis, Mademoiselle. J'ai l'ordre de ne m'en séparer qu'à une certaine condition, et je crains d'être obligé de vous demander la permission d'attendre.

— Très bien, dit-elle avec empressement ; je suppose que je puis vous laisser entrer. Nous causerons. Je m'ennuie assez toute seule et vous ne me faites pas l'effet d'être homme à vouloir dévorer une jeune fille. Mais ne demandez pas le nom du monsieur, car cela, je ne dois pas vous le dire.

— Vraiment? s'écria Harry; comme c'est étrange! En vérité, depuis quelque temps, je marche de surprise en surprise. Une question cependant, je puis sûrement vous la faire sans indiscrétion : cette maison lui appartient-elle?

— Non pas. Il en est le locataire, et cela depuis huit jours seulement. Et maintenant, question pour question. Connaissez-vous Lady Vandeleur?

— Je suis son secrétaire particulier, répondit Harry rougissant d'un modeste orgueil.

— Elle est jolie, n'est-ce pas?

— Oh! très belle! s'écria Harry. Infiniment charmante et non moins bonne.

— Vous paraissez vous-même un assez bon garçon, répliqua la jeune fille, goguenarde à demi, et je gage que vous valez dans votre petit doigt une douzaine de Lady Vandeleur. »

Harry fut absolument scandalisé.

« Moi! s'écria-t-il, je ne suis qu'un secrétaire!

— Dites-vous cela pour moi, Monsieur, parce que je ne suis qu'une femme de chambre? »

Elle l'avait pris de haut, mais s'adoucit à la vue de la confusion de Harry :

« Je sais que vous n'avez aucune intention de m'humilier, reprit-elle, et j'aime votre figure; mais je ne pense rien de bon de cette Lady Vandeleur. Oh! ces grandes dames!... Envoyer un vrai gentleman comme vous porter un carton en plein jour! »

Pendant cet entretien, ils étaient restés dans leur première position : elle, sur le seuil de la porte, lui sur le trottoir, nu-tête pour avoir plus frais, et tenant le carton sous son bras.

Mais à ces derniers mots, Harry, qui n'était capable de supporter ni de pareils compliments de but en blanc, ni les regards encourageants dont ils étaient accompagnés, se mit à jeter des regards inquiets à droite et à gauche. Au moment où il tournait la tête vers le bas de la ruelle, ses yeux épouvantés rencontrèrent ceux du général Vandeleur. Le général, dans une prodigieuse excitation dont la chaleur, la colère et une course effrénée étaient cause, battait les rues à la poursuite de son beau-frère; mais à peine eut-il aperçu le secrétaire coupable que son projet changea; sa fureur prit un autre cours; il remonta la rue en tempêtant, avec des gestes et des vociférations farouches.

Harry ne fit qu'un saut dans la maison, y poussa son interlocutrice devant lui et ferma brusquement la porte au nez de l'agresseur.

« Y a-t-il une barre? Peut-on la poser? demanda-t-il, pendant qu'on frappait le marteau à faire résonner tous les échos de la maison.

— Voyons, que craignez-vous? demanda la femme de chambre. Est-ce donc ce vieux monsieur?

— S'il s'empare de moi, murmura Harry, je suis un homme mort. Il m'a poursuivi toute la journée, il porte une canne à épée et il est officier de l'armée des Indes.

— Ce sont là de jolies manières, dit la petite; et, s'il vous plaît, quel peut être son nom?

— C'est le général, mon maître, répondit Harry. Il court après le carton.

— Quand je vous le disais! s'écria-t-elle d'un air de triomphe. Oui, je vous répète que je pense moins que rien de votre Lady Vandeleur, et, si vous aviez des yeux dans la tête, vous verriez ce qu'elle est, même pour vous. Une ingrate, une fourbe, j'en jurerais! »

Le général recommença son attaque désordonnée sur le marteau, et, sa colère croissant avec l'attente, se mit à donner des coups de pied et des coup de poing dans les panneaux de la porte.

« Il est heureux, fit observer la jeune fille, que je sois seule dans la maison; votre général peut frapper jusqu'à ce qu'il se fatigue, personne n'est là pour lui ouvrir. Suivez-moi! »

En prononçant ces mots, elle emmena Harry à la cuisine, où elle le fit asseoir, et elle-même se tint auprès de lui, une main sur son épaule, dans une attitude affectueuse. Bien loin de s'apaiser, le tapage augmentait d'intensité, et, à chaque nouveau coup, l'infortuné secrétaire tremblait jusqu'au fond du cœur.

« Quel est votre nom? demanda la jeune femme de chambre.

— Harry Hartley, répondit-il.

— Le mien, continua-t-elle, est Prudence. L'aimez-vous?

— Beaucoup, dit Harry. Mais, écoutez comme le général frappe à la porte. Il l'enfoncera certainement, et alors qu'ai-je à attendre sinon la mort?

— Vous vous agitez sans raison, répondit Prudence. Laissez votre général cogner à son aise, il n'arrivera qu'à se donner des ampoules aux mains. Pensez-vous, que je vous garderais ici, si je n'étais sûre de vous sauver? Oh! que non! Je suis une amie fidèle pour ceux qui me plaisent; et nous avons une porte par derrière, donnant sur une autre ruelle. Mais, ajouta-t-elle en l'arrêtant, car à peine avait-il entendu cette nouvelle agréable, qu'il s'était levé, — je ne vous montrerai où elle est que si vous m'embrassez. Voulez-vous, Harry?

— Certes, je le veux! s'écria-t-il, avec une vivacité qui ne lui était guère habituelle. Non pas à cause de votre porte dérobée, mais parce que vous êtes bonne et jolie. »

Et il lui appliqua deux ou trois baisers, qui furent rendus avec usure.

Alors Prudence le mena droit à la porte de derrière et, posant sa main sur la clef :

« Reviendrez-vous me voir? demanda-t-elle.

— Je viendrai sûrement, dit Harry. Ne vous dois-je pas la vie?

— Maintenant, ajouta-t-elle, ouvrant la porte, courez aussi vite que vous pourrez, car je vais laisser entrer le général. »

Harry n'avait pas besoin de cet avis; la peur

l'emportait et il se mit à fuir rapidement. Encore quelques pas, se disait-il, et il échapperait à cette pénible épreuve, il retournerait auprès de Lady Vandeleur la tête haute et en sécurité. Mais ces quelques pas n'étaient point encore franchis lorsqu'il entendit une voix d'homme l'appeler par son nom avec force malédictions, et, regardant par-dessus son épaule, il aperçut Charlie Pendragon, qui lui faisait des deux mains signe de revenir. Le choc que lui causa ce nouvel incident fut si soudain et si profond, Harry était déjà arrivé d'ailleurs à un tel état de surexcitation nerveuse, qu'il ne sut rien imaginer de mieux, que d'accélérer le pas et de poursuivre sa course. Il aurait dû se rappeler la scène de Kensington Gardens et en conclure que là où le général était son ennemi, Charlie Pendragon ne pouvait être qu'un ami. Mais, tels étaient la fièvre et le trouble de son esprit, qu'il ne fut frappé par aucune de ces considérations, et continua seulement à fuir d'autant plus vite le long de la ruelle.

Évidemment Charlie, d'après le son de sa voix et les injures qu'il hurlait contre le secrétaire, était exaspéré. Lui aussi courait tant qu'il pouvait; mais, quoi qu'il fît, les avantages physiques n'étaient pas de son côté; ses cris et le bruit de son pied boiteux sur le macadam s'éloignèrent de plus en plus.

Harry reprit donc espoir. La ruelle était à la fois très escarpée et très étroite, mais solitaire, bordée de chaque côté par des murs de jardins où retombaient d'épais feuillages, et aussi loin que portaient ses regards, le fugitif n'aperçut ni un être vivant ni une porte ouverte. La Providence, lasse de le persécuter, favorisait maintenant son évasion.

Hélas! comme il arrivait devant une porte de jardin couronnée d'une touffe de marronniers, celle-ci fut soudainement ouverte et lui montra dans une allée, la silhouette d'un garçon boucher, portant un panier sur l'épaule. A peine eut-il remarqué ce fait qu'il gagna du terrain; mais le garçon boucher avait eu le temps de l'observer; très surpris de voir un gentleman passer à une allure aussi extraordinaire, il sortit dans la ruelle et se mit à interpeller Harry avec des cris d'ironique encouragement.

La vue de ce tiers inattendu inspira une nouvelle idée à Charlie Pendragon qui approchait; tout hors d'haleine qu'il fût, il éleva de nouveau la voix.

« Arrête, voleur! » cria-t-il.

Immédiatement le garçon boucher saisit le cri et le répéta en se joignant à la poursuite.

Ce fut un cruel moment pour le secrétaire traqué. Il se sentait à bout de forces et, s'il rencontrait quelqu'un venant en sens inverse de ses persécuteurs, sa situation dans cette étroite ruelle serait en vérité désespérée.

« Il faut que je trouve un endroit où me cacher, pensa-t-il; et cela en une seconde, ou, tout est fini pour moi! »

A peine cette idée avait-elle traversé son esprit que la rue, faisant un coude, le dissimula aux yeux de ses ennemis. Il y a des circonstances dans lesquelles les hommes les moins énergiques apprennent à agir avec vigueur et décision, où les plus circonspects oublient leur prudence et prennent des résolutions téméraires. Une de ces circonstances se présenta pour Harry Hartley; ceux qui le connaissaient eussent été bien surpris de l'audace du jeune homme. Il s'arrêta net, jeta le carton par-dessus le mur d'un jardin et, sautant en l'air avec une agilité incroyable, il saisit des deux mains la crête de ce mur; puis se laissa rouler de l'autre côté.

Il revint à lui un moment après et se trouva assis dans une bordure de petits rosiers. Ses mains et ses pieds déchirés saignaient, car le mur était protégé contre de pareilles escalades par une ample provision de bouteilles cassées; il éprouvait une courbature générale et un vertige pénible dans la tête. En face de lui, à l'autre extrémité du jardin, admirablement tenu et rempli de fleurs aux parfums délicieux, il aperçut le derrière d'une maison. Elle était très grande et certainement habitable; mais, par un contraste singulier avec l'enclos environnant, elle était délabrée, mal entretenue et d'apparence sordide. Quant au mur du jardin, de tous côtés il lui parut intact.

Harry constata machinalement ces détails, mais son esprit restait incapable de coordonner les faits ou de tirer une conclusion rationnelle de ce qu'il voyait. Et, lorsqu'il entendit des pas approcher sur le gravier, aucune pensée de défense ni de fuite ne lui vint à l'esprit.

Le nouvel arrivant était un grand et gros individu, fort sale, en costume de jardinage, qui tenait un arrosoir dans la main gauche. Quelqu'un de moins troublé eût éprouvé une certaine alarme à la vue des proportions colossales et de la mauvaise physionomie de cet homme. Mais Harry était encore trop profondément ému par sa chute pour pouvoir même être terrifié; quoiqu'il se sentît incapable de détourner ses regards du jardinier, il resta absolument passif et le laissa s'approcher de lui, le prendre par les épaules et le remettre brutalement debout, sans le moindre signe de résistance.

Tous deux se regardèrent dans le blanc des yeux, Harry fasciné, l'homme avec une expression dure et méprisante.

« Qui êtes-vous? demanda enfin ce dernier. Qui êtes-vous pour venir ainsi, par-dessus mon mur, briser mes *Gloire de Dijon?* Quel est votre nom? ajouta-t-il en le secouant. Et que pouvez-vous avoir à faire ici? »

Harry ne réussit pas à prononcer un seul mot d'explication.

Mais au même instant, Pendragon et le garçon boucher passaient dans la ruelle, et leurs pas, leurs cris rauques résonnèrent bruyamment de l'autre côté du mur : — Au voleur! au voleur!

Le jardinier savait ce qu'il voulait savoir, et, avec un sourire menaçant, il dévisagea Harry.

« Un voleur! dit-il; ma parole, vous devez tirer bon profit de votre métier, car vous êtes habillé comme un prince depuis la tête jusqu'aux pieds. N'êtes-vous pas honteux de vous exposer aux galères dans une telle toilette, alors que d'honnêtes gens, j'ose le dire, s'estimeraient heureux d'acheter de seconde main une si élégante défroque? Parlez, chien que vous êtes; vous comprenez l'anglais, je suppose, et je compte avoir un bout de conversation avec vous, avant de vous mener au poste.

— Mon Dieu, dit Harry, voilà une épouvantable méprise! Si vous voulez venir avec moi chez Sir Thomas Vandeleur, Eaton Place, je puis vous certifier que tout sera éclairci. Les gens les plus honnêtes, je le vois maintenant, peuvent être entraînés dans des situations suspectes.

— Mon garçon, répliqua le jardinier, je n'irai pas plus loin que le poste de police de la rue voisine. Le commissaire sera, sans doute, charmé de faire une promenade avec vous jusqu'à Eaton Place et de prendre une tasse de thé avec vos nobles relations. Sir Thomas Vandeleur, en vérité! Peut-être pensez-vous que je ne suis pas capable de reconnaître un vrai gentleman, lorsque j'en vois un, d'un saute-ruisseaux comme vous? Malgré vos affiquets, je puis lire en vous comme en un livre. Voici une chemise qui a peut-être coûté aussi cher que mon chapeau du dimanche; et cette jaquette, je le parierais, ne vient pas de la foire aux haillons; quant à vos bottes... »

L'homme dont les yeux s'étaient abaissés vers le sol, s'arrêta net dans son insultante énumération et resta un moment immobile, regardant avec stupeur quelque chose à ses pieds. Lorsqu'il parla, sa voix était singulièrement changée.

« Qu'est-ce? bégaya-t-il, qu'est-ce que tout ceci? »

Harry, suivant la direction de son regard, aperçut une chose qui le rendit muet de terreur et d'étonnement. Dans sa chute, il était retombé verticalement sur le carton et l'avait crevé d'un bout à l'autre. Un flot de diamants s'en était échappé, et maintenant les pierres gisaient pêle-mêle les unes enfoncées dans la terre, les autres disséminées sur le sol, en profusion royale et resplendissante. Il y avait là une splendide couronne héraldique qu'il avait souvent admirée sur les cheveux de Lady Vandeleur; il y avait des bagues et des broches, des boucles d'oreilles et des bracelets, même des brillants non montés, répandus çà et là parmi les buissons, comme des gouttes de rosée le matin. Une fortune princière couvrait le sol, entre les deux hommes, une fortune sous la forme la plus séduisante, la plus solide et la plus durable, pouvant être emportée dans un tablier, magnifique par elle-même et dispersant la lumière du soleil en des millions d'étincelles prismatiques.

« Grand Dieu! dit Harry; je suis perdu! »

Son esprit, avec l'incalculable rapidité de la pensée, se reporta vers les aventures de la journée; il commença vaguement à comprendre, à grouper les événements et à reconnaître le fatal imbroglio dans lequel sa propre personne avait été enveloppée. Regardant autour de lui, il parut chercher du secours; mais non, il était dans le jardin, seul avec les diamants répandus et un redoutable interlocuteur; en prêtant l'oreille, il n'entendit plus aucun son, sauf le bruissement des feuilles et les battements précipités de son cœur. Il n'y avait rien d'étonnant à ce que le jeune homme se sentît à bout de courage et répétât d'une voix brisée sa dernière exclamation.

« Je suis perdu! »

Le jardinier regarda dans toutes les directions d'un air anxieux; mais aucune tête ne paraissait à aucune fenêtre et il sembla respirer plus à l'aise.

« Reprenez courage, idiot que vous êtes! dit-il enfin. Le pire est passé. Ne pouviez-vous dire tout de suite, qu'il y en avait suffisamment pour deux? Pour deux? répéta-t-il; bah! pour deux cents plutôt. Mais partons d'ici où nous pouvons être observés, et, vite remettez votre chapeau droit sur votre tête, brossez un peu vos habits. Vous ne pourriez faire deux pas, dans la tenue ridicule que vous avez en ce moment. »

Pendant que Harry suivait machinalement ses conseils, le jardinier, à genoux, rassembla les joyaux épars et les remit dans le carton. Toucher ces pierres précieuses, fit passer un frisson d'émotion dans l'enveloppe épaisse du rustre; sa physionomie se transfigura et ses yeux brillèrent de convoitise; en vérité, il semblait qu'il prolongeât voluptueusement son occupation et qu'il caressât chaque diamant en le ramassant avec soin. A la fin, il cacha le carton sous sa blouse, fit signe à Harry, puis, en le précédant, se dirigea vers la maison.

Près de la porte, ils rencontrèrent un jeune clergyman, brun et d'une beauté remarquable, très correctement vêtu, selon la coutume de ceux de son état. Le jardinier fut visiblement contrarié de cette rencontre, mais il aborda l'ecclésiastique d'un air obséquieux.

« Une belle journée, Mr. Rolles! commença-t-il; une belle journée, aussi sûr que Dieu la fit! Et voici un ami à moi qui a eu la fantaisie de venir admirer mes roses. J'ai pris la liberté de le faire entrer, pensant que les locataires n'y verraient pas d'inconvénient.

— Quant à moi, répondit le Révérend Mr. Rolles, je n'en vois aucun, cela va sans dire. Le jardin vous appartient, Mr. Raeburn, vos locataires ne doivent pas l'oublier, et, parce que vous nous avez permis de nous y promener, il serait singulier de vous empêcher de recevoir qui bon vous semble. Mais, en réfléchissant, ajouta-t-il, je crois que Monsieur et moi, nous nous sommes déjà rencontrés. Mr. Hartley, n'est-ce pas? Je vois avec regret que vous avez fait une chute. »

Et il tendit la main à Harry.

Une sorte de dignité craintive, jointe au désir de retarder le plus possible les explications, poussa celui-ci à refuser une chance inespérée de secours et à nier sa propre identité. Il préféra la pitié clémente du jardinier, qui, du moins, lui était inconnu, à la curiosité et peut-être au soupçon de quelqu'un de sa connaissance.

« Vous faites erreur, dit-il. Mon nom est Thomlinson et je suis un ami de Raeburn.

— Vraiment? s'écria Mr. Rolles. La ressemblance est frappante! »

Raeburn, qui avait été sur les épines pendant ce colloque, jugea qu'il était grand temps de le terminer.

« Je vous souhaite une promenade agréable, Monsieur, dit-il. »

En prononçant ces mots, il entraîna Harry vers la maison et ensuite dans une chambre qui donnait sur le jardin. Là, son premier soin fut de baisser les jalousies, car Mr. Rolles était resté à l'endroit où ils l'avaient laissé, dans une attitude de perplexité et de réflexion. Puis il vida le carton rompu sur une table, et, se frottant les mains, demeura en contemplation devant le trésor ainsi étalé aux regards, avec une expression d'avidité extatique. La vue de cette ignoble figure devenue tout à fait bestiale, sous l'influence de sa basse passion, ajouta une nouvelle torture à celles dont Harry souffrait déjà. Il lui semblait impossible, que, de sa vie de frivolité innocente et douce, il fût ainsi subitement jeté dans des relations criminelles. Il ne pouvait reprocher à sa conscience aucun acte coupable, et cependant la punition du péché sous sa forme la plus aiguë et la plus cruelle s'appesantissait sur lui : l'effroi du châtiment, les soupçons des bons et la promiscuité flétrissante avec des natures inférieures. Il sentit qu'il donnerait sa vie avec joie pour sortir de la chambre et pour échapper à la société d'un Raeburn.

« Et maintenant, dit ce dernier, après qu'il eût divisé les bijoux en deux parts à peu près égales et attiré devant lui la plus grosse, et maintenant, toutes choses en ce monde se paient. Vous saurez, Mr. Hartley, si tel est votre nom, que je suis un brave homme d'un caractère très accommodant; ma bonne nature a été pour moi une pierre d'achoppement en ce monde, depuis le commencement jusqu'à la fin. Je pourrais empocher la totalité de ces jolis cailloux, et vous n'auriez pas un mot à dire; mais je n'ai pas le cœur de vous tondre de si près. Par pure bonté, je propose donc de partager comme ceci. — Le drôle indiquait les deux tas. — Voilà des proportions qui me semblent justes et amicales. Avez-vous quelque objection à soulever, Mr. Hartley, je vous le demande? Je ne suis pas homme à discuter pour une broche.

— Mais, Monsieur, s'écria Harry, ce que vous me proposez est impossible. Les joyaux ne sont pas à moi; avec n'importe qui, et en quelque proportion que ce soit, je ne puis partager ce qui appartient à un autre.

— Ils ne sont pas à vous? Bah!... répliqua Raeburn; et vous ne sauriez les partager avec personne? Tant pis! C'est grand dommage; car alors je me vois obligé de vous conduire au poste. La police! réfléchissez-y, continua-t-il. Pensez à la honte pour vos respectables parents; pensez, poursuivit-il, saisissant Harry par le poignet, pensez aux colonies et au jour du jugement.

— Je n'y puis rien! gémit Harry. Ce n'est pas ma faute; vous ne voulez pas venir avec moi à Eaton Place!

— Non, répondit le jardinier, je ne le veux pas, cela est certain, et j'entends partager ici ces joujoux avec vous. »

Disant cela, très violemment et à l'improviste, il tordit le poignet du jeune homme.

Harry ne put réprimer un cri, et la sueur perla sur son front. Peut-être la souffrance et la peur éveillèrent-elles son intelligence, mais assurément toute l'aventure se révéla à ses yeux sous un nouveau jour; il vit qu'il n'y avait rien à faire, sauf de céder aux propositions du misérable, en gardant l'espoir de retrouver plus tard sa maison, pour lui faire rendre gorge dans des conditions plus propices, alors que lui-même serait à l'abri de tout soupçon.

« Je consens, dit-il.

— Voilà un agneau, ricana le jardinier; je

pensais bien qu'à la fin vous comprendriez votre intérêt. Ce carton, continua-t-il, je le brûlerai avec mes gravois. C'est une chose que pourraient reconnaître des gens curieux; quant à vous, ratissez vos splendeurs et fourrez-les dans votre poche. »

Harry se mit à obéir, sous la surveillance de Raeburn; de temps en temps, celui-ci, tenté par quelque scintillement, enlevait un bijou de la part du secrétaire pour l'ajouter à la sienne.

Quand ce fut terminé, tous les deux se dirigèrent vers la porte de la rue, que Raeburn ouvrit avec précaution pour inspecter les alentours. Ils étaient probablement déserts; car soudain ce brutal saisit Harry par la nuque, et, lui maintenant la tête baissée de façon à ce qu'il ne pût voir que la route et les marches des maisons, il le poussa ainsi devant lui, descendant une rue et en remontant une autre pendant peut-être l'espace d'une minute et demie. Harry compta trois tournants avant que son bourreau ne relâchât l'étreinte sous laquelle il fléchissait; alors, criant : « Filez, » le jardinier, d'un coup de pied vigoureux et bien appliqué, l'envoya rouler au loin la tête la première.

Lorsque Harry se releva, à moitié assommé et saignant du nez, Mr. Raeburn avait disparu.

Pour la première fois, la colère et la douleur dominèrent tellement le jeune homme, qu'il éclata en une crise de larmes et resta sanglotant au milieu du chemin.

Lorsqu'il eut ainsi un peu calmé ses nerfs, il se mit à regarder autour de lui et à lire les noms des rues au croisement desquelles on l'avait laissé. Il était toujours dans une partie peu fréquentée du quartier ouest de Londres, au milieu de villas et de grands jardins; mais il aperçut à une fenêtre quelques personnes qui évidemment avaient assisté à son malheur. Une servante sortit en courant de la maison et vint lui offrir un verre d'eau. Au même moment, un vagabond, qui rôdait alentour, s'approcha, de l'autre côté.

« Pauvre garçon! dit la servante; comme on vous a traité méchamment! Vos genoux sont tout percés et vos vêtements en loques! Connaissez-vous le gredin qui vous a battu ainsi?

— Oui, certes! s'écria Harry, un peu rafraîchi par le verre d'eau, et je le poursuivrai en dépit de ses précautions. Il paiera cher sa besogne d'aujourd'hui, je vous en réponds.

— Vous feriez mieux d'entrer dans la maison, pour vous laver et vous brosser, continua la servante. Ma maîtresse vous recevra de bon cœur, ne craignez rien. Et je vais ramasser votre chapeau. Mais, Dieu du ciel! cria-t-elle, si vous n'avez pas semé des diamants tout le long de la route!... »

En effet, une bonne moitié de ce qui lui restait après le pillage de maître Raeburn, était tombé hors de sa poche par la secousse de son saut périlleux, et, une fois de plus, gisait, étincelant sur le sol. Il bénit la fortune de ce que la servante avait eu l'œil prompt : « Rien de si mauvais qui ne puisse être pire, » pensa-t-il. Retrouver ces quelques joyaux lui sembla presque une aussi grande affaire que la perte de tout le reste. Mais, hélas! comme il se baissait pour recueillir ses trésors, le vagabond fit une sortie adroite et inattendue; d'un mouvement de bras il renversa à la fois Harry et la servante, ramassa deux poignées de diamants et se sauva le long de la rue avec une vélocité incroyable.

Le volé, aussitôt qu'il put se remettre sur ses pieds, essaya de poursuivre son voleur; mais ce dernier était trop léger à la course et probablement trop bien au courant des lieux, car, de quelque côté qu'il se tournât, le pauvre Hartley n'aperçut aucune trace du fugitif.

Dans le plus profond découragement, il revint

sur la scène de ce désastre; la servante était toujours là; très honnêtement, elle lui rendit son chapeau et le reste des diamants éparpillés. Harry la remercia de tout son cœur; n'étant plus d'humeur à faire des économies, il se dirigea vers une station de fiacres et partit pour Eaton Place en voiture.

A son arrivée, la maison semblait en pleine confusion, comme si quelque catastrophe était arrivée dans la famille, et les domestiques, rassemblés sous le porche, ne retinrent pas leur hilarité en voyant la mine piteuse, les habits déguenillés du secrétaire. Il passa devant eux, avec autant de dignité qu'il put en assumer et alla directement au boudoir de sa noble maîtresse. Quand il ouvrit la porte, un spectacle qui ne laissa pas de l'étonner en l'inquiétant fort se présenta devant ses yeux; car il vit réunis le général et sa femme et, qui l'eût pensé? Charlie Pendragon lui-même, discutant gravement quelque sujet d'importance ! Harry comprit aussitôt qu'il lui restait peu de chose à expliquer : une confession plénière avait évidemment été faite au général du vol prémédité contre lui et du résultat lamentable de ce projet; ils s'étaient tous ligués, malgré leurs différends, pour conjurer le danger commun.

« Grâce au ciel! s'écria lady Vandeleur, le voici! Le carton, Harry, le carton! »

Mais Harry se tenait debout, silencieux et désespéré.

« Parlez! ordonna-t-elle, parlez! Où est le carton? »

Et les deux hommes, avec des gestes menaçants, répétèrent la demande.

Harry sortit une poignée de diamants de sa poche. Il était très pâle.

« Voici tout ce qui reste, dit-il; je jure devant Dieu, qu'il n'y a pas de ma faute, et, si vous voulez avoir un peu de patience, quoique quelques bijoux soient perdus, je le crains bien, pour toujours, d'autres, j'en suis sûr, peuvent encore être retrouvés. »

— Hélas! s'écria lady Vandeleur, tous nos diamants ont disparu, et je dois quatre-vingt-dix mille livres pour mes toilettes!

— Madame, répliqua le général, vous auriez pu faire des dettes pour cinquante fois la somme que vous dites, vous auriez pu me dépouiller de la couronne et de l'anneau de ma mère, que j'aurais peut-être eu la lâcheté de vous pardonner quand même. Mais, vous avez volé le diamant du Rajah, l'œil de la lumière, comme les Orientaux le nommaient poétiquement, l'orgueil de

Kashgar! Vous m'avez pris le diamant du Rajah, cria-t-il en levant les mains vers le ciel, tout est fini entre nous!

— Croyez-moi, général, répondit-elle; voici un des plus agréables discours que j'aie jamais entendu tomber de vos lèvres; et, puisque nous devons être ruinés, je pourrai presque bénir ce changement, s'il me délivre de votre présence. Vous m'avez assez souvent répété que je vous avais épousé pour votre argent; laissez-moi vous dire maintenant que je me suis toujours cruellement repentie de ce marché. Si vous étiez encore à marier, quand vous posséderiez un diamant plus gros que votre tête, je dissuaderais même ma femme de chambre d'une union aussi peu séduisante. Quant à vous, Mr. Hartley, continua-t-elle en se tournant vers le secrétaire, vous avez suffisamment montré dans cette maison vos précieuses qualités; nous sommes maintenant convaincus que vous manquez totalement de bravoure, de sens commun, et du respect de vous-même; je n'ai qu'un conseil à vous donner : éloignez-vous sur-le-champ, et ne revenez plus. Pour vos gages, vous pourrez prendre rang comme créancier dans la banqueroute de mon ex-mari. »

Hartley avait à peine compris ces paroles insultantes, que le général lui en adressait d'autres :

« Et en attendant, Monsieur, suivez-moi chez le plus proche commissaire de police. Vous pouvez en imposer à un soldat crédule, mais l'œil de la loi lira votre honteux secret. Si, par suite de vos basses intrigues avec ma femme, je dois passer ma vieillesse dans la misère, j'entends du moins que vous ne demeuriez pas impuni. Et le ciel me refusera une très grande satisfaction, si, à partir d'aujourd'hui, Monsieur, vous ne triez pas de l'étoupe jusqu'à votre dernière heure. »

Là-dessus, le général poussa Harry hors du salon, lui fit descendre vivement l'escalier et l'entraîna dans la rue, jusqu'au poste de police.

Ici, dit mon auteur arabe, finit la triste His-
toire du carton a chapeau. Mais pour notre infortuné secrétaire, cette aventure fut le commencement d'une vie nouvelle et plus honorable. La police se laissa aisément convaincre de son innocence, et, après qu'il eut fourni toute l'aide possible dans les recherches qui suivirent, il fut même complimenté par un des chefs du service des *Détectives*, pour l'honnêteté et la droiture de sa conduite. Plusieurs personnes s'intéressèrent à ce jeune homme si malheureux ;

à peu de temps de là, une tante non mariée, dans le Worcestershire, lui laissa par héritage une certaine somme d'argent. Avec cela, il épousa l'accorte Prudence et s'embarqua pour Bendigo, ou, suivant un autre renseignement, pour Trincomalee, satisfait de son sort et ayant devant lui le meilleur avenir.

HISTOIRE

DU JEUNE CLERGYMAN

Le Révérend Mr. Simon Rolles s'était fort distingué dans les sciences morales et spécialement dans l'étude de la théologie. Son essai sur « la doctrine chrétienne des devoirs sociaux » lui acquit, au moment de sa publication, une certaine célébrité à l'Université d'Oxford, et c'était chose connue dans les cercles cléricaux que le jeune Mr. Rolles avait en préparation un ouvrage important, un in-folio disait-on, traitant de l'autorité des Pères de l'Église. Ces hautes capacités, ces travaux ambitieux, ne lui valaient cependant aucun avancement; il attendait sa première cure, quand la promenade fortuite qui le conduisit dans une partie peu fréquentée de Londres, l'aspect paisible et solitaire d'un jardin délicieux, le bas prix, en outre, du logement qui s'offrait, l'amenèrent à fixer sa résidence chez Mr. Raeburn, le pépiniériste de Stockdove Lane.

Ce studieux personnage, Simon Rolles, avait coutume, chaque après-midi, après avoir travaillé sept ou huit heures sur saint Ambroise ou saint Jean Chrysostome, de se promener un peu en rêvant au milieu des roses, et c'était là d'ordinaire un des moments les plus féconds de sa journée. Mais l'amour même de la méditation et l'intérêt des plus graves problèmes ne suffisent pas toujours à préserver l'esprit d'un philosophe des menus chocs et des contacts malsains du monde. Aussi, quand Mr. Rolles trouva le secrétaire du général Vandeleur dans une si étrange situation, les vêtements déchirés, le visage sanglant, en compagnie de son propriétaire, quand il vit ces deux hommes, si peu faits pour être réunis, changer de couleur et s'efforcer d'éluder ses questions, surtout, lorsque le premier nia sa propre identité avec une assurance inqualifiable, oublia-t-il complètement et les Saints et les Pères de l'Église pour céder à un très vulgaire sentiment de curiosité.

« Je ne puis me tromper, pensa-t-il, c'est Mr. Hartley, cela est hors de doute. Comment s'est-il mis dans cet état? Pourquoi cache-t-il son nom? Que peut-il avoir à faire avec un Raeburn? »

Pendant qu'il réfléchissait, une autre particularité attira l'attention de Rolles. La tête du pépiniériste apparut à une fenêtre de la maison, et, par hasard, ses yeux rencontrèrent ceux de l'ecclésiastique. Il parut déconcerté, voire même inquiet, et aussitôt la jalousie fut violemment baissée.

« Tout cela peut être fort innocent, se dit Simon Rolles ; mais j'en doute. Pour craindre autant d'être observés, pour mentir avec cet aplomb, il faut que ces deux individus étrangement accouplés complotent quelque action peu honorable. »

L'inquisiteur qui existe au fond de chacun de nous s'éveilla chez Mr. Rolles et éleva la voix très haut ; d'un pas vif et impatient, qui ne ressemblait guère à sa démarche habituelle, le jeune homme se mit à faire le tour du jardin. Lorsqu'il arriva sur le théâtre de l'escalade de Hartley, ses yeux remarquèrent aussitôt les branches rompues d'un rosier et sur le sol des traces de piétinements. Il regarda en l'air et vit des briques endommagées, même un lambeau de pantalon qui flottait, accroché à un tesson de bouteille. C'était donc là, vraiment, le mode d'introduction choisi par l'intime ami de Mr. Raeburn ! C'était de cette façon que le secrétaire du général Vandeleur venait admirer un parterre de roses ! Le jeune clergyman sifflota doucement entre ses dents, pendant qu'il se baissait pour examiner les lieux. Il put facilement retrouver l'endroit où Harry était tombé après son escalade; il reconnut le large pied de Raeburn là où il s'était profondément enfoncé, alors qu'il relevait le malencontreux secrétaire par le collet de son habit; même, après une inspection plus minutieuse, il crut distinguer des marques de doigts tâtonnants, comme si quelque chose avait été répandu et ramassé à la hâte.

« Ma foi, se dit-il, la chose devient extrêmement intéressante. »

Et, au même instant, il aperçut un objet, aux trois quarts enfoui. Il eut vite fait de le déterrer; c'était un élégant écrin en maroquin, avec des ornements et des fermoirs dorés. Cet écrin avait été foulé aux pieds jusqu'à disparaître dans le terreau épais, de sorte qu'il avait échappé aux recherches précipitées de Mr. Raeburn. Simon Rolles ouvrit l'écrin, et, saisi d'étonnement, presque de terreur, il étouffa un cri. Là, devant lui, sur un lit de velours vert, gisait un diamant d'une grosseur prodigieuse et de la plus belle eau. Il était de la dimension d'un œuf de canard, magnifiquement taillé, sans un défaut; lorsque le soleil donna dessus, il renvoya une lumière semblable à celle de l'électricité et parut brûler de mille feux intérieurs dans la main qui le tenait.

Mr. Rolles se connaissait peu en pierres précieuses, mais le diamant du Rajah était une de ces merveilles célèbres qui s'expliquent d'elles-mêmes; un sauvage, s'il l'eût trouvé, se serait prosterné devant lui en adoration comme devant un fétiche. La beauté de la pierre charma les yeux du jeune clergyman; la pensée de son incalculable valeur accabla son esprit. Il comprit que ce qu'il tenait là dépassait de beaucoup les revenus longuement accumulés d'un siège archiépiscopal, que cela suffisait pour bâtir des cathédrales plus splendides que celle de Cologne, que l'homme qui possédait un tel objet était à jamais délivré de la malédiction de la gêne et pouvait suivre ses propres inclinations, sans inquiétude ni obstacle. Comme il le retournait avec vivacité, les rayons jaillirent plus éblouissants encore et semblèrent pénétrer jusqu'au fond de son cœur.

Nos actions décisives sont souvent résolues en un moment et sans que notre raison y consente. Il en fut ainsi pour Mr. Rolles. Il regarda autour de lui et, de même que Raeburn, auparavant, ne vit que le jardin en fleur, éclairé par le soleil, les hautes cimes des arbres, et la maison avec ses fenêtres aux jalousies baissées;

en un clin d'œil, il eut refermé l'écrin, le fit disparaître dans sa poche et courut vers son cabinet de travail avec la précipitation d'un criminel. C'en était fait. Le Révérend Simon Rolles avait volé le diamant du Rajah.

De bonne heure, dans l'après-midi, la police arriva avec Harry Hartley. Le pépiniériste, éperdu de terreur, apporta aussitôt son butin; les joyaux furent reconnus et inventoriés en présence du secrétaire. Quant à Mr. Rolles, il montra la plus parfaite obligeance et sembla communiquer franchement ce qu'il savait, en exprimant son regret de ne pouvoir faire davantage pour aider les agents dans l'accomplissement de leur devoir.

« Du reste, ajouta-t-il, je suppose que votre tâche est presque terminée?

— Pas du tout, répondit le policier. — Il raconta le second vol dont Harry avait été victime, en décrivant les bijoux les plus importants parmi ceux qui n'étaient pas encore retrouvés, et en s'étendant particulièrement sur le fameux diamant du Rajah.

« Ce diamant doit valoir une fortune, fit observer Mr. Rolles.

— Dix fortunes, vingt fortunes, Monsieur.

— Plus il a de prix, insinua finement Simon, plus il doit être difficile de le vendre. De tels objets ont une physionomie impossible à déguiser, et je me figure que le voleur pourrait aussi facilement mettre en vente la cathédrale de Saint-Paul.

— Oh! sûrement! lui répondit-on; mais, s'il est intelligent, il le coupera en trois ou en quatre, et il y en aura encore assez pour le rendre riche.

— Merci, dit le *clergyman;* vous ne pouvez imaginer combien votre conversation m'intéresse. »

Là-dessus, l'agent, visiblement flatté, reconnut que, dans sa profession, on savait en effet bien des choses extraordinaires; il prit congé ensuite.

Mr. Rolles regagna son appartement, qu'il trouva plus petit et plus nu que d'habitude; jamais les matériaux de son grand ouvrage ne lui avaient offert aussi peu d'intérêt, et il regarda sa bibliothèque d'un œil de mépris. Il prit, volume par volume, plusieurs Pères de l'Église, et les parcourut; mais ils ne contenaient rien qui pût convenir à sa disposition d'esprit actuelle.

« Ces vénérables personnages, pensa-t-il, sont, sans aucun doute, des écrivains de grande valeur, mais ils me semblent absolument ignorants de la vie. Me voici assez savant pour être évêque, et incapable néanmoins d'imaginer ce qu'il faut faire d'un diamant volé. J'ai recueilli une indication de la bouche d'un simple policeman qui en sait plus long que moi, et, avec tous mes in-folios, je ne puis arriver à me servir de son idée. Ceci m'inspire une bien faible estime pour l'éducation universitaire. »

Là-dessus, il bouscula sa tablette de livres, et, prenant son chapeau, sortit à grands pas de la maison, pour courir vers le club dont il faisait partie. Dans un lieu de réunion mondaine, il espérait trouver de bons conseils, réussir à causer avec un membre quelconque qui eût cette grande expérience de la vie dont les Pères de l'Église étaient dépourvus. Mais non, la salle de lecture n'abritait que beaucoup de prêtres de campagne et un doyen. Trois journalistes et un auteur qui avait écrit sur les Métaphysiques supérieures, jouaient au *pool;* rien à faire avec ceux-ci! A dîner, les plus vulgaires seulement des habitués du club montrèrent leurs figures banales et effacées. Aucun d'entre eux non plus, pensa Mr. Rolles, n'en saurait plus long que lui, aucun ne serait capable de le tirer des difficultés présentes.

A la fin, dans le fumoir, il découvrit un gentleman du port le plus majestueux et vêtu avec une affectation de simplicité. Il fumait un cigare et lisait la *Fortnightly Review;* sa figure était extraordinairement libre de tout indice de préoccupation ou de fatigue; il y avait quelque chose dans son air qui semblait inviter à la confiance, et commander la soumission. Plus le jeune clergyman scrutait ses traits, plus il était convaincu qu'il venait de tomber sur celui qui pouvait, entre tous, offrir un avis utile.

« Monsieur, commença-t-il, vous excuserez ma hardiesse. Mais sans préambules, d'après votre apparence, je juge que vous devez être avant tout, un homme du monde.

— J'ai en effet de grandes prétentions à ce titre, répondit l'étranger en déposant sa revue avec un regard mélangé de surprise et d'amusement.

— Moi, Monsieur, continua le clergyman, je suis un reclus, un étudiant, un compulseur de bouquins. Les événements m'ont fait reconnaître ma sottise depuis peu et je désire apprendre la vie. Quand je dis la vie, ajouta-t-il, je n'entends pas ce qu'on en trouve dans les romans de Thackeray, mais les crimes, les aventures secrètes de notre société, et les principes de sage conduite à tenir dans des circonstances exceptionnelles. Je suis un travailleur, Monsieur; la chose peut-elle être apprise dans les livres?

— Vous me mettez dans l'embarras, dit l'étranger; j'avoue n'avoir pas grande idée de l'utilité des livres, sauf comme amusement pendant un voyage en chemin de fer. Il existe toutefois, je suppose, quelques traités très exacts sur l'astronomie, l'agriculture et l'art de faire des fleurs en papier. Sur les emplois secondaires de la vie, je crains que vous ne trouviez rien de véridique. Cependant, attendez, ajouta-t-il; avez-vous lu Gaboriau? »

Mr. Rolles avoua qu'il n'avait même jamais entendu ce nom.

« Vous pouvez recueillir quelques renseignements dans Gaboriau; il est du moins suggestif; et, comme c'est un auteur très étudié par le prince de Bismarck, au pire, vous perdrez votre temps en bonne compagnie.

— Monsieur, dit le clergyman, je vous suis infiniment reconnaissant de votre obligeance.

— Vous m'avez déjà plus que payé, répondit l'autre.

— Comment cela? demanda le naïf Simon.

— Par l'originalité de votre requête, » riposta l'étranger. Et, avec un geste poli, comme pour en demander la permission, il reprit la lecture de la *Fortnightly Review*.

Avant de rentrer chez lui, Mr. Rolles acheta un ouvrage sur les pierres précieuses et plusieurs romans de Gaboriau. Il parcourut avidement ces derniers, jusqu'à une heure avancée de la nuit; mais, bien qu'ils lui ouvrissent plusieurs horizons nouveaux, il ne put y découvrir, nulle part, ce qu'on devait faire d'un diamant volé. Il fut du reste fort ennuyé de trouver ces informations peu complètes, répandues au milieu d'histoires romanesques, au lieu d'être présentées sobrement, comme dans un manuel; et il en conclut que, si l'auteur avait beaucoup réfléchi sur ces sujets, il manquait totalement de méthode. Cependant, il accorda son admiration au caractère et aux talents de M. Lecoq.

« Celui-là, se dit-il, était vraiment un grand homme, connaissant le monde comme je connais la théologie. Il n'y avait rien ici-bas qu'il ne pût mener à bien de sa propre main, envers et contre tous. Ciel! s'écria soudainement, Mr. Rolles, n'est-ce pas une leçon? Ne dois-je pas apprendre à tailler des diamants moi-même?... »

Cette idée le tirait de ses perplexités; il se souvint qu'il connaissait un joaillier à Édimbourg. Ce M^r. Mac-Culoch ne demanderait pas mieux que de lui procurer l'apprentissage nécessaire. Quelques mois, quelques années, peut-être, de travail pénible, et il serait assez expérimenté pour pouvoir diviser le diamant du Rajah, assez adroit pour s'en débarrasser avantageusement. Cela fait, il pourrait reprendre à loisir ses savantes recherches, devenir un étudiant riche, élégant, envié et respecté de tous. Des visions dorées accompagnèrent son repos et il se leva avec le soleil, rafraîchi, le cœur léger.

La maison de Mr. Raeburn devait, ce jour-là, être fermée par la police; il profita de ce prétexte pour hâter son départ. Préparant gaiement ses bagages, il les transporta à la gare de King's Cross, laissa tout à la consigne et retourna au club pour y passer l'après-midi.

« Si vous dînez ici ce soir, Rolles, lui dit un de ses amis, vous pourrez voir deux célébrités : le prince Florizel de Bohême et le vieux John Vandeleur.

— J'ai entendu parler du prince, répondit Mr. Rolles, et j'ai rencontré dans le monde le général Vandeleur.

— Le général Vandeleur est un âne! repartit l'autre. Celui-ci est son frère, l'aventurier le plus hardi, le plus grand connaisseur en pierres précieuses, et l'un des plus fins diplomates de l'Europe. Ignorez-vous son duel avec le duc de Val-d'Orge, ses exploits et ses cruautés quand il était Dictateur au Paraguay, son habileté pour retrouver les bijoux de sir Samuel Levi, ses services pendant la rébellion des Indes, services dont le gouvernement profita, mais que le gouvernement n'osa pas reconnaître? En vérité votre étonnement me confond! Qu'est-ce donc que la renommée ou même l'infamie? John Vandeleur a des droits exceptionnels à l'une et à l'autre. Descendez vite, prenez une table auprès d'eux et ouvrez vos oreilles. Vous entendrez quelque amusante conversation, ou je me trompe fort. »

— Mais comment les reconnaîtrai-je? demanda le clergyman.

« Les reconnaître! Mais le prince est le plus beau gentilhomme de toute l'Europe, le seul être vivant qui ait l'air d'un roi; quant à John Vandeleur, si vous pouvez vous représenter Ulysse à soixante-dix ans et avec un coup de sabre à travers la figure, vous voyez l'homme. Les reconnaître, en vérité! Mais, vous pourriez les distinguer l'un et l'autre dans la foule, un jour de Derby! »

Rolles se précipita dans la salle à manger. Son ami avait dit vrai. Il était impossible de méconnaître les deux personnages en question. Le vieux John Vandeleur était d'une force physique remarquable et visiblement usé par une vie agitée. Il n'avait la tenue ni d'un militaire, ni d'un marin, ni même d'un cavalier, mais c'était un composé de tout cela, le résultat et l'expression de maintes habitudes, de maintes capacités diverses. Ses traits étaient hardis et aquilins ; sa physionomie arrogante et rapace; son air était celui d'un oiseau de proie, d'un homme d'action, violent et sans scrupules; son abondante chevelure blanche, la profonde cicatrice qui sillonnait son visage, du nez à la tempe, ajoutaient une note de sauvagerie à cette tête déjà menaçante par elle-même.

Dans son noble compagnon, Simon Rolles fut surpris de retrouver le gentleman qui lui avait recommandé d'étudier Gaboriau. Sans doute le prince de Bohême, qui fréquentait rarement le club, dont, comme beaucoup d'autres, il était membre honoraire, attendait John Vandeleur, quand Simon l'avait abordé le soir précédent.

Les autres convives s'étaient discrètement retirés dans les coins de la salle, à distance respectueuse du prince; mais Rolles ne se laissa retenir par aucun sentiment de déférence; avec hardiesse il s'installa tranquillement à la table la plus proche. La conversation était neuve pour les oreilles d'un étudiant en théologie. L'ex-dictateur du Paraguay racontait nombre de choses extraordinaires qui lui étaient arrivées dans les différentes parties du monde, et le prince y ajoutait des commentaires plus intéressants encore que les événements eux-mêmes. Un double sujet d'observation était ainsi offert au jeune clergyman, et il ne sut lequel admirer davantage de l'acteur capable de tout ou de l'expert habile qui jugeait si finement la vie, de l'aventurier qui parlait avec audace de ses risques et de ses épreuves ou de l'homme qui, à l'égal d'un dieu, semblait tout savoir et n'avoir rien souffert. La manière d'être de chacun des deux interlocuteurs s'accordait parfaitement avec ses discours. Le vieux despote se laissait aller à des brutalités de geste aussi bien que de langage; sa main s'ouvrait, se refermait et retombait rudement sur la table; sa voix était forte et impérieuse. Le prince, au contraire, semblait le type même de la distinction placide; mais le moindre mouvement, la moindre inflexion, chez lui, avait une signification beaucoup plus grande que la pantomime passionnée de son compagnon. Même lorsque, comme cela devait souvent arriver, il faisait allusion à quelque expérience personnelle, la chose était si adroitement dissimulée qu'elle passait inaperçue.

A la fin, cette curieuse conversation tomba sur les derniers vols commis et sur le diamant du Rajah.

« Ce diamant serait mieux au fond de la mer, fit observer le prince Florizel.

— Comme je suis un Vandeleur, répliqua le dictateur du Paraguay, Votre Altesse doit comprendre que j'exprime un avis contraire.

— Je parle au point de vue de la morale publique, poursuivit le prince. Des joyaux d'un tel prix devraient être réservés pour la collection d'un Prince ou le Trésor d'une grande nation. Les faire passer dans les mains du commun des mortels, c'est mettre à prix la vertu elle-même. Si le rajah de Kashgar, dont j'ai entendu vanter les lumières, désirait exercer une vengeance éclatante contre ses ennemis d'Europe, il aurait difficilement pu imaginer mieux, pour arriver à l'accomplissement de son projet, que l'envoi de cette pomme de discorde. Il n'est pas d'honnêteté assez robuste pour résister à pareille épreuve. Moi-même, qui ai de grands devoirs et de grands privilèges, moi-même, Mr. Vandeleur, je pourrais à peine manier avec sécurité ce morceau de cristal affolant. Quant à vous, qui êtes un chercheur de diamants, par goût et par profession, je ne crois pas qu'il y ait un seul crime au monde que vous ne soyez prêt à commettre, un ami sur la terre que vous ne soyez disposé à trahir sur-le-champ; je ne sais si vous avez une famille, mais, en admettant que vous en ayez une, je certifie que vous sacrifieriez même vos enfants, — et tout cela pourquoi ? Non pas pour être plus riche, non pas pour avoir plus de bien-être et plus d'honneurs, mais simplement pour appeler le diamant « vôtre », pendant une année ou deux, jusqu'à votre mort, pour pouvoir, toujours et sans cesse, ouvrir un coffre-fort et le contempler comme on contemple un tableau !

— C'est vrai, répondit Vandeleur. J'ai fait bien des chasses, depuis la chasse à l'homme et à la femme jusqu'à la chasse aux moustiques. J'ai plongé pour avoir du corail, j'ai poursuivi des baleines et des tigres, et je déclare qu'un diamant est la plus belle de toutes les proies. Il a la beauté et la valeur ; lui seul nous récompense réellement des fatigues de la chasse. A l'heure qu'il est, ainsi que Votre Altesse peut l'imaginer, je suis une piste. J'ai un flair sûr, une grande expérience ; je connais chacune des pierres que renferme la collection de mon frère, comme un berger connaît son troupeau. Et que je meure, si je ne les retrouve pas toutes sans exception.

— Sir Thomas Vandeleur vous devra une grande reconnaissance, dit le prince.

— Je n'en suis pas très sûr, riposta le vieux brigand. Un des Vandeleur m'en devra, Thomas ou John, — Pierre ou Paul, nous sommes tous des apôtres.

— Je ne comprends pas bien,... » dit le prince avec quelque dégoût.

Au même instant un domestique vint informer Mr. Vandeleur que sa voiture était à la porte.

Mr. Rolles regarda la pendule et vit que, lui aussi, devait s'en aller. Cette coïncidence le frappa d'une façon désagréable, car il désirait ne plus revoir jamais le terrible chercheur de diamants.

Un travail excessif ayant un peu ébranlé ses nerfs, le jeune clergyman avait pris l'habitude de voyager de la façon la plus luxueuse; cette fois, il avait retenu une place dans le *sleeping-car*.

« Vous serez à votre aise, dit le conducteur; il n'y a personne dans le compartiment, seulement un vieux gentleman à l'autre bout. »

L'heure approchant, on examinait les billets, quand Mr. Rolles aperçut son compagnon de voyage, que plusieurs facteurs aidèrent à monter; certes il n'y avait pas un homme sur la terre dont il n'eût préféré le voisinage, car c'était le vieux John Vandeleur, l'ex-dictateur du Paraguay.

Les *sleeping-cars*, sur la ligne, étaient divisés en trois compartiments, un à chaque bout pour les voyageurs, et un au centre, muni de tous les aménagements d'un cabinet de toilette. Une porte roulant sur des coulisses séparait chacun des deux premiers du lavabo; mais, comme il n'y avait ni verrous, ni serrures, on se trouvait, en somme, sur un terrain commun.

Quand Mr. Rolles eut étudié sa position, il se reconnut sans défense. S'il prenait envie au dictateur de lui rendre visite pendant la nuit, il ne pouvait faire autrement que de le recevoir; il n'avait aucune possibilité de barricade et restait découvert devant l'attaque comme s'il eût été couché au milieu des champs. Cette situation lui causa une véritable angoisse. Il se souvint avec inquiétude des propos cyniques qu'il avait surpris à table, pendant le dîner, de la profession de foi immorale qu'il lui avait entendu faire au prince scandalisé. Il se rappela aussi avoir lu que certaines personnes étaient douées d'une singulière vivacité de perception pour sentir le voisinage de métaux précieux : à travers les murs et même à une distance considérable, dit-on, elles devinent la présence de l'or. Ne pouvait-il en être de même pour les pierreries? Et, s'il en était ainsi, qui donc était plus apte à posséder ce sens transcendant que celui qui se glorifiait du nom de Chasseur de diamants? D'un tel homme, il avait tout à craindre; aussi fit-il des vœux ardents pour l'arrivée du jour.

En même temps, il ne négligea aucune précaution, cacha son diamant dans la poche la plus intime de tout un système compliqué de pardessus, et dévotement se mit sous la garde de la Providence.

Le train poursuivait vers le nord sa course habituelle, égale et rapide; la moitié du trajet fut parcourue avant que le sommeil ne commençât à l'emporter sur l'inquiétude dans l'esprit de Mr. Rolles. Pendant quelque temps il résista à son influence; mais, de plus en plus, la fatigue s'imposait; un peu avant York il fut contraint de s'étendre sur un des lits de repos et de laisser ses yeux se fermer; presque aussitôt le jeune clergyman perdit conscience de la réalité. Sa dernière pensée fut pour son terrible voisin.

Lorsqu'il s'éveilla, il eût fait encore nuit noire sans la flamme vacillante de la lampe voilée, et le grondement, la trépidation continus prouvaient que le train ne ralentissait pas sa marche. Saisi d'une sorte de panique, Simon se dressa brusquement, car il venait d'être tourmenté par les rêves les plus pénibles. Quelques secondes se passèrent avant qu'il ne redevînt maître de lui, et même quand il eut repris l'attitude horizontale, le sommeil continua de le fuir. Il restait étendu, tout éveillé, le cerveau dans un état de violente agitation, les yeux fixés sur la porte du cabinet de toilette. Enfonçant son feutre ecclésiastique sur son front, pour se protéger contre la lumière, il eut recours aux expédients habituels, tels que compter jusqu'à mille, sans penser à rien, par lesquels les malades d'expérience ont l'habitude d'appeler le sommeil. Dans le cas de Mr. Rolles tous les moyens furent sans efficacité; il était harassé par une douzaine d'inquiétudes différentes. Ce vieillard, à l'autre bout de la voiture, le hantait sous les formes les plus sinistres; et, quelque position qu'il prît, le diamant dans sa poche lui causait une sensible souffrance physique. Il brûlait, il était trop gros, il lui meurtrissait les côtes, et il y avait d'infinitésimales fractions de secondes, pendant lesquelles il avait presque envie de le jeter par la fenêtre.

Pendant qu'il gisait ainsi, un singulier accident arriva.

La porte à coulisses remua un peu, puis davantage; elle fut finalement entr'ouverte. La lampe du cabinet de toilette n'était pas voilée et à sa lumière, par l'ouverture éclairée, Simon Rolles put voir la tête attentive de Mr. John Vandeleur. Il sentit que le regard de ce dernier s'arrêtait avec insistance sur sa propre figure; l'instinct de la conservation le poussa aussitôt à retenir son souffle et à réprimer le moindre mouvement; les yeux baissés, il surveilla en dessous l'indiscret. Un moment après la tête disparut et la porte du cabinet de toilette fut refermée.

Le Dictateur n'était pas venu pour attaquer, mais pour observer; son action n'était pas celle d'un homme qui en menace un autre, mais celle d'un homme menacé lui-même. Si Mr. Rolles avait peur de lui, il semblait que, lui, de son côté, ne fût pas très tranquille sur le compte de Mr. Rolles. Il était venu, probablement, pour se convaincre que son unique compagnon de route dormait; rassuré sur ce point, il s'était aussitôt retiré.

Le clergyman sauta sur ses pieds; l'extrême terreur avait fait place à une réaction de témérité. Il réfléchit que le bruit du train filant à toute vapeur étouffait tout autre bruit, et il résolut, coûte que coûte, de rendre la visite qu'il venait de recevoir. Se dépouillant de son manteau, qui eût pu entraver la liberté de ses mouvements, il entra dans le cabinet de toilette et s'arrêta pour écouter. Comme il l'avait pressenti, on ne pouvait rien entendre, sauf ce fracas du train en marche; posant sa main sur la porte, du côté le plus éloigné, il se mit, avec précaution, à l'ouvrir d'environ six pouces. Alors il s'arrêta et ne put retenir une exclamation de surprise.

John Vandeleur portait un bonnet de voyage en fourrure, avec des pans pour protéger les oreilles; et ceci, joint au bruit de l'express, expliquait son ignorance de ce qui se passait. Il est certain, du moins, qu'il ne leva pas la tête, et poursuivit son étrange occupation. Entre ses jambes était une boîte à chapeau ouverte. D'une main il tenait la manche de son pardessus de loutre, de l'autre, un énorme couteau, avec lequel il venait de couper la doublure de cette manche. Mr. Rolles avait lu que quelques personnes portaient leur argent dans une ceinture, et comme il ne connaissait que les ceintures en usage au jeu de cricket, il n'avait jamais bien compris comment cela pouvait se faire. Mais là, devant ses yeux, se produisait une chose beaucoup plus originale; car John Vandeleur portait des diamants dans la doublure de sa manche; et même, pendant que le jeune clergyman continuait d'épier, il put voir les pierres tomber en étincelant, l'une après l'autre, au fond de la boîte à chapeau.

Rivé au sol, il suivit des yeux cette extraordinaire besogne. Les diamants étaient pour la plupart petits et difficiles à distinguer. Soudain le Dictateur parut rencontrer un obstacle; le dos courbé sur sa tâche, il employa les deux mains, mais ce ne fut qu'après un effort considérable, qu'il tira de la doublure une grande couronne de diamants; pendant quelques secondes il la tint en l'air, pour la mieux examiner, avant de la placer, avec le reste, dans la boîte à chapeau. Cette couronne fut un trait de lumière pour Mr. Rolles; il la reconnut immédiatement, comme ayant fait partie du trésor volé à Harry Hartley par le vagabond. Il n'y avait pas moyen de se tromper; elle était exactement telle que l'agent de police l'avait décrite; il y avait les étoiles de rubis avec une grosse émeraude au centre; il y avait les croissants entrelacés, il y avait les pendants taillés en poire, chacun formé d'une seule pierre, qui donnaient une valeur singulière à la couronne de lady Vandeleur.

Mr. Rolles fut immensément soulagé; le Dictateur était impliqué dans l'affaire autant que lui-même; aucun des deux ne pourrait rien dire contre l'autre. Dans le premier moment de satisfaction, il laissa échapper un soupir; et, comme sa poitrine avait souffert de l'arrêt de sa respiration, comme sa gorge était sèche, le soupir fut involontairement suivi d'une petite toux.

Mr. Vandeleur leva la tête; une sombre et implacable colère contracta ses sourcils; ses yeux s'ouvrirent démesurément et sa mâchoire inférieure s'abaissa avec une expression d'étonnement qui approchait de la fureur. D'un geste instinctif, il avait couvert la boîte avec son manteau. Pendant une demi-minute, les deux hommes se regardèrent en silence. Ce moment ne fut pas long, mais il suffit à Mr. Rolles; ce novice était, nous l'avons dit, de ceux qui prennent rapidement une décision dans les occasions graves; il résolut d'agir d'une manière singulièrement audacieuse, et, tout en comprenant qu'il jouait sa vie sur un hasard, il parla le premier.

« Excusez-moi, » dit-il.

Le Dictateur frissonna légèrement, et, lorsqu'il répondit, sa voix était rauque.

« Que cherchez vous ici, Monsieur?

— Les diamants ont pour moi un intérêt tout particulier, répondit Mr. Rolles d'un air aussi calme que s'il eût été en pleine possession de lui-même. Deux connaisseurs doivent entrer en rapport. J'ai là une bagatelle qui m'appartient et qui pourra peut-être me servir d'introduction. »

Ce disant il tira tout naturellement l'écrin de sa poche, fit étinceler, l'espace d'une seconde, le diamant du Rajah, puis le remit aussitôt en sûreté.

« Il était jadis à votre frère, » ajouta-t-il.

John Vandeleur continuait à le considérer d'un air ahuri, mais il ne parla ni ne bougea.

« J'ai été charmé de constater, reprit le jeune homme, que nous avions des pierres de la même collection. »

L'autre se taisait, anéanti par la surprise.

« Pardon, dit-il enfin, je commence à m'apercevoir que je deviens vieux! Je ne suis positivement pas préparé à de certains petits incidents comme celui-ci. Mais éclairez-moi sur un point; mes yeux me trompent-ils, ou êtes-vous tout de bon un ecclésiastique?

— Je suis dans les ordres, répondit Mr. Rolles.

— Bien! s'écria l'autre; tant que je vivrai, je ne veux plus entendre jamais prononcer un seul mot contre ceux de votre habit.

— Vous me comblez, dit Mr. Rolles.

— Oui, pardonnez-moi, répéta Vandeleur, pardonnez-moi, jeune homme. Vous n'êtes pas un lâche, il me reste cependant à savoir si vous n'êtes pas le dernier des fous. Peut-être, continua-t-il en se renversant sur son siège, peut-être consentirez-vous à me donner quelques détails. Je dois supposer que vous aviez un but, pour agir avec une impudence aussi stupéfiante, et j'avoue que je suis curieux de le connaître.

— C'est très simple, répondit le clergyman ; cela vient de ma grande inexpérience de la vie.

— J'aimerais à en être persuadé, » riposta Vandeleur.

Alors Simon lui raconta toute l'histoire, depuis l'heure où il avait trouvé le diamant du Rajah dans le jardin d'un pépiniériste, jusqu'au moment où il avait quitté Londres par le train express. Il y ajouta un rapide aperçu de ses sentiments et de ses pensées durant le voyage et conclut par ces mots :

« Quand je reconnus la couronne, je sus que nous étions dans une situation identique vis-à-vis de la société, et cela m'inspira une idée que, j'espère, vous ne trouverez pas mal fondée. Je me dis que vous pourriez devenir en quelque sorte mon associé dans les difficultés et dans les profits de mon entreprise. A quelqu'un de votre savoir spécial et de votre incontestable expérience, la vente du diamant donnerait peu d'embarras, tandis que pour moi, c'est une chose de toute impossibilité. D'autre part, j'ai réfléchi que la somme que je perdrais en coupant le diamant, et cela probablement d'une main maladroite, me permettrait de vous payer très généreusement votre aide. Le sujet était délicat à entamer et je manque peut-être de tact. Mais je dois vous prier de vous souvenir que, pour moi, la situation est absolument nouvelle et que je suis entièrement ignorant de l'étiquette en usage. Je crois, sans vanité, que j'eusse pu vous marier ou vous baptiser d'une manière très acceptable; mais chacun a ses aptitudes en ce monde, cette sorte de marché ne figurait pas sur la liste de mes talents.

— Je n'ai pas l'intention de vous flatter, répondit Vandeleur, mais, sur ma foi, vous montrez des dispositions extraordinaires pour la vie criminelle. Vous possédez plus de talents que vous ne pouvez l'imaginer, et, quoique j'aie vu nombre de coquins dans les différentes parties du monde, je n'en ai jamais rencontré un qui fût aussi cynique que vous. Réjouissez-vous, Monsieur, vous êtes enfin dans votre véritable voie! Quant à vous aider, vous pouvez me commander à votre volonté. Je dois simplement passer une journée à Édimbourg, pour des affaires qui concernent mon frère; ceci terminé, je retourne à Paris, où je réside habituellement.

Libre à vous de m'accompagner. Et, avant un mois, j'aurai amené, je pense, notre petite besogne à une conclusion satisfaisante. »

Ici, contrairement à toutes les règles de son art, notre auteur arabe arrête l'HISTOIRE DU JEUNE CLERGYMAN. Je regrette et je condamne de tels procédés; mais je dois suivre mon original, et renvoyer le lecteur, pour la fin des aventures de Mr. Simon Rolles, au prochain numéro de la série, l'HISTOIRE DE LA MAISON AUX PERSIENNES VERTES.

HISTOIRE DE LA MAISON

AUX PERSIENNES VERTES

Francis Scrymgeour, domicilié à Édimbourg, employé à la banque Écossaise, avait atteint ses vingt-cinq ans dans l'atmosphère d'une vie paisible, honorable et toute de famille. En bas âge, il perdit sa mère ; son père, homme de sens et d'une extrême probité, lui fit donner une excellente éducation scolaire, en même temps qu'il lui inculquait des habitudes d'ordre et d'économie. Affectueux et docile, Francis profita avec zèle de ces avantages et, dans la suite, se consacra cœur et âme à des fonctions assez ingrates. Ses distractions principales consistaient en une promenade chaque samedi, un dîner de famille de temps à autre et une excursion annuelle d'une quinzaine de jours dans les montagnes ou même sur le continent. Il gagnait à vue d'œil dans l'estime de ses supérieurs et jouissait déjà d'un traitement de deux cents livres sterling, avec espérance de le voir s'élever ultérieurement jusqu'au double de cette somme. Peu de jeunes gens étaient plus satisfaits de leur sort que Francis Scrymgeour, peu, il faut le dire, aussi laborieux et aussi remplis de bonne volonté. Le soir, après avoir lu le journal, il jouait quelquefois de la flûte pour amuser son père, qui lui inspirait le plus tendre respect.

Un jour, il reçut d'une étude d'avoué très connue dans la ville un billet réclamant la faveur d'une entrevue immédiate. La lettre portait sur son enveloppe les mots « personnelle et confidentielle », et lui était adressée non pas chez lui, mais à la banque; deux détails insolites qui excitèrent au plus haut point sa curiosité.

Il se rendit donc avec empressement à cette sommation. L'avoué l'accueillit gravement, le pria de s'asseoir et, dans le langage ardu d'un homme d'affaires consommé, procéda, sans plus de préambules, à l'exposé de la question.

Une personne qui devait rester inconnue, mais qu'il avait toutes les raisons possibles de considérer, bref, un personnage de quelque notoriété dans le pays, désirait faire à Francis une pension annuelle de cinq cents livres sterling, le capital étant confié aux soins de l'étude et de deux dépositaires qui devaient également garder l'anonyme. Cette libéralité était subordonnée à de certaines conditions, dont aucune, d'ailleurs, n'impliquait rien d'excessif ni de déshonorant.

L'avoué répéta ces derniers mots avec une emphase qui semblait indiquer le désir de ne pas s'engager davantage.

Francis lui demanda de quelle nature étaient ces conditions.

« Comme je vous l'ai deux fois fait remarquer, répondit-il, elles ne sont ni excessives ni déshonorantes ; mais en même temps je ne puis vous dissimuler qu'elles sont d'une espèce peu commune. En vérité, le cas est dans l'ensemble si parfaitement en dehors de nos pratiques ordinaires que si j'ai consenti à m'en charger, c'est par égard pour la réputation du gentleman qui me le confiait et, permettez-moi d'ajouter, Mr. Scrymgeour, poussé par l'estime que des rapports, bien fondés, je n'en doute pas, m'ont inspirée pour votre personne. »

Francis le supplia d'être plus explicite.

« Vous ne sauriez croire, dit-il, à quel point ces conditions m'inquiètent.

— Elles sont au nombre de deux, répliqua l'homme de loi, de deux seulement, et vous vous rappellerez que la somme dont il s'agit s'élève à cinq cents livres par an, sans frais ; j'avais omis d'ajouter, sans frais. »

L'avoué fixa sur son nouveau client un regard solennel.

« La première, poursuivit-il, est extrêmement simple. Vous vous trouverez à Paris dans l'après-midi du dimanche 15 de ce mois; vous vous présenterez au bureau de location de la Comédie-Française, où vous trouverez un coupon pris en votre nom, qui vous attend. Vous êtes prié de rester assis tout le temps du spectacle à la place retenue; voilà pour la première condition.

— J'aurais certainement préféré que ce fût un jour de semaine, répondit Francis, qui était très religieux, mais après tout, pour une fois...

— Et à Paris, cher Monsieur, ajouta l'avoué d'un ton conciliant; je suis moi-même quelque peu timoré, mais dans les circonstances présentes, et à Paris, je n'hésiterais pas un instant. »

Et tous les deux de rire ensemble.

« L'autre condition est plus importante. Il s'agit d'un mariage. Mon client, prenant à votre bonheur un intérêt profond, désire vous guider dans le choix d'une épouse. Il désire vous guider absolument, entendez-le bien.

— Expliquons-nous, je vous prie, interrompit Francis. Dois-je épouser quiconque il plaira à cette invisible personne de me présenter, fille ou veuve, blanche ou noire?

— Je puis vous assurer, répondit l'avoué, que votre bienfaiteur tiendra compte des rapports d'âge et de position. Quant à la race, j'avoue que ce point m'a échappé et que j'ai omis de m'en informer; qu'à cela ne tienne, je vais, si vous le désirez, en prendre note, et vous en serez avisé à bref délai.

— Monsieur, dit Francis, il reste à savoir si tout ceci n'est pas une indigne mystification. Ce que vous m'exposez est inexplicable, invraisemblable. Tant que je ne pourrai voir plus clair, ni découvrir quelque motif plausible, je vous déclare que je refuse de me prêter à cette opération. Si vous ne connaissez pas le fond des choses, si vous ne le devinez pas ou si vous n'êtes pas autorisé à le dire, je prends mon chapeau et je retourne à ma banque.

— Je ne sais rien, répondit l'avoué, mais je devine souvent assez juste. Pour moi, votre père seul est à la source de ce mystère.

— Mon père! s'écria Francis avec un geste

de dédain. Le digne homme n'a jamais rien eu de caché pour moi, ni une pensée ni un sou!

— Vous ne m'avez pas compris, dit l'avoué. Ce n'est pas à M. Scrymgeour aîné que je fais allusion, car il n'est pas votre père. Quand sa femme et lui s'établirent à Édimbourg, vous aviez déjà près d'un an et il y avait trois mois à peine que vous étiez confié à leurs soins. Le secret a été bien gardé, mais tel est le fait. Votre père est inconnu et, encore une fois, je suis persuadé qu'il est l'auteur des offres que je suis chargé de vous transmettre. »

Il serait difficile de peindre la stupéfaction de Francis à cette communication imprévue.

« Monsieur, dit-il, confondu, après des révélations aussi foudroyantes, vous voudrez bien m'accorder quelques heures de réflexion. Vous saurez ce soir ce que j'aurai décidé. »

L'avoué loua sa prudence, et Francis, s'étant excusé à la banque sous un prétexte quelconque, gagna la campagne, où il fit une longue promenade solitaire pour mieux passer en revue les différents aspects de cette curieuse aventure. Le sentiment, agréable à tout prendre, de son importance personnelle le rendait d'autant plus circonspect, mais cependant le résultat de ses méditations ne pouvait être douteux. La chair est faible; la rente de cinq cents livres sterling et les conditions singulières qui y étaient attachées, tout cela avait un attrait irrésistible. Il se découvrit une répugnance extrême pour ce nom de Scrymgeour auquel longtemps il n'avait rien reproché; puis il commença à trouver bien méprisables les horizons bornés de sa vie d'autrefois, et, quand enfin son parti fut pris, il marcha avec un sentiment de liberté et de force jusqu'alors inconnu; les perspectives les plus joyeuses s'ouvraient devant lui. Il n'eut qu'un mot à dire à l'avoué et immédiatement un chèque représentant deux trimestres arriérés lui fut remis, car, par une attention délicate, la rente était antidatée du 1ᵉʳ janvier. Avec ce chiffon de papier en poche, il revint chez lui; l'entresol de Scotland street lui parut mesquin; pour la première fois ses narines se révoltèrent contre l'odeur de la cuisine; il observa chez son père adoptif quelques insuffisances de manières, quelques manques de distinction qui le surprirent et le choquèrent. Bref, il se décida à partir dès le lendemain pour Paris.

Arrivant dans cette ville bien avant la date indiquée, il s'installa dans un modeste hôtel fréquenté par des Anglais et des Italiens, et là il résolut de se perfectionner dans la connaissance de la langue française. A cet effet, il prit un maître deux fois par semaine, engagea de longues conversations avec des personnes errantes dans les Champs-Élysées et fréquenta tous les théâtres. Ses habits avaient été renouvelés, il se faisait raser et coiffer chaque matin, ce qui lui donnait un air étranger et semblait effacer la vulgarité des années écoulées. Enfin le fameux samedi arriva; il se rendit au bureau du Théâtre-Français. A peine eut-il dit son nom qu'un employé lui remit le coupon dans une enveloppe dont l'adresse était encore humide.

« On vient de le prendre à l'instant, dit ce personnage.

— Vraiment! s'écria Francis. Puis-je vous demander quelle mine avait le monsieur qui est venu?

— Oh! votre ami n'est pas difficile à peindre. C'est un beau vieillard, grand et fort, à cheveux blancs, et portant au travers du visage une cicatrice de coup de sabre. Un homme ainsi marqué se laisse reconnaître.

— Sans doute; merci de votre obligeance.

— Il ne doit pas être bien loin; en vous dépêchant vous pourrez peut-être le rejoindre. »

Francis ne se le fit pas répéter deux fois et, s'élançant hors du théâtre, il plongea ses regards avidement dans toutes les directions. Malheureusement plus d'un homme à cheveux blancs était en vue, et, bien qu'il se mît en devoir de les rattraper tous les uns après les autres, pas un n'avait le coup de sabre. Pendant près d'une demi-heure il explora les rues du voisinage, jusqu'à ce que, reconnaissant la folie de cette recherche, il pensa qu'une promenade serait le moyen le meilleur pour calmer son émotion; car le brave garçon avait été profondément troublé par cette quasi-rencontre avec celui qui était, il n'en pouvait douter, l'auteur de ses jours.

Le hasard le conduisit par la rue Drouot et la rue des Martyrs jusqu'au boulevard extérieur, et ce hasard-là le servit mieux que tous les calculs; bientôt, en effet, il aperçut deux hommes qui, assis sur un banc, semblaient absorbés dans un dialogue des plus animés. L'un était jeune, brun, de belle apparence et portait, malgré son habit séculier, le sceau indélébile de l'ecclésiastique; l'autre répondait en tous points à la description donnée par l'employé du théâtre. Francis sentit son cœur battre à se rompre dans sa poitrine : il allait entendre la voix de son père! Faisant un détour, il vint sans bruit s'asseoir derrière le couple en question, qui, tout entier à ses affaires, ne prit pas garde à lui. La conversation avait lieu en anglais.

« Vos soupçons perpétuels commencent à m'ennuyer, Rolles, disait le vieillard. Je fais ce que je peux, vous dis-je ; un homme ne se procure pas des millions en un jour. D'ailleurs de quoi vous plaignez-vous? Ne vous ai-je pas écouté par pure complaisance, vous, un étranger, et ne vivez-vous pas de mes générosités?

— Dites de vos avances, Mr. Vandeleur, répliqua vertement le jeune homme.

— Avances, si vous voulez, et intérêt au lieu de complaisance si vous le préférez, fit le vieillard d'un ton irrité. Je ne suis pas ici pour chicaner sur des mots. Les affaires sont les affaires, et je vous rappellerai que les vôtres sont trop louches pour les airs que vous prenez. Fiez-vous à moi ou adressez-vous à un autre; mais, de grâce, trêve à vos jérémiades.

— J'apprends à connaître le monde, dit le jeune homme, et je vois maintenant que si vous avez beaucoup de motifs pour me duper, vous n'en avez aucun, en revanche, pour agir honnêtement. Moi non plus, je n'éplucherai pas les mots : c'est pour vous-même que vous voulez le diamant; vous le savez bien, osez dire le contraire!... N'avez-vous pas déjà contrefait ma signature et fouillé mon logement en mon absence? Je comprends la raison de tous ces délais; vous guettez votre proie, parbleu, chasseur de diamant, et par moyens honnêtes ou non vous l'aurez! Il faut que cela cesse, vous dis-je; ne me poussez pas à bout ou je vous promets une surprise de ma façon.

— C'est bien à vous de menacer! répondit Vandeleur. Deux autres, vous le savez, peuvent se donner ce plaisir. Mon frère est à Paris, la police est sur ses gardes, et, si vous persistez à me fatiguer de vos plaintes, je vous préparerai aussi une petite surprise, Mr. Rolles; mais la mienne sera unique et bonne. Comprenez-vous, ou faut-il vous parler hébreu? Toutes choses ont des bornes et ma patience aussi. Mardi à sept heures, pas un jour, pas une heure, pas une seconde avant, quand il s'agirait de vous sauver la vie; et, si vous ne voulez pas attendre, allez au diable; bon voyage. »

Ce disant, le Dictateur se leva; secouant la tête et brandissant sa canne d'un air furieux, il se mit en marche dans la direction de Montmartre, tandis que son compagnon demeurait assis sur le banc dans l'attitude d'un découragement profond.

Quant à Francis, comment dire sa consternation, son épouvante? L'espérance et la tendresse qui agitaient son cœur au moment où il s'était assis sur ce banc avaient fait place à l'horreur, au désespoir le plus complet; sa pensée se porta involontairement vers le vieux Scrymgeour, qui lui apparut comme un père autrement bon et respectable que cet intrigant irascible et dangereux. Néanmoins il garda sa présence d'esprit, et, sans perdre une minute, s'élança sur les pas du vieillard balafré, à qui la colère semblait donner des ailes. Absorbé dans des pensées furieuses, John Vandeleur marchait sans songer à regarder derrière lui. Il s'arrêta très haut dans la rue Lepic, devant une maison à deux étages garnie de persiennes vertes; de là on devait dominer tout Paris et jouir de l'air pur des hauteurs. Toutes les fenêtres donnant sur la rue étaient hermétiquement closes; quelques arbres montraient leur tête par-dessus un mur élevé que hérissaient des pointes de fer; John Vandeleur tira une clef de sa poche, ouvrit une porte et disparut.

Une fois seul, Francis s'arrêta et regarda autour de lui. Le quartier était désert et l'hôtel isolé au milieu du jardin; il devenait impossible de continuer l'espionnage. Pourtant, un examen plus attentif lui fit remarquer que le pignon d'une grande maison située à quelques pas de là donnait sur le jardin, et que dans ce pignon une fenêtre était percée. Il interrogea la façade et vit suspendu un écriteau : *Chambres non meublées à louer au mois*. Il s'informa; la chambre ayant vue sur le jardin se trouvait précisément vacante. Francis n'hésita pas il prit cette chambre, paya d'avance et retourna à son hôtel chercher ses bagages.

Que le vieillard au coup de sabre fût ou non son père, que la piste qu'il suivait fût fausse ou non, en tout cas, il avait évidemment mis le doigt sur un noir mystère et il se promit de ne pas quitter son embuscade tant qu'il ne l'aurait point débrouillé.

De la fenêtre de son nouveau logis, Francis dominait complètement le jardin de la maison aux persiennes vertes. Immédiatement en dessous de lui, un assez beau marronnier ombrageait deux tables rustiques sur lesquelles on devait dîner durant les grandes chaleurs de l'été. A part une étroite allée sablée conduisant de la véranda à la porte de la rue, et un petit espace laissé libre entre les tables et la maison, le sol était entièrement recouvert par une végétation épaisse. Posté derrière sa jalousie, car il n'osait l'ouvrir de peur d'attirer l'attention, Francis observait la place sans rien voir de très significatif quant aux mœurs de ses habitants. En somme, c'était un jardin de couvent et la maison avait l'air d'une prison; on ne pouvait guère déduire de ce fait que des habitudes de retraite et le goût de la solitude. Les persiennes étaient toutes closes, la porte de la véranda fermée, le jardin, autant qu'il en pouvait juger, absolument désert; une petite fumée bleuâtre, s'échappant discrètement d'une des cheminées, révélait seule la présence d'êtres vivants.

Pour se donner une contenance et ne pas rester oisif, Francis avait acheté une géométrie d'Euclide en français. Assis par terre et appuyé au mur, il se mit à copier et à traduire, le dos de sa valise lui servant de pupitre, car il n'avait ni table ni chaise. De temps à autre il allait jeter un coup d'œil sur la maison aux persiennes vertes : les fenêtres restaient obstinément fermées et le jardin vide.

Sa vigilance persévérante n'était pas récompensée et il commençait à s'assoupir quand, entre neuf et dix heures, un coup de sonnette le tira brusquement de sa torpeur; il se précipita vers son observatoire et arriva à temps pour entendre grincer des serrures et remuer des chaînes. Mr. Vandeleur, enveloppé d'une robe de chambre de velours noir et coiffé d'un bonnet pareil, se montra ensuite une lanterne à la main, sortit de la véranda et atteignit la porte grillée de la rue. Nouveau bruit de verrous et de ferraille, puis Francis vit le mystérieux vieillard revenir en escortant un individu de mine abjecte.

Une demi-heure après, le visiteur fut reconduit et Mr. Vandeleur, posant sa lanterne sur la table rustique, acheva tranquillement son cigare sous le marronnier. Francis, qui, entre deux branches, ne perdait de vue aucun de ses gestes, crut deviner à ses sourcils froncés et à la contraction de ses lèvres, qu'une pensée pénible le préoccupait. Tout à coup une voix de jeune fille se fit entendre dans la maison.

« Dix heures! criait-elle.

— J'y vais, » répondit John Vandeleur.

Il jeta son bout de cigare, reprit la lanterne et disparut sous la véranda. Dès que la porte fut fermée, l'obscurité et le silence le plus complet régnèrent autour de la maison, et Francis eut beau écarquiller les yeux, il ne put découvrir le moindre rayon de lumière entre les lames des persiennes. Les chambres à coucher, pensa-t-il, étaient de l'autre côté. Il comprit la véritable raison de ce fait quand, le lendemain, il revint à son observatoire dès l'aube, la dureté de sa couche sur le plancher ne l'engageant pas à prolonger son sommeil. Les persiennes s'ouvrirent toutes, mues par un ressort intérieur, et découvrirent des rideaux de fer semblables aux fermetures des boutiques, qui se relevèrent par un procédé analogue. Pendant une heure, les chambres restèrent ouvertes à l'air frais du matin, puis Mr. Vandeleur referma les volets de sa propre main. Tandis que Francis observait avec étonnement toutes ces précautions, la porte de la maison s'ouvrit et une jeune fille vint regarder dans le jardin. Elle rentra moins de deux minutes après, mais ces deux minutes suffirent pour révéler aux yeux éblouis de Francis les charmes les plus captivants. Une telle apparition n'excita pas seulement sa curiosité, elle lui remit au cœur le courage et l'espérance. Les allures suspectes de son père supposé cessèrent de hanter son esprit; dès ce moment il adopta avec joie sa nouvelle famille; que la jeune fille dût devenir sa sœur ou bien sa femme, il ne doutait pas qu'elle ne fût un ange. Ce fut avec une terreur subite qu'il réfléchit qu'après tout il ne savait pas grand'chose et avait pu se tromper en suivant Mr. Vandeleur.

Le portier, qu'il interrogea, lui donna peu de renseignements, mais ce peu avait quelque chose de mystérieux et d'équivoque. Le locataire du petit hôtel voisin était un Anglais prodigieusement riche et très excentrique dans ses allures. Il possédait d'importantes collections, et c'était pour les protéger qu'il avait fait poser ces pointes de fer sur le mur, ces contrevents métalliques et tous ces systèmes compliqués de serrures. Il vivait là seul avec Mademoiselle et une vieille servante, ne voyant personne, sauf quelques visiteurs singuliers avec lesquels il semblait avoir des affaires.

« Est-ce que Mademoiselle est sa fille? demanda Francis.

— Certainement, répondit le portier, c'est la fille de la maison, et vous ne vous en douteriez guère à la voir travailler! Riche comme il l'est, Mr. Vandeleur envoie pourtant sa *demoiselle* au marché, le panier au bras, ni plus ni moins qu'une servante.

— Mais les collections? reprit Francis.

— Monsieur, il paraît qu'elles valent beaucoup d'argent, voilà tout ce que je sais. Depuis l'arrivée de ces gens-là, personne dans le quartier n'a seulement dépassé leur porte.

— Cependant, vous devez bien avoir quelque idée de ce qu'elles peuvent être. Sont-ce des tableaux, des étoffes, des statues, des bijoux, quoi?

« Ma foi, Monsieur, répondit le bonhomme en

haussant les épaules, ce seraient des carottes, que je ne pourrais vous en dire davantage. Vous voyez bien que la maison est gardée comme une forteresse. »

Désappointé, Francis retournait à sa chambre quand le portier le rappela.

« Tenez, Monsieur, je me souviens maintenant que la veille bonne m'a dit un jour que son maître avait été dans toutes les parties du monde et qu'il en avait rapporté beaucoup de diamants. Si c'est ça, on doit avoir un joli coup d'œil derrière ces volets. »

Le fameux dimanche arriva. Aussitôt le théâtre ouvert, Francis fut à sa place. Le fauteuil qui avait été pris pour lui était à deux ou trois stalles du couloir de gauche et parfaitement en vue des baignoires d'avant-scène. Comme cette place avait été choisie exprès, il n'était pas douteux que sa situation ne fût significative; Francis jugea d'instinct que la loge qui était à sa droite allait figurer sous une forme quelconque dans le drame où il se trouvait lui-même jouer un rôle. Et, de fait, cette loge était placée de telle sorte que ceux qui l'occupaient pourraient le dévisager tout le temps du spectacle, en échappant à son observation, si bon leur semblait, grâce aux écrans et à la profondeur du réduit.

Francis se promit donc de faire bonne garde; tout en paraissant absorbé par la pièce, il surveillait la loge vide du coin de l'œil.

Le second acte était commencé et déjà avancé même quand la porte s'ouvrit; deux personnes se dissimulèrent dans le coin le plus obscur de la loge. Francis étranglait d'émotion. C'étaient Mr. Vandeleur et sa fille. Son sang bouillait dans ses veines, ses oreilles tintaient, la tête lui tournait. Il n'osait regarder, de peur d'éveiller les soupçons; son programme, qu'il lisait et relisait dans tous les sens, passait du blanc au rouge devant lui; quand il leva les yeux, la scène lui parut à une lieue de distance et il trouva la voix, les gestes des acteurs ridicules et impertinents. Enfin il se risqua à jeter un coup d'œil dans la direction qui l'intéressait et il sentit aussitôt que son regard avait croisé celui de la jeune fille. Un frisson secoua ses membres, il vit à la fois toutes les couleurs de l'arc-en-ciel. Que n'aurait-il pas donné pour entendre ce qui se passait entre les Vandeleur, père et fille! Que n'aurait-il pas donné pour oser prendre sa lorgnette et pour pouvoir les examiner avec calme! Sa vie sans doute se décidait dans cette loge, et lui, cloué sur ce fauteuil, ne pouvant ni intervenir ni même suivre le débat, était condamné à souffrir dans une anxiété impuissante.

Enfin l'acte s'acheva, ses voisins se préparèrent à sortir. Il était naturel qu'il en fît autant; mais alors, force était de passer devant la loge en question. Faisant appel à tout son courage et regardant obstinément le bout de ses souliers, il se leva et s'avança lentement, car un vieux monsieur asthmatique le précédait. Qu'allait-il faire? Aborderait-il les Vandeleur en passant? Lancerait-il dans la loge le camélia de sa boutonnière? Relèverait-il la tête et jetterait-il un regard de tendresse sur la jeune personne qui était sa sœur ou sa fiancée? Tandis qu'il se débattait, aux prises avec ces alternatives diverses, il eut la vision de sa douce et modeste existence à la banque d'Écosse, et un regret fugitif du passé traversa son âme. Mais il arrivait devant la loge : tout en se demandant encore ce qu'il devait faire, il tourna la tête et leva les yeux. Une exclamation de désappointement lui échappa, la loge était vide; pendant ses réflexions, la famille Vandeleur était partie.

Une personne polie lui fit remarquer qu'il obstruait le passage; machinalement il se remit à marcher et se laissa porter par la foule. Il se retrouva dans la rue; là il s'arrêta, et l'air frais de la nuit remit promptement l'équilibre dans ses facultés; mais sa tête pesait lourdement sur ses épaules et, à sa grande surprise, il chercha vainement le sujet des deux actes qu'il venait d'entendre; un irrésistible besoin de sommeil succédait à tant d'agitations; hélant un fiacre, il se fit reconduire chez lui, brisé de fatigue et dégoûté de la vie.

Le lendemain matin, Francis alla aux abords du marché, guetter le passage de miss Vandeleur. Son attente ne fut pas trompée; vers huit heures, il la vit déboucher d'une des rues. Elle était simplement et presque pauvrement mise, mais dans sa démarche, dans sa taille, jusque dans l'aisance avec laquelle elle portait son panier de ménagère, il y avait une grâce, une distinction à laquelle on ne pouvait se méprendre.

Tandis que Francis se glissait dans l'embrasure d'une porte, il lui sembla qu'un rayon de soleil accompagnait cette délicieuse personne et dissipait les ombres devant elle. Il la laissa le dépasser, puis il sortit de sa cachette et l'appela par son nom :

« Miss Vandeleur! »

Elle se retourna et devint blanche comme une morte en le reconnaissant.

« Pardon, continua-t-il; Dieu m'est témoin

que je ne voulais pas vous effrayer; d'ailleurs vous n'avez rien à craindre d'un serviteur aussi dévoué que moi. Croyez-le, je n'ai ni la liberté ni le choix des moyens. Je sens que nous avons beaucoup d'intérêts communs, mais sans comprendre rien de plus. Je suis dans les ténèbres, dans l'impossibilité d'agir, ignorant même qui sont mes amis ou mes ennemis. »

La jeune fille murmura :

« Je ne sais qui vous êtes.

— Ah ! si, Mademoiselle, vous le savez, et bien mieux que moi-même. Sur ce point surtout, daignez m'éclairer : dites-moi... poursuivit-il en suppliant, qui suis-je? qui êtes-vous? et comment nos destinées sont-elles entremêlées? Venez à mon secours, Mademoiselle, un mot, un seul mot, le nom de mon père, si vous voulez; et ma reconnaissance sera sans bornes.

— Je ne veux pas vous tromper, répondit la jeune fille. Je sais qui vous êtes, mais je ne suis pas autorisée à vous l'apprendre.

— Dites au moins, alors que vous me pardonnez mon audace, et j'attendrai aussi patiemment que je pourrai. Puisque le sort me condamne à une ignorance cruelle, je me soumets; mais n'ajoutez pas à mes angoisses la crainte de vous avoir pour ennemie.

— Ce que vous avez fait était très naturel, et je n'ai rien à vous pardonner. Adieu.

— Ce doit donc être *adieu ?* dit-il tristement.

— Mais je n'en sais rien moi-même. Adieu quant à présent, si vous le préférez. »

Et sur ces mots elle s'éloigna d'un pas rapide.

Francis rentra chez lui en proie à une violente émotion.

L'Euclide fit peu de progrès ce jour-là et il passa plus de temps à la fenêtre qu'à son bureau improvisé. Pourtant, à part le retour de miss Vandeleur, qui retrouva son père savourant un londrès sous la véranda, il n'eut rien à noter jusqu'à l'heure du déjeuner.

Après avoir apaisé sa faim dans un restaurant du quartier, le jeune homme retourna rue Lepic, plus impatient que jamais. Surprise! Un domestique à cheval et tenant la bride d'une jument sellée se promenait de long en large devant le mur du jardin. Le portier de Francis, adossé contre la porte, fumait sa pipe, tout en s'absorbant dans la contemplation de ce spectacle inusité.

« Regardez, cria-t-il au jeune homme. La superbe bête! Un frère de M. Vandeleur vient d'arriver en visite. C'est un grand homme, un général de votre pays ; vous devez bien le connaître de réputation.

— Je n'ai jamais entendu parler d'un général Vandeleur, répondit Francis, mais nous avons bien des officiers de ce grade, et d'ailleurs mes occupations ont été exclusivement civiles.

— C'est lui, reprit le portier, qui a perdu le grand diamant des Indes ; vous devez savoir cela, du moins, les journaux en ont assez parlé ! »

Aussitôt qu'il put se débarrasser de son concierge, Francis escalada ses étages et courut à la fenêtre. Les deux Vandeleur étaient assis sous le marronnier et causaient tout en fumant. Le général, petit homme rubicond et sanglé dans sa redingote, offrait une certaine ressemblance avec son frère, bien qu'il en fût plutôt la caricature ; il avait quelque chose de sa démarche dégagée et hautaine, mais il était beaucoup moins grand, plus vieux, plus commun, et, somme toute, il faisait assez triste mine à côté du dictateur.

Penchés tous deux sur la table, ils paraissaient discuter avec animation, mais si bas que Francis attrapait à peine un mot par-ci par-là, ce qui lui suffit d'ailleurs pour se convaincre que la conversation roulait sur lui-même et sur sa carrière. Il saisit distinctement le nom de Scrymgeour, et s'imagina entendre celui de Francis.

Tout à coup le général se leva, en proie à une violente colère et se répandit en exclamations.

« Francis Vandeleur! » cria-t-il en soulignant le second nom. « Francis Vandeleur, vous dis-je! »

Le Dictateur fit de tout le corps un geste moitié affirmatif, moitié méprisant, mais sa réponse n'arriva pas jusqu'au jeune homme.

Ce Francis Vandeleur, était-ce lui? Discutaient-ils donc sous quel nom on allait le marier? Lui-même était-il bien éveillé et ses sens égarés ne l'abusaient-ils pas?

L'entretien avait repris à voix basse; puis, la discussion s'élevant sans doute de nouveau entre les deux frères, la voix du général éclata furieuse.

« Ma femme? criait-il, j'en ai par-dessus la tête. Qu'on ne m'en parle plus; son nom même m'est odieux. »

Et les jurons s'entremêlaient aux coups de poing qui pleuvaient sur la table.

Son frère parut chercher à l'apaiser, et peu après le reconduisit. Ils échangèrent une poignée de mains suffisamment cordiale, mais, à peine la porte se fut-elle refermée sur le visiteur, que John Vandeleur partit d'un éclat de rire qui vint sonner comme un écho diabolique aux oreilles de Francis.

La journée s'acheva sans amener rien de nouveau. Le jeune homme n'était guère plus avancé que la veille, mais il se consolait en pensant que le lendemain était le fameux mardi; le sort s'acharnât-il contre lui, il ne pouvait manquer de faire quelque découverte importante.

La journée fut longue; comme l'heure du dîner approchait, les préparatifs commencèrent sous le marronnier. Sur une des tables que Francis apercevait entre les branches, on apporta des piles d'assiettes, les ingrédients de la salade, etc.; sur l'autre on dressa le couvert, mais le feuillage la cachait presque entièrement à Francis et il devina plutôt qu'il ne vit de l'argenterie et une nappe blanche.

Mr. Rolles arriva à sept heures précises; il avait l'air méfiant d'un homme qui se tient sur ses gardes, parlant peu et bas. Le Dictateur, au contraire, semblait fort joyeux; son rire remplissait le jardin, et, aux modulations de sa voix, on devinait qu'il racontait des drôleries en imitant l'accent de différents pays. Avant même qu'ils eussent fini leur vermouth, tout sentiment de malaise semblait avoir disparu entre le jeune clergyman et son interlocuteur et ils bavardaient comme une paire de vieux amis.

Miss Vandeleur fit enfin son entrée, apportant la soupière. Rolles se précipita pour lui offrir son secours, qu'elle refusa en riant, et il y eut un échange général de plaisanteries qui devaient avoir trait à cette manière primitive de se servir soi-même.

« On est plus à l'aise, » déclarait Mr. Vandeleur.

Un instant après ils étaient assis autour de la table et Francis les perdit de vue; malheureusement, il n'entendait guère plus qu'il ne voyait. A en juger par le babillage animé, par le bruit incessant de couteaux et de fourchettes qui sortaient du marronnier, le repas était gai, et Francis, qui grignotait un petit pain dans sa cachette, ne put se défendre d'un mouvement d'envie.

Les convives causaient entre chaque plat et s'attardèrent plus longuement encore sur un dessert exquis arrosé d'un vin vieux débouché avec soin par le Dictateur lui-même. La nuit était pure, étoilée, sans une brise; il commençait à faire sombre cependant et deux bougies furent apportées sur le dressoir. Des flots de lumière émergeaient en même temps de la véranda. Le jardin se trouva donc absolument illuminé.

Pour la dixième fois peut-être, miss Vandeleur rentra dans la maison; elle revint cette fois portant la cafetière, qu'elle posa sur le dressoir; au même instant son père se leva en disant :

« Le café, c'est de mon département. » Francis le vit se dresser de toute sa haute taille. Sans cesser de causer par-dessus son épaule avec les autres convives, il remplit les deux tasses; puis, par un mouvement de véritable prestidigitation, versa dans l'une d'elles le contenu d'une très petite fiole. La chose fut si vivement faite que celui qui ne le quittait pas des yeux eut à peine le temps de s'en apercevoir. Une seconde après, Mr. Vandeleur était retourné près de la table apportant les deux tasses.

« Avant que nous ayons fini de boire, notre Juif sera sans doute ici, » dit-il.

Il est impossible de décrire l'effroi et l'angoisse de Francis. Quel complot se tramait donc là, devant lui? Il se sentait moralement obligé d'intervenir, mais comment? C'était peut-être une simple plaisanterie, et quelle mine ferait-il dans le cas où son avertissement tomberait à faux? D'autre part, s'il y avait trahison, fallait-il dénoncer et perdre l'homme auquel il devait la vie? Il commença là-dessus à s'apercevoir qu'il jouait un rôle d'espion. L'attente devenait une torture cruelle; son cœur avait des palpitations irrégulières, ses jambes fléchissaient sous lui, une sueur froide l'inondait tout entier, il s'accrocha défaillant à l'appui de la fenêtre.

Plusieurs minutes, des siècles, se passèrent. La conversation semblait languir; tout à coup on entendit un verre se briser, en même temps qu'un autre bruit, sourd celui-là, comme si quelqu'un fût tombé le front sur la table. Puis un cri perçant déchira l'air.

« Qu'avez-vous fait? Il est mort! disait miss Vandeleur.

— Silence! fit le terrible vieillard d'une voix si vibrante que Francis ne perdit pas un mot. Il se porte aussi bien que moi. Prenez-le par les talons, je vais le tenir par les épaules. »

Des sanglots lui répondirent.

« M'entendez-vous, reprit la même voix rude, ou faut-il vous faire obéir de force? Choisissez, Mademoiselle. »

Il y eut une nouvelle pause, puis le Dictateur continua d'un ton moins violent :

« Prenez les pieds de cet homme, il faut que je le porte dans la maison. Ah! si j'étais plus jeune, rien au monde ne me retiendrait. Mais aujourd'hui, l'âge, les dangers, tout est contre moi,... mes mains tremblent et il faut que vous m'aidiez.

— C'est un crime! dit la jeune fille.
— Je suis votre père. »

Cet appel parut produire son effet; Francis entendit piétiner le gravier, une chaise tomba, puis il vit le père et la fille traverser l'allée et disparaître sous la véranda, portant un corps inanimé, affreusement pâle, dont la tête pendait. Était-il mort ou vivant? En dépit de l'affirmation de Mr. Vandeleur, Francis était fort inquiet. Un crime venait d'être commis, une catastrophe terrible s'abattait sur la maison aux persiennes vertes. A son grand étonnement, Francis sentit l'horreur et le mépris faire place chez lui à un sentiment de pitié pour le vieillard et pour l'enfant qu'un grand péril menaçait sans doute. Un élan généreux le poussa; lui aussi lutterait avec son père contre le monde, la justice et la fatalité; relevant brusquement la jalousie, il sauta sur la fenêtre, étendit les bras et se jeta, les yeux fermés, dans le feuillage du marronnier.

Les branches craquaient sous lui sans qu'il pût en saisir une; enfin un rameau plus fort se trouva sous sa main, il resta suspendu quelques secondes, puis, se laissant aller, tomba lourdement contre la table. Un cri d'alarme partit de la maison : sa singulière entrée n'était point passée inaperçue. Peu lui importait; en trois bonds il fut sous la véranda.

Dans une petite pièce, tapissée de nattes et entourée de vitrines remplies d'objets rares et précieux, Mr. Vandeleur était penché sur le corps du clergyman. Il se releva comme Francis entrait et quelque chose glissa de ses doigts dans ceux de sa fille; ce fut fait en un clin d'œil; à peine Francis avait-il eu le temps de voir, mais il lui sembla que le coupable avait saisi cet objet sur la poitrine de sa victime et qu'après l'avoir regardé un millième de seconde, il l'avait rapidement passé à sa fille. Tout cela s'était produit en moins de temps qu'il n'en faut pour le dire, tandis que Francis restait sur le seuil, un pied en l'air.

Se précipitant aux genoux du Dictateur :

« Père! s'écria-t-il, laissez-moi vous secourir. Traitez-moi en père et vous trouverez chez moi tout le dévouement d'un fils. »

Une explosion de jurons formidables fut toute la réponse qu'il obtint.

« Père, fils, fils, père! Qu'est-ce que cette

comédie? Comment êtes-vous entré dans mon jardin, Monsieur? Et, par le diable, qui êtes-vous? que voulez-vous? »

Abasourdi, Francis se releva sans mot dire.

Tout à coup, comme frappé d'un trait de lumière, John Vandeleur se mit à rire bruyamment.

« Je vois, s'écria-t-il, je comprends, c'est le Scrymgeour! Très bien, Mr. Scrymgeour, très bien, je vais vous mettre en quelques mots au courant de votre situation. Vous vous êtes introduit chez moi par force, sinon par ruse, à coup sûr sans y être invité, et vous choisissez pour m'accabler de vos protestations de tendresse le moment où un hôte vient de s'évanouir à ma table. Je ne suis pas votre père; puisque vous tenez à le savoir, vous êtes le fils naturel de mon frère et d'une marchande de poissons. J'avais pour vous une indifférence qui touche de près à l'antipathie, et d'après ce que je vois de votre conduite, votre esprit me paraît digne de votre extérieur. Je livre ces quelques remarques à vos méditations, et je vous prie avant tout de me débarrasser de votre présence. Si je n'étais pas occupé, ajouta-t-il avec un geste menaçant, vous recevriez la plus belle rossée que ce bras ait jamais donnée! »

Francis était pétrifié; il eût voulu être à cent lieues de cette maison maudite; mais, ne sachant comment s'en aller ni quel chemin prendre, il demeurait planté comme un piquet au milieu de la chambre. Miss Vandeleur rompit le silence.

« Père, vous êtes en colère,... vous parlez sans savoir... Mr. Scrymgeour a pu se tromper, mais ses intentions étaient bonnes.

— Merci, ma fille; vous me rappelez une autre observation que je crois devoir faire à M. Scrymgeour. Mon frère, Monsieur, a été assez absurde pour vous accorder une pension. Il a eu la présomption et la sottise de vouloir vous marier à cette demoiselle; vous lui avez été montré il y a deux jours, et j'ai le plaisir de vous annoncer qu'elle a repoussé avec dégoût l'idée d'une pareille union. Permettez-moi d'ajouter que j'ai beaucoup d'influence sur mon frère, et qu'il ne tiendra pas à moi qu'avant la fin de la semaine vous ne soyez renvoyé sans le sou à votre paperasserie. »

Le ton du vieillard était, s'il est possible, plus blessant encore que ses paroles. Devant cette haine furieuse, Francis perdit la tête; il cacha son visage entre ses mains et un sanglot souleva sa poitrine.

Miss Vandeleur intervint de nouveau.

« Mr. Scrymgeour, dit-elle d'une voix douce,

ne vous affligez pas des paroles de mon père. Je ne ressens pour vous aucune aversion; au contraire, j'ai demandé à faire avec vous plus ample connaissance; ce qui se passe ce soir ne m'inspire, croyez-le bien, que beaucoup d'estime et de pitié. »

A ce moment, Simon Rolles agita convulsivement le bras : il revenait à lui, n'ayant absorbé qu'un violent narcotique. Vandeleur se pencha, examina son visage, puis se releva en disant :

« Allons, puisque vous êtes si satisfaite de sa conduite, prenez une lumière, Mademoiselle, et montrez à ce bâtard le chemin de la porte. »

La jeune fille s'empressa d'obéir.

« Merci, lui dit Francis dès qu'ils furent seuls dans le jardin, merci du fond de l'âme. Vos paroles resteront dans ma mémoire comme un souvenir consolateur attaché à cette nuit, qui a été la plus cruelle de ma vie.

— J'ai dit ce que je pensais, répondit-elle, j'étais indignée de vous voir si injustement traité. »

Ils avaient atteint la porte de la rue, et miss Vandeleur, posant sa lumière sur le gravier, se mit à détacher les chaînes.

« Encore un mot, dit Francis : est-ce que je ne dois plus vous revoir?

— Hélas! vous avez entendu mon père. Je ne peux qu'obéir.

— Dites au moins que ce n'est pas de votre plein gré,... que ce n'est pas vous qui me chassez.

— Non, dit-elle, vous me semblez un brave et honnête garçon.

— Alors, donnez-moi un gage. »

La main sur la dernière serrure, elle s'arrêta un instant; tous les verrous étaient tirés, il ne restait plus qu'à pousser la porte.

« Si j'y consens, répondit-elle, promettez-vous de m'obéir de point en point?

— Mademoiselle, tout ordre venant de vous m'est sacré. »

Elle tourna la clef et ouvrit la porte.

« Eh bien, soit; mais vous ne savez pas ce que vous demandez. Quoi qu'il arrive et quoi que vous entendiez, ne revenez pas ici. Marchez le plus vite que vous pourrez jusqu'à ce que vous ayez atteint les quartiers éclairés et fréquentés, et là encore tenez-vous sur vos gardes; vous êtes en péril plus que vous ne le pensez. Promettez-moi de ne pas regarder ce gage avant que vous ne soyez en sûreté.

— Je le promets, » répondit Francis.

Elle lui mit dans la main un mouchoir roulé,

et, le poussant dans la rue avec une vigueur dont il ne la croyait pas capable :

« Maintenant, lui cria-t-elle, sauvez-vous! »

La porte retomba, loquets et verrous furent replacés.

« Allons, se dit Francis, puisque j'ai promis!... »

Et il descendit rapidement la rue. Il n'était pas à cinquante pas de la maison quand un cri diabolique retentit soudain dans le silence de la nuit. Instinctivement, il s'arrêta, un autre passant en fit autant, les habitants des maisons voisines se mirent aux fenêtres. Cet émoi semblait l'œuvre d'un seul homme, qui hurlait de rage et de désespoir, comme une lionne à qui l'on a volé ses petits, et Francis ne fut pas moins surpris qu'effrayé d'entendre son nom s'élever au milieu d'une volée de jurons en anglais. Son premier mouvement fut de retourner en arrière; mais, se rappelant l'avis de miss Vandeleur, il pensa que le mieux était de hâter le pas, et il se remettait en marche, quand le Dictateur, tête nue, cheveux au vent, criant et gesticulant, passa à côté de lui comme un boulet de canon.

« Je l'ai échappé belle! pensa Francis. Je ne sais pas ce qu'il peut me vouloir, mais il n'est certes pas bon à fréquenter pour le quart d'heure, et je ferai mieux d'obéir à cette aimable fille. »

Il retourna sur ses pas pour prendre une rue latérale et gagner la rue Lepic, se laissant poursuivre de l'autre côté. Le calcul était mauvais. Il n'avait en réalité qu'une chose à faire : entrer dans le plus proche café, et laisser passer le gros de l'orage. Mais, outre que Francis n'avait pas l'expérience de la guerre, sa conscience très nette ne lui faisait appréhender rien de plus qu'une entrevue désagréable, chose dont il lui semblait avoir fait ce soir-là un apprentissage plus que suffisant. Il se sentait endolori de corps et d'esprit.

Le souvenir de ses contusions lui rappela tout à coup que son chapeau était resté dans sa chambre et que ses vêtements avaient tant soit peu souffert de son passage à travers les branches du marronnier. Il entra dans le premier magasin venu, acheta un chapeau de feutre à larges bords et fit réparer sommairement le désordre de sa toilette. Quant au gage de miss Vandeleur, toujours dissimulé sous son mouchoir, il l'avait mis en sûreté dans la poche de son pantalon.

A quelques pas de la boutique, il sentit un choc soudain : une main s'abattit sur son épaule, tandis qu'une bordée d'injures lui entrait dans les oreilles. C'était le Dictateur, qui, ayant renoncé à rattraper sa proie, remontait chez lui par la rue Lepic.

Francis était un robuste garçon, mais il ne pouvait lutter ni de force ni d'adresse avec un tel adversaire; après quelques efforts stériles, il se rendit.

« Que me voulez-vous? demanda-t-il.

— C'est ce que vous saurez là-bas, » répondit l'autre d'un air farouche. Et il entraîna le jeune homme du côté de la maison aux persiennes vertes.

Tout en paraissant renoncer à la lutte, Francis guettait l'instant propice pour se sauver. D'une brusque secousse, il se dégagea, laissant le col de son paletot dans la main de son agresseur, et il reprit sa course dans la direction du boulevard. Les chances étaient retournées; si John Vandeleur était le plus fort, Francis était de beaucoup le plus agile des deux, et il fut bientôt perdu dans la foule. Il reprit haleine un instant, puis, de plus en plus intrigué et inquiet, il continua de marcher rapidement jusqu'à la place de l'Opéra, éclairée comme en plein jour par la lumière électrique.

« Voilà qui suffirait, je pense, à miss Vandeleur, se dit-il.

Tournant à gauche, il suivit le boulevard, entra au bar américain et demanda un bock. L'établissement était à peu près désert; il était trop tôt ou trop tard pour les habitués. Deux ou trois messieurs étaient dispersés à des tables isolées; mais Francis, absorbé dans ses propres réflexions, ne remarqua pas leur présence.

Il s'installa dans un coin et tira le mouchoir de sa poche : l'objet qu'entourait ce mouchoir se trouva être un élégant étui en maroquin, qui, s'ouvrant par un ressort, découvrit aux yeux épouvantés du jeune homme un diamant de taille monstrueuse et d'un éclat extraordinaire. Le fait était si parfaitement inexplicable, la valeur de cette pierre si évidemment exceptionnelle, que le jeune Scrymgeour resta pétrifié, anéanti, les yeux rivés sur l'écrin grand ouvert, dans l'attitude d'un homme frappé d'idiotisme.

Une voix, calme et impérieuse tout ensemble, lui glissa ces mots :

« Fermez cet écrin et faites bonne contenance. »

En levant les yeux, Francis vit devant lui un homme de la physionomie la plus distinguée, jeune encore et vêtu avec une élégante simplicité; il avait quitté l'une des tables voisines et, apportant son verre, était venu s'asseoir près de Francis.

« Fermez cet écrin, répéta l'étranger, et remettez-le dans votre poche, où je suis persuadé qu'il n'aurait jamais dû se trouver. Tâchez de perdre cet air abasourdi et traitez-moi comme si j'étais une personne de votre connaissance, rencontrée par hasard. Allons, vite, trinquez avec moi. Voilà qui est mieux. Vous n'êtes qu'un amateur, Monsieur, je suppose? »

L'inconnu prononça ces mots avec un sourire plein de sous-entendus et se renversa sur sa chaise en lançant dans l'air une ample bouffée de tabac.

« Pour l'amour de Dieu, dit Francis, apprenez-moi qui vous êtes et ce que veut dire tout ceci. J'obéis à vos injonctions, et vraiment je ne sais pas pourquoi; mais j'ai traversé ce soir tant d'aventures bizarres, et tous ceux que je rencontre se conduisent si singulièrement, que j'en arrive à croire que j'ai perdu la tête ou que je voyage dans une autre planète. Votre physionomie m'inspire confiance, Monsieur; vous paraissez être un homme d'expérience, sage et bon; dites-moi pourquoi vous m'abordez ainsi.

— Chaque chose a son temps, répondit l'étranger; j'ai le pas sur vous. Commencez par me dire, vous, comment il se fait que le Diamant du Rajah soit en votre possession.

— Le diamant du Rajah! répéta Francis.

— A votre place je ne parlerais pas si haut. Oui, Monsieur, le diamant du Rajah; c'est lui que vous avez dans votre poche, et cela sans aucun doute. Je le connais bien, l'ayant vu plus de vingt fois dans la collection de sir Thomas Vandeleur.

— Sir Thomas Vandeleur?... Le général,... mon père!

— Votre père! Je ne savais pas que le général Vandeleur eût des enfants.

— Monsieur, je suis fils naturel, » répondit Francis en rougissant.

L'autre s'inclina d'un air grave : ce fut le salut d'un homme qui s'excuse silencieusement auprès de son égal, et Francis se sentit aussitôt rassuré, réconforté, toujours sans savoir pourquoi. La présence de cet inconnu lui faisait du bien et lui inspirait confiance; il lui semblait toucher la terre ferme. Un sentiment de respect involontaire le poussa tout à coup à ôter son chapeau, comme s'il se fût trouvé en présence d'un supérieur.

« Je vois, dit l'étranger que vos aventures n'ont pas été d'un genre précisément pacifique.

Votre col est déchiré, votre visage porte des égratignures et vous avez une blessure à la tempe. Peut-être excuserez-vous ma curiosité si je vous demande de m'expliquer la cause de ces accidents et comment il se fait qu'un objet volé de pareille valeur se trouve dans votre poche.

— Détrompez-vous, repartit Francis avec beaucoup de vivacité; je ne possède aucun objet volé. Si vous faites allusion au diamant, je l'ai reçu, il n'y a pas une heure, des mains mêmes de miss Vandeleur, rue Lepic.

— Miss Vandeleur! rue Lepic! Vous m'intéressez plus que vous ne croyez, Monsieur. Continuez, je vous prie.

— Ciel!... » s'écria Francis.

Un éclair venait de traverser sa mémoire. N'avait-il pas vu Mr. Vandeleur plonger sa main dans le gilet de son convive évanoui pour y saisir quelque chose? Ce quelque chose, il en avait maintenant la certitude, c'était un étui en maroquin !

« Vous trouvez une piste? demanda l'étranger.

— Écoutez, répondit Francis; je ne sais qui vous êtes, mais je vous crois capable de me venir en aide. Je suis dans une situation inextricable, j'ai besoin de conseil et d'appui; puisque vous m'y invitez, je vais tout vous dire. »

Et il lui raconta brièvement son odyssée depuis le jour où il avait été appelé chez l'avoué, à Édimbourg.

« Cette histoire n'est pas banale, dit l'étranger, quand le jeune homme eut fini, et votre position est certainement scabreuse. Bien des gens vous conseilleraient de chercher votre père pour lui remettre le diamant; quant à moi, j'ai d'autres vues. — Garçon ! cria-t-il, priez le directeur de l'établissement de venir me parler. »

Dans son accent, dans son attitude, Francis reconnut de nouveau l'habitude évidente du commandement. Le garçon s'éloigna et revint bientôt suivi du gérant de l'endroit, qui se confondait en saluts obséquieux.

« Ayez la bonté de dire à monsieur mon nom, fit l'étranger en désignant Francis.

« Monsieur, dit l'important fonctionnaire en s'adressant au jeune Scrymgeour, vous avez l'honneur d'être assis à la même table que Son Altesse le prince Florizel de Bohême. »

Francis se leva précipitamment et s'inclina devant le prince, qui le pria de se rasseoir.

« Merci, dit le prince Florizel au gérant; je suis fâché de vous avoir dérangé pour si peu de chose. »

Et, d'un signe de la main, il le congédia.

« Maintenant, reprit-il en se tournant vers Francis, donnez-moi le diamant. »

L'écrin lui fut remis aussitôt en silence.

« Très bien ; vous agissez sagement. Toute votre vie vous vous féliciterez de vos infortunes de ce soir. Un homme, Mr. Scrymgeour, peut être assailli par des difficultés sans nombre ; mais s'il a l'intelligence saine et le cœur vaillant, il sortira de toutes avec honneur. Ne vous tourmentez plus ; vos affaires sont entre mes mains, et, avec l'aide de Dieu, je saurai les amener à une heureuse issue. Suivez-moi, s'il vous plaît, jusqu'à ma voiture. »

Le prince se leva et, laissant une pièce d'or au garçon, il conduisit le jeune homme à quelques pas du café, où l'attendaient deux domestiques sans livrée et un coupé fort simple.

« Cette voiture, dit-il à Francis, est à votre disposition. Rassemblez vos bagages le plus promptement possible, et mes domestiques vous conduiront à une villa des environs de Paris où vous pourrez attendre tranquillement la conclusion de vos affaires. Vous trouverez là un jardin agréable, une bibliothèque bien composée, un cuisinier passable, de bons vins et quelque cigares que je vous recommande. Jérôme, ajouta-t-il, se tournant vers un des laquais, vous avez entendu ce que je viens de dire; je vous confie Mr. Scrymgeour, vous veillerez à ce qu'il soit bien traité. »

Francis balbutia quelques phrases de reconnaissance.

« Il sera temps de me remercier, dit le prince, quand votre père vous aura reconnu et que vous épouserez Miss Vandeleur. »

Sur ces mots, il s'éloigna, sans se presser, dans la direction de Montmartre. Un fiacre passait, il y monta en jetant une adresse au cocher; un quart d'heure après, ayant congédié son cocher à l'entrée de la rue, il sonnait à la porte de Mr. Vandeleur.

La grille fut ouverte avec précaution par le Dictateur lui-même.

« Qui êtes-vous? demanda-t-il.

— Vous excuserez cette visite tardive, Mr. Vandeleur.

— Votre Altesse est toujours la bienvenue, » répondit le vieillard en s'effaçant.

Le prince pénétra dans le jardin, marcha droit à la maison et, sans attendre son hôte, ouvrit la porte du salon. Il y trouva deux personnes assises : l'une était miss Vandeleur, les yeux rougis par des larmes récentes; un sanglot la secouait encore de temps en temps. Dans l'autre personne, Florizel reconnut un jeune homme qui, quelques semaines auparavant, l'avait abordé au club pour lui demander des renseignements littéraires.

« Miss Vandeleur, dit Florizel en la saluant, vous paraissez fatiguée. Mr. Rolles, si je ne me trompe? J'espère, Monsieur, que vous avez tiré profit de l'étude de Gaboriau. »

Le clergyman semblait absorbé dans des pensées amères ; il ne répondit pas et se contenta de saluer sèchement, tout en se mordant les lèvres.

« A quel heureux hasard dois-je l'honneur de recevoir la visite de Votre Altesse? demanda Vandeleur qui arrivait derrière le prince.

— Je viens pour affaires, et, quand j'aurai terminé avec vous, je prierai Mr. Rolles de m'accompagner dans une petite promenade. Mr. Rolles, je vous ferai remarquer, par parenthèse, que je ne suis pas encore assis. »

Le jeune ecclésiastique sauta sur ses pieds en s'excusant ; là-dessus le prince prit un fauteuil près de la table, tendit son chapeau à Vandeleur, sa canne à Rolles, et, les laissant debout près de lui, s'exprima en ces termes :

« Je suis venu pour affaires, comme je vous l'ai dit; mais, si j'étais venu pour mon plaisir, j'aurais été fort mécontent de votre accueil.

Vous, Mr. Rolles, vous avez manqué de respect à votre supérieur; vous, Vandeleur, vous me recevez le sourire aux lèvres, tout en sachant fort bien que vos mains ne sont pas pures. Je prétends ne pas être interrompu, Monsieur, ajouta-t-il impérieusement, je suis ici pour parler et non pour écouter; je vous prie donc de m'entendre avec respect et de m'obéir à la lettre. Dans le plus bref délai possible, votre fille épousera, à l'ambassade, Francis Scrymgeour, mon ami, fils reconnu de votre frère. Vous m'obligerez en donnant au moins dix mille livres sterling de dot. Quant à vous, je vous destine une mission de quelque importance dans le royaume de Siam, et je vous en aviserai par écrit. Maintenant, Monsieur, répondez en deux mots. Acceptez-vous, oui ou non, ces conditions?

— Votre Altesse me permettra de lui adresser humblement deux objections, dit Vandeleur.

— Je permets...

— Votre Excellence a appelé Mr. Scrymgeour son ami; si j'avais soupçonné qu'il fût l'objet d'un si grand privilège, je l'aurais traité avec un respect proportionné à cette faveur.

— Vous interrogez adroitement, dit le prince; mais je ne me laisse pas prendre à vos insinuations perfides. Vous avez mes ordres : n'eussé-je vu jamais avant ce soir la personne en question, ils n'en seraient pas moins catégoriques.

— Votre Altesse interprète ma pensée avec sa finesse habituelle, reprit Vandeleur, et il ne me reste plus à ajouter que ceci : j'ai malheureusement mis la police aux trousses de M^r. Scrymgeour; dois-je retirer ou maintenir mon accusation de vol?

— A votre guise; c'est affaire entre votre conscience et les lois de ce pays. Donnez-moi mon chapeau; et vous, Mr. Rolles, suivez-moi. Miss Vandeleur, je vous souhaite le bonsoir. Votre silence, ajouta-t-il en s'adressant à Vandeleur, équivaut, n'est-ce pas, à un consentement formel?

— Puisque je ne puis faire autrement, je me soumets; mais je vous préviens franchement, mon Prince, que ce ne sera pas sans une dernière lutte.

— Prenez garde, dit Florizel, vous êtes vieux et les années sont peu favorables aux méchants; votre vieillesse sera plus mal avisée que la jeunesse des autres. Ne me provoquez pas, ou vous me trouverez autrement rigoureux que vous ne l'imaginez. C'est la première fois que j'ai dû me mettre en travers de votre route; veillez à ce que ce soit la dernière. »

Sur ces mots, Florizel sortit du salon en faisant signe au clergyman de le suivre. Le Dictateur les accompagna avec une lanterne et se mit à ouvrir une fois de plus les divers systèmes de fermeture si compliqués derrière lesquels il s'était cru à l'abri de toute intrusion.

« Maintenant que votre fille ne peut plus m'entendre, dit le prince en se retournant sur le seuil, laissez-moi vous dire que j'ai compris vos menaces. Vous n'avez qu'à lever la main pour amener sur vous une ruine immédiate et irrémédiable. »

Le Dictateur ne répondit pas, mais à peine le prince lui eut-il tourné le dos qu'il lança un geste de menace plein de haine furieuse; puis, tournant le coin de la maison, il courut de toute la vitesse de ses jambes jusqu'à la station de voitures la plus proche.

―――

Ici, dit mon auteur arabe, le fil des événements s'écarte une fois pour toutes de la maison aux persiennes vertes; encore une aventure, et nous en aurons fini avec le Diamant du Rajah. Ce dernier anneau de la chaîne est connu parmi les habitants de Bagdad sous le nom d' « AVENTURE DU PRINCE FLORIZEL ET D'UN AGENT DE POLICE. »

AVENTURE DU PRINCE FLORIZEL

ET D'UN AGENT DE POLICE.

Le prince Florizel ne quitta Mr. Rolles qu'à la porte du modeste hôtel où logeait ce dernier. Ils causèrent beaucoup et le jeune homme fut plus d'une fois ému jusqu'aux larmes par la sévérité mêlée de bienveillance que le prince mit dans ses reproches.

« Ma vie est perdue, dit-il enfin. Venez à mon secours; dites-moi ce que je puis faire. Je n'ai, hélas! ni les vertus d'un prêtre ni le savoir-faire d'un fripon.

— Maintenant que vous êtes humilié, dit Florizel, je n'ai plus à vous donner d'ordres; le repentir se traite avec Dieu et non avec les princes, mais si vous me permettez un conseil, partez pour l'Australie comme colon, cherchez une occupation active, travaillez de vos bras, au grand air, tâchez d'oublier que vous avez été prêtre, tâchez d'oublier l'existence de cette pierre maudite.

— Maudite, en effet. Où est-elle maintenant, et quels nouveaux malheurs prépare-t-elle à l'humanité?

— Elle ne fera plus de mal à personne, elle est dans ma poche. Vous voyez, ajouta le prince en souriant, que votre repentir, si jeune qu'il soit, m'inspire confiance.

— Que Votre Altesse me permette de lui toucher la main, murmura Mr. Rolles.

— Non, répondit Florizel, pas encore. »

Le ton qui accompagna ces derniers mots sonna éloquemment à l'oreille du coupable; quand, quelques minutes après, le prince s'éloigna, il le suivit longtemps des yeux en appelant les bénédictions célestes sur cet homme de bon conseil.

Pendant plusieurs heures, le prince arpenta seul les rues les moins fréquentées. Il était fort perplexe. Que faire de ce diamant? Fallait-il le rendre à son propriétaire, qu'il jugeait indigne de le posséder? Fallait-il, par quelque mesure radicale et courageuse, le mettre pour toujours hors de la portée des convoitises humaines? Qu'il fût tombé entre ses mains par un dessein providentiel, ce n'était pas douteux, et, en le regardant sous un bec de gaz, Florizel fut frappé plus que jamais de sa taille et de ses reflets extraordinaires; c'était décidément un fléau menaçant pour le monde.

« Que Dieu me vienne en aide ! pensa-t-il. Si je persiste à le regarder, je vais le convoiter moi-même. »

Enfin, ne sachant quel parti prendre, il se dirigea vers l'élégant petit hôtel que sa royale famille possédait depuis des siècles sur le quai. Les armes de Bohême sont gravées au-dessus de la porte et sur les hautes cheminées; à travers une grille, les passants peuvent apercevoir des pelouses veloutées et garnies de fleurs; une cigogne, seule de son espèce dans Paris, perche sur le pignon et attire tout le jour un cercle de badauds; des laquais à l'air grave vont et viennent dans la cour; de temps à autre la grande grille s'ouvre et une voiture roule sous la voûte. A divers titres, cet hôtel était la résidence favorite du prince Florizel; il n'y arrivait jamais sans éprouver le sentiment du chez-soi qui est une jouissance si rare dans la vie des grands. Le soir dont il est question, ce fut avec un plaisir particulier qu'il revit ses fenêtres doucement éclairées. Comme il approchait de la petite porte par laquelle il entrait toujours lorsqu'il était seul, un homme sortit de l'ombre et lui barra le passage avec un profond salut.

« Est-ce au prince Florizel de Bohême que j'ai l'honneur de parler?

— Tel est mon titre, Monsieur. Que me voulez-vous?

— Je suis un agent, chargé par M. le Préfet de police de remettre cette lettre à Votre Altesse. »

Le prince prit le pli qu'on lui tendait et le parcourut rapidement à la lueur du réverbère; c'était, dans les termes les plus polis et les plus respectueux, une invitation à suivre immédiatement à la préfecture le porteur de la lettre.

« En d'autres termes, dit Florizel, je suis arrêté?

— Oh! rien ne doit être plus éloigné, j'en suis sûr, des intentions réelles de M. le Préfet. Ce n'est pas un mandat d'amener, mais une simple formalité dont on s'excusera certainement auprès de Votre Altesse.

— Et si je refusais de vous suivre?

— Je ne puis dissimuler à Votre Altesse que tous pouvoirs m'ont été donnés, répondit l'agent en s'inclinant.

— Sur mon âme, votre audace me confond. Vous n'êtes qu'un agent et je vous pardonne, mais vos chefs auront à se repentir de leur conduite. Quel est le motif de cet acte impolitique?

Remarquez que ma détermination n'est pas prise et peut dépendre de la sincérité de votre réponse; rappelez-vous aussi que cette affaire n'est pas sans gravité.

— Eh bien, dit l'agent fort embarrassé, le général Vandeleur et son frère ont osé accuser le prince Florizel d'un vol, s'il faut dire le mot. Le fameux diamant, prétendent-ils, serait entre ses mains. Une simple dénégation de la part de Votre Altesse suffira naturellement à convaincre M. le Préfet; je vais même plus loin : que Votre Altesse fasse à un subalterne l'honneur de lui déclarer qu'elle n'est pour rien dans cette affaire, et je demanderai la permission de me retirer sur-le-champ. »

Le prince n'avait jusqu'alors considéré cet incident que comme une bagatelle, fâcheuse uniquement au point de vue de ses conséquences internationales. Au nom de Vandeleur, la réalité lui apparut dans toute son horreur : non seulement il était arrêté, mais il était coupable! Il ne s'agissait pas d'une aventure plus ou moins désagréable, mais d'un péril imminent pour son honneur. Que faire? Que dire? Le diamant du Rajah était en vérité une pierre maudite et il semblait à Florizel qu'il dût être la dernière victime de son sinistre pouvoir.

Une chose était certaine : il ne pouvait donner à l'agent l'assurance qu'on lui demandait et il fallait gagner du temps. Son hésitation ne dura pas une seconde.

« Soit, dit-il, puisqu'il en est ainsi, allons ensemble à la Préfecture. »

L'agent s'inclina de nouveau et suivit le prince à distance respectueuse.

« Approchez, dit Florizel, je suis disposé à causer; d'ailleurs, si je ne me trompe, ce n'est pas la première fois que nous nous rencontrons.

— Votre Altesse m'honore en se souvenant de ma figure; il y a huit ans que je ne l'avais rencontrée.

— Se rappeler les physionomies, c'est une partie de ma profession comme c'est aussi une partie de la vôtre. De fait, un prince et un agent de police sont des compagnons d'armes; nous luttons tous deux contre le crime; seulement vous occupez le poste le plus dangereux tandis que j'occupe le plus lucratif, néanmoins les deux rôles peuvent être honorablement remplis. Je vais peut-être vous étonner, mais sachez que j'aimerais mieux être un agent de police capable qu'un prince faible et lâche. »

L'officier parut infiniment flatté.

« Votre Altesse, balbutia-t-il, rend le bien

pour le mal et il repond à un acte terriblement présomptueux par la plus aimable condescendance.

— Qu'en savez-vous? Je cherche peut-être à vous corrompre.

— Dieu me garde de la tentation!

— J'applaudis à votre réponse; elle est d'un homme sage et honnête. Le monde est grand; il est rempli de choses faites pour nous séduire, et il n'y a pas de limites aux récompenses qui peuvent s'offrir. Quiconque refuserait un million en argent, vendrait peut-être son honneur pour un royaume ou pour l'amour d'une femme. Moi qui vous parle, j'ai connu des provocations, des tentations tellement au-dessus des forces humaines, que j'ai été heureux de pouvoir comme vous me confier à la garde de Dieu. C'est grâce à ce secours journellement imploré que nous pouvons, vous et moi, marcher aujourd'hui côte à côte avec une conscience qui ne nous reproche rien.

— J'avais toujours entendu dire que Votre Altesse était la bravoure même, fit l'agent, mais j'ignorais que le prince Florizel fût religieux en outre. Ce qu'il dit là est bien vrai. Oui, le monde est un champ de bataille et on y rencontre de rudes épreuves.

— Nous voici au milieu du pont, dit Florizel ; appuyez-vous au parapet et regardez. De même que les eaux courent et se précipitent, de même les passions et les circonstances compliquées de la vie emportent dans leur torrent l'honneur des cœurs faibles. Je veux vous raconter une histoire.

— Aux ordres de Votre Altesse, répondit l'agent.

Et, imitant le prince, il s'accouda sur le parapet. La ville était déjà endormie ; tout faisait silence ; sans les nombreuses lumières et la silhouette des maisons qui se dessinait sur le ciel étoilé, ils auraient pu se croire dans une campagne solitaire.

« Un officier, commença Florizel, un homme plein de courage et de mérite, qui avait su déjà s'élever à un rang éminent et conquérir l'estime de ses concitoyens, visita, dans une heure funeste, les collections de certain prince indien. Là, il vit un diamant d'une beauté si extraordinaire que dès lors une seule pensée remplit son esprit et dévora sa vie pour ainsi dire ; honneur, amitié, réputation, amour de la patrie, il se sentit prêt à tout sacrifier pour posséder ce morceau de cristal étincelant. Pendant trois années il servit un potentat à demi barbare comme Jacob servit

Laban; il viola les frontières, il se rendit complice de meurtres, d'attentats de toute sorte, il fit condamner et exécuter un de ses frères d'armes qui avait eu le malheur de déplaire au Rajah par son honnête indépendance; finalement, à une heure où la patrie était en danger, il trahit un des corps qui lui étaient confiés et le laissa écraser par le nombre. A la fin de tout cela, il avait récolté une magnifique fortune et il revint chez lui rapportant le diamant si longtemps envié.

« Des années se passèrent, et un jour le diamant s'égara d'aventure. Il tomba entre les mains d'un jeune étudiant, simple, laborieux, se destinant au sacerdoce et promettant déjà de se distinguer dans cette carrière de dévouement. Sur lui aussi, le mauvais sort est jeté aussitôt; il abandonne tout, sa vocation, ses études, et s'enfuit avec le joyau corrupteur en pays étranger. L'officier a un frère, homme audacieux et sans scrupules, qui découvre le secret du jeune ecclésiastique. Celui-là va-t-il prévenir son frère, avertir la police? Non, le charme diabolique agira encore sur lui, il veut posséder seul le trésor. Au risque de le tuer, il endort au moyen d'une drogue le clergyman, attiré dans sa maison par une ruse, et il profite de cette torpeur pour lui voler sa proie.

« Après une suite d'incidents qui seraient ici sans intérêt, le diamant passe aux mains d'un autre homme, qui, terrifié de ce qu'il voit, le confie à un personnage haut placé et à l'abri de tout reproche.

« L'officier, continua Florizel, s'appelle Thomas Vandeleur; la pierre précieuse et funeste, c'est le diamant du Rajah, et ce diamant, vous l'avez devant vos yeux, ajouta-t-il en ouvrant brusquement la main. »

L'agent recula, éperdu, avec un grand cri.

« Nous avons parlé de corruption, reprit Florizel; pour moi cet objet est aussi repoussant que s'il grouillait de tous les vers du sépulcre, aussi odieux que s'il était formé de sang humain, du sang de tant d'innocents qui coula par sa faute; ses feux sont allumés au feu de l'enfer, et, quant aux crimes, aux trahisons qu'il a pu suggérer dans les siècles passés, l'imagination ose à peine les concevoir. Depuis trop d'années il a rempli sa noire mission, c'est assez de vies sacrifiées, c'est assez d'infamies. Toutes choses ont un terme, le mal comme le bien, et, quant à ce diamant, que Dieu me pardonne si j'agis mal, mais il verra ce soir la fin de son empire. »

Ce disant, Florizel fit un mouvement rapide de la main, le diamant décrivit un arc lumineux, puis alla tomber dans la Seine. L'eau jaillit alentour et il disparut.

« Amen, dit gravement le royal justicier, j'ai tué un basilic.

— Qu'avez-vous fait! s'écria en même temps l'agent de police, hors de lui. Je suis un homme perdu.

— Bon nombre de gens bien placés à Paris pourraient vous envier votre ruine, repartit le prince avec un sourire.

— Hélas! Votre Altesse me corrompt, moi aussi, après tout!

— Que voulez-vous, je n'y pouvais rien! Maintenant, allons à la Préfecture. »

Peu après, le mariage de Francis Scrymgeour et de miss Vandeleur fut célébré sans bruit, le prince faisant office de témoin. Les deux Vandeleur ont eu vent, sans doute, du sort de leur butin, car d'énormes travaux de draguage dans la Seine font l'étonnement et la joie des flâneurs; ces travaux pourront continuer longtemps, puisqu'une mauvaise chance a voulu jusqu'ici qu'on opérât sur l'autre bras de la rivière. Quant au prince, ce sublime personnage ayant maintenant joué son rôle, il peut, avec « l'auteur arabe », disparaître dans l'espace. Pourtant, si le lecteur désire des informations plus précises, je suis heureux de lui faire savoir qu'une récente révolution a précipité Florizel du trône de Bohême, par suite de ses absences prolongées et de son édifiante négligence en ce qui concernait les affaires publiques. Il tient à présent, dans Rupert-Street, une boutique de cigares très fréquentée par d'autres réfugiés étrangers. Je vais là de temps en temps fumer et causer un brin, et je trouve toujours en lui l'être magnanime qu'il était aux jours de sa prospérité; il conserve derrière son comptoir un port olympien, et bien que la vie sédentaire commence à marquer sous son gilet, il est encore incontestablement le plus beau des marchands de tabac de Londres.

FIN.

TABLE.

	Pages.
LE ROMAN ÉTRANGE EN ANGLETERRE	1

LE CLUB DU SUICIDE.

Histoire du jeune homme aux tartes à la crème	71
Histoire d'un médecin et d'une malle	71
L'aventure des cabs	171

LE DIAMANT DU RAJAH.

Histoire d'un carton à chapeau	209
Histoire d'un jeune clergyman	255
Histoire de la maison aux persiennes vertes	285
Aventure du prince Florizel et d'un agent de police	335

FIN DE LA TABLE.

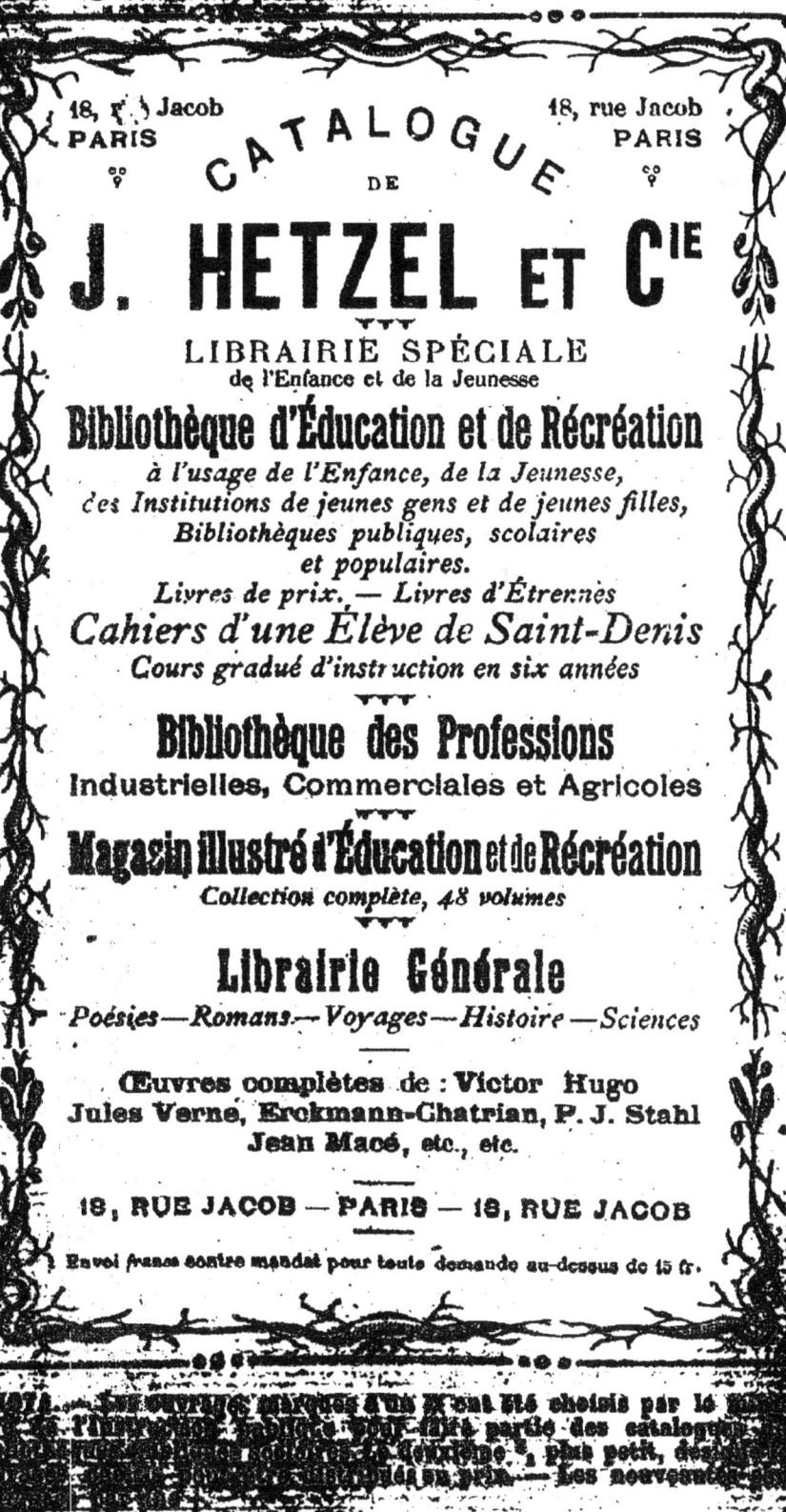

J. HETZEL ET Cⁱᵉ, 18, RUE JACOB

SEUL JOURNAL COURONNÉ
PAR L'ACADÉMIE FRANÇAISE

48 vol. **MAGASIN ILLUSTRÉ** 48 vol.

ET

DE RÉCRÉATION

et Semaine des Enfants, réunis

Journal de toute la famille

Encyclopédie morale de l'Enfance et de la Jeunesse

FONDÉ PAR **P. J. STAHL**

DIRIGÉ PAR

JULES VERNE — J. HETZEL — JEAN MACÉ

AVEC LE CONCOURS DES ÉCRIVAINS, SAVANTS ET ARTISTES LES PLUS RÉPUTÉS

Il paraît une livraison de 32 pages tous les quinze jours, depuis le 20 mars 1864; soit un beau volume tous les six mois.

Les 48 volumes parus contiennent 90 grands ouvrages, 1,075 contes et articles divers, et environ 5,500 gravures de nos premiers artistes.

ABONNEMENT ANNUEL

Paris : 14 fr. — Départements : 16 fr.

UNION POSTALE : 17 FR.

Les abonnements partent du 1ᵉʳ janvier ou du 1ᵉʳ juillet.

Volume br., 7 fr.; cart. toile, tr. dor., 10 fr.; rel., tr. dor., 12 fr.

COLLECTION COMPLÈTE : 48 VOLUMES

Brochés : 336 fr.; cart. toile, tr. dor. : 480 fr.; reliés, tr. dor. : 576 fr.

Les tomes I à X forment une série complète.
Les tomes XI à XLVI en forment une seconde.

Sous presse : Tomes XLIX et L.

NOTA. — Les ouvrages marqués d'un ✷ ont été choisis par le ministère de l'Instruction publique pour faire partie des catalogues des bibliothèques publiques scolaires. Le deuxième*, plus petit, désigne les ouvrages choisis pour être distribués en prix. — Les nouveautés sont indiquées par une †.

ENFANCE, JEUNESSE. — LIBRAIRIE SPÉCIALE

COLLECTION COMPLÈTE
DES QUARANTE-HUIT PREMIERS VOLUMES DU
MAGASIN D'ÉDUCATION
ET DE RÉCRÉATION
FONDÉ PAR P. J. STAHL
DIRIGÉ PAR JEAN MACÉ — J. HETZEL — JULES VERNE

Les quarante-huit premiers volumes illustrés parus du *Magasin d'Éducation et de Récréation* constituent à eux seuls tout une bibliothèque de l'enfance et de la jeunesse. L'examen du catalogue général du *Magasin*, que nous tenons toujours à la disposition des parents, leur montrera que les œuvres principales, et pour ainsi dire complètes, de JULES VERNE, de P. J. STAHL, de JULES SANDEAU, de E. LEGOUVÉ, d'EGGER, de J. MACÉ, de L. BIART, d'ANDRÉ LAURIE et de bien d'autres; que les plus heureuses séries de dessins de Frœlich, Froment et d'un grand nombre d'artistes éminents, écrites ou dessinées avec un soin scrupuleux, à l'usage spécial de la jeunesse et de la famille, sont contenues dans ces volumes.

Cette collection grand in-8° représente par le fait la matière de plus de cent cinquante volumes in-18 ordinaires. Elle est en outre illustrée de plus de cinq mille cinq cents dessins, créés expressément pour le *Magasin d'Éducation*.

Le *Magasin d'Éducation* s'est tenu avec soin en dehors de ce qu'on appelle l'actualité, dont l'intérêt passe et vieillit, pour ne laisser entre les mains de ses lecteurs que des œuvres d'un intérêt durable et permanent. Les premiers volumes, à ce titre, présentent donc un intérêt égal aux derniers, et offrir aux enfants les premières années, s'ils ne les connaissent pas, leur assure des lectures aussi agréables que si on leur donnait les dernières.

*LES TOMES I à XXX
RENFERMENT COMME ŒUVRES PRINCIPALES

Les Aventures du Capitaine Hatteras, Les Enfants du Capitaine Grant, Vingt mille lieues sous les mers, Aventures de trois Russes et de trois Anglais, Le Pays des Fourrures, L'Ile mystérieuse, Michel Strogoff, Hector Servadac, Les Cinq cents millions de la Bégum, de Jules VERNE. — La Morale familière, Les Contes anglais, La Famille Chester, L'Histoire d'un Ane et de deux jeunes Filles, Une Affaire difficile à arranger, Maroussia, Un pot de crème pour deux, de P. J. STAHL. — La Roche aux Mouettes, de Jules SANDEAU. — Le Nouveau Robinson Suisse, de STAHL et MULLER. — Romain Kalbris, d'Hector MALOT. — Histoire d'une Maison, de VIOLLET-LE-DUC. — Les Serviteurs de l'Estomac, Le Géant d'Alsace, Le Gulf-Stream, etc., de Jean Macé. — Le Denier de la France, La Chasse, Le Travail et la Douleur, A Madame la Reine, La Fée Béquillette, Un premier Symptôme, Sur la Politesse, Lettre à Mlle Lili, etc., de E. Legouvé. — Le Livre d'un Père, de Victor de Laprade. — La Jeunesse des Hommes célèbres, de Müller. — Aventures d'un jeune Naturaliste, Entre Frères et Sœurs, Voyages et Aventures de deux enfants dans un parc, Les Voyages involontaires, de Lucien Biart. — Causeries d'Économie pratique, de Maurice Block. — La Justice des choses, de Lucie B***. — Les Aventures d'un Grillon, La Gileppe, par le docteur Candèze. — Vieux Souvenirs, Départ pour la Campagne, Bébé aime le rouge, etc., de Gustave Droz. — Le Pacha berger, par E. Laboulaye. — La Musique au foyer, par Lacome. — Histoire d'un Aquarium, Les Clients d'un vieux Poirier, de E. Van Bruyssel. — Le Chalet des Sapins, de Prosper Chazel. — L'Odyssée de Pataud et de son chien Fricot, de P. J. Stahl et Cham. — Le petit Roi, de S. Blandy. — L'Ami Kips, de G. Aston. — La Grammaire de Mlle Lili, de Jean Macé. — Histoire de mon oncle et de ma tante, par A. Dequet. — L'Embranchement de Mugby, Histoire de Bebelle, Une lettre inédite, Septante fois sept, de Ch. Dickens, etc., etc. — Les petites Sœurs et petites Mamans, Les Tragédies enfantines, Les Scènes familières et autres séries de dessins, par Froelich, Froment, Detaille; textes de Stahl, etc., etc.

* TOMES XXXI à XLVIII

La Maison à vapeur, La Jangada, L'École des Robinsons, Kéraban-le-Têtu, L'Étoile du Sud, Un Billet de Loterie, Nord contre Sud, Deux ans de Vacances, par Jules Verne. — L'Épave du Cynthia, par Jules Verne et André Laurie. — Leçons de Lecture, Une Élève de seize ans, par E. Legouvé. — Les Quatre filles du docteur Marsch, La Première Cause de l'avocat Juliette, Jack et Jane, La Petite Rose, par P. J. Stahl. — La Vie de collège en Angleterre, Mémoires d'un collégien, Une année de collège à Paris, L'Héritier de Robinson, Le Bachelier de Séville, De New-York à Brest, par André Laurie. — Jean Casteyras, par Badin. — Périnette, par le Dr Candèze. — Les Pupilles de l'Oncle Philibert, par Blandy. — Le Théâtre de famille, La petite Louisette, par Gennevraye. — Les jeunes Filles de Quinnebasset, par J. Lermont. — Blanchette, par B. Vadier. — Les Mines de Salomon, par Ridder-Haggard. — Marco et Tonino, Les Pigeons de St-Marc, Un Petit Héros, par M. Génin. — Boulotte, par S. Austin. — Le livre de Trotty, par Crétin-Lemaire. — Les Lunettes de grand'maman, Pas pressé, par Perrault. — La Patrie avant tout, par F. Diény. — Les deux côtés du mur, Les Douze, par Bertin. — Travailleurs et Malfaiteurs microscopiques, par I. A. Rey. — Voyage d'une fillette au pays des étoiles, par Gouzy. — Voyage au pays des défauts, par M. Bertin. — La Poupée de Mlle Lili, Pierre et Paul, Les petits Bergers, Albums, texte par Stahl, etc., etc. — Contes et nouvelles, par Stahl, Legouvé, C. Lemonnier, Lermont, Bentzon, Dupin de Saint-André, Nicole, Blandy, Bénédict, Berthe Vadier, Spark, Tolstoï, etc.

BIBLIOTHÈQUE D'ÉDUCATION ET DE RÉCRÉATION

VOLUMES ILLUSTRÉS

ŒUVRES COMPLÈTES
parues :
30 VOLUMES
Brochés. 259 50
Toile... 348 »
Reliés.. 404 »

JULES VERNE
(ŒUVRES COMPLÈTES)

ŒUVRES COMPLÈTES
parues :
30 VOLUMES
Brochés. 259 50
Toile... 348 »
Reliés.. 404 »

Voyages Extraordinaires
— COURONNÉS PAR L'ACADÉMIE —

TRÈS BELLE ÉDITION GRAND IN-8° ILLUSTRÉE

※***Cinq Semaines en Ballon**, 80 dessins par Riou. 1 volume, toile, tr. dorées, 6 fr.; broché 4 50

※***Voyage au Centre de la Terre**, 56 dessins par Riou. 1 volume, toile, tr. dorées, 6 fr.; broché... 4 50
    Ces deux ouvrages réunis en un seul volume. Relié, tr. dor., 14 fr.; toile, tr. dor., 12 fr.; broché . . . . 9 »

※***Les Aventures du capitaine Hatteras**, 261 dessins par Riou. 1 vol. Relié, tr. dorées, 14 fr.; toile, tr. dorées, 12 fr.; broché. . . . . 9 »

※***Vingt mille lieues sous les Mers**, 111 dessins par DE Neuville. 1 vol. Relié, tr. dorées, 14 fr.; toile, tr. dorées, 12 fr.; broché. . . . . 9 »

※***Les Enfants du capitaine Grant** (Voyage autour du monde), 177 dessins par Riou. 1 vol. Relié, tr. dorées, 15 fr.; toile, tr. dorées, 13 fr.; broché. . 10 »

※***L'Ile mystérieuse**, 154 dessins par Férat. 1 vol. Relié, tr. dorées, 15 fr.; toile, tr. dor.; 13 fr.; broché. 10 »

※***De la Terre à la Lune**, 43 dessins par DE Montaut. 1 vol. Toile, tranches dorées, 6 fr.; broché 4 50

***Autour de la Lune** (suite de la TERRE A LA LUNE), 45 dessins par Émile BAYARD et DE NEUVILLE. 1 vol. Toile, tranches dorées, 6 fr.; broché 4 50

    Ces deux ouvrages réunis en un seul volume. Relié, tranches dorées, 14 fr.; toile, tranches dorées, 12 fr.; broché . . . . 9 »

❊***Aventures de trois Russes et de trois Anglais**, 52 dessins par FÉRAT. 1 vol. Toile, tranches dorées, 6 fr.; broché . . . 4 50

❊***Une Ville flottante**, suivie des FORCEURS DE BLOCUS. 44 dessins par FÉRAT. 1 vol. Toile, tranches dorées, 6 fr.; broché 4 50

    Ces deux ouvrages réunis en un seul volume. Relié, tranches dorées, 14 fr.; toile, tranches dorées, 12 fr.; broché . . . . 9 »

❊***Le Pays des Fourrures**, 105 dessins par FÉRAT et DE BEAUREPAIRE. 1 vol. Relié, 14 fr.; toile, 12 fr.; broché. . . 9 »

❊***Les Indes-Noires**, 45 dessins par FÉRAT. 1 vol. Cartonné toile, tr. dorées, 6 fr.; broché 4 50

❊***Le Chancellor**, 58 dessins par RIOU et FÉRAT. 1 vol. Cartonné toile, tr. dorées, 6 fr.; broché. . . . 4 50

    Ces deux ouvrages réunis en un seul volume. Relié, 14 fr.; toile, 12 fr.; broché . . . . 9 »

❊***Le Tour du Monde en 80 jours**, 80 dessins par DE NEUVILLE et L. BENETT. 1 vol. Toile, tranches dorées, 6 fr.; broché 4 50

❊***Le Docteur Ox**, 58 dessins par SCHULER, BAYARD, FROELICH, MARIE. 1 vol. Cart. toile, 6 fr.; broché. . . 4 50

    Ces deux ouvrages réunis en un seul volume. Relié, tr. dorées, 14 fr.; toile, tr. dor., 12 fr.; broché . . . . 9 »

❊***Michel Strogoff**, 95 dessins par FÉRAT. 1 vol. Relié, tranches dorées, 14 fr.; toile, 12 fr.; broché . . . . 9 »

❊***Hector Servadac** (voyages et aventures à travers le monde solaire). 100 dessins par PHILIPPOTEAUX. 1 vol. Relié, 14 fr.; toile, 12 fr.; broché. . . . . . 9 »

❊***Un Capitaine de 15 ans**, 93 des. par MEYER. 1 vol. Relié, tr. dorées, 14 fr.; toile, tr. dorées, 12 fr.; broché 9 »

***Les Cinq cents millions de la Bégum**, 48 dessins par BENETT. 1 vol. Cartonné toile, 6 fr.; broché 4 50

❊***Les Tribulations d'un Chinois en Chine**, 52 dessins, par BENETT. 1 vol. Cartonné, toile, tr. dorées, 6 fr.; broché 4 50

    Ces deux ouvrages réunis en un seul volume. Relié, tr. dorées, 14 fr.; toile, tr. dorées, 12 fr.; broché . . . . . 9 »

❊***La Maison à vapeur**, 101 dessins par BENETT. 1 vol. Relié, tr. dorées, 14 fr.; toile, tr. dorées, 12 fr.; broché 9 »

***La Jangada** (HUIT CENTS LIEUES SUR L'AMAZONE). 95 dessins par BENETT. 1 vol. Relié, 14 fr.; toile, 12 fr.; broché. . . . . 9 »

***L'École des Robinsons**, 51 dessins par BENETT. 1 vol. Cart. toile, tr. dorées, 6 fr.; broché. 4 50

ENFANCE, JEUNESSE. — LIBRAIRIE SPÉCIALE 7

Le Rayon vert, 44 dessins par BENETT. 1 vol. Cartonné toile, 6 fr.; broché.................... 4 50
    Ces deux ouvrages réunis en un seul volume. Relié, tr. dorées, 14 fr.; toile, tr. dorées, 12 fr.; broché............ 9 »

***Kéraban-le-Têtu**, 101 dessins par BENETT. 1 vol. Relié, 14 fr.; cartonné toile, 12 fr.; broché..... 9 »

***L'Étoile du Sud** (Voyage au pays des Diamants), 63 dessins par BENETT. 1 vol. Toile, tr. dorées, 6 fr.; broché. 4 50

***L'Archipel en feu**, 51 dessins par BENETT. 1 vol. Toile, tr. dorées, 6 fr.; broché............... 4 50
    Ces deux ouvrages réunis en un seul volume. Prix : Relié, tranches dorées, 14 fr.; toile, tranches dorées, 12 fr.; broché... 9 »

***Mathias Sandorf**, 113 dessins par BENETT. 1 vol. Relié, tr. dorées, 15 fr.; toile, tr. dorées, 13 fr.; broché. 10 »

Le Billet de Loterie, 42 dessins par ROUX. 1 vol. Toile, 6 fr.; broché................ 4 50

Robur-le-Conquérant, 45 dessins par BENETT. 1 vol. Toile, 6 fr.; broché............. 4 50
    Ces deux ouvrages réunis en un seul volume. Prix : Relié, 14 fr.; toile, 12 fr.; broché................ 9 »

***Nord contre Sud**, 86 dessins par BENETT. 1 vol. Relié, 14 fr.; cartonné toile, 12 fr.; broché..... 9 »

***Le Chemin de France**, 42 dessins par ROUX. 1 vol. Cartonné toile, 6 fr.; broché............. 4 50

† **Deux ans de Vacances**, 90 dessins de BENETT. 1 vol. Relié, 14 fr.; cartonné toile, 12 fr.; broché. 9 »

La Découverte de la Terre :

※***Les premiers Explorateurs**, 117 dessins et cartes par PHILIPPOTEAUX, BENETT, 1 vol. Relié, tranches dorées, 12 fr.; toile, tr. dorées, 10 fr.; broché.... 7 »

※***Les grands Navigateurs du XVIIIe siècle**, 116 dessins et cartes par P. PHILIPPOTEAUX et MATTHIS. 1 vol. Relié, tr. dorées, 12 fr.; toile, tr. dorées, 10 fr.; broché................... 7 »

※***Les Voyageurs du XIXe siècle**, 108 dessins et cartes par BENETT. 1 vol. Relié, tr. dorées, 12 fr.; toile, tr. dorées, 10 fr.; broché............. 7 »

JULES VERNE & D'ENNERY. Les Voyages au Théâtre, 65 dessins par BENETT et MEYER. 1 vol. Relié, tr. dorées, 11 fr.; toile, tr. dorées, 10 fr.; broché 7 »

JULES VERNE & ANDRÉ LAURIE. L'Épave du Cynthia, 26 dessins par ROUX. 1 vol. Relié, tr. dorées, 11 fr.; toile, tr. dorées, 10 fr.; broché....... 7 »

J. VERNE & TH. LAVALLÉE. ※***Géographie illustrée de la France et de ses Colonies.** Nouvelle édition revue et complétée par DUBAIL. 108 grav. par CLERGET et RIOU, et 100 cartes par CONSTANS et SÉDILLE. 1 vol. grand in-8°. Relié, tr. dor., 15 fr.; cart. toile, tr. dor., 13 fr.; broché. 10 »

VOLUMES ILLUSTRÉS IN-8° CAVALIER

Chaque volume, toile, tranches dorées, 6 fr. Broché, 4 fr. 50

ALDRICH-BENTZON). ✳Un Écolier américain . 1 vol.
ALONE. Autour d'un lapin blanc............ 1 »
G. ASTON. *L'Ami Kips................ 1 »
AUDEVAL. La Famille Kagenet............ 1 »
BENTZON. Pierre Casse-Cou............... 1 »
—— Yette (*Histoire d'une jeune Créole*).. 1 »
BIART (LUCIEN).*Voyages et Aventures de deux
    enfants dans un parc..... 1 »
—— Deux Amis................. 1 »
—— Entre Frères et Sœurs....... 1 »
A. DE BRÉHAT. ✳Aventures de Charlot..... 1 »
CAHOURS & RICHE. ✳ Chimie des Demoiselles. 1 »
CHAZEL (PROSPER). *Le Chalet des Sapins... 1 »
CRETIN-LEMAIRE. Les Expériences de la petite
  Madeleine........................... 1 »
A. DEQUET. *Hre de mon Oncle et de ma Tante. 1 »
ERCKMANN-CHATRIAN. *Les Vieux de la
    Vieille......... 1 »
—— † Pour les Enfants.. 1 »
FATH. Un drôle de Voyage................ 1 »
M. GÉNIN. La Famille Martin............. 1 »
GOUZY. *Voyage d'une Fillette au pays des
    étoiles......................... 1 »
—— *Promenades d'une Fillette autour
    d'un Laboratoire........... 1 »
A. KÆMPFEN. La Tasse à thé............ 1 »
MULLER. *La Morale en action par l'Histoire . 1 »
NERAUD. La Botanique de ma fille........ 1 »
PERRAULT (P.). Pas-Pressé............... 1 »
RECLUS (É.). ✳*Histoire d'une Montagne.... 1 »
—— ✳*Histoire d'un Ruisseau...... 1 »
REY (I. A.). *Travailleurs et Malfaiteurs mi-
  croscopiques................... 1 »
P. J. STAHL. La Famille Chester (adaptation). 1 »
—— ✳* Mon premier Voyage en mer. 1 »
P. J. STAHL & DE WAILLY (LÉON). Contes
  célèbres de la Littérature anglaise....... 1 »
VADIER (B.). *Blanchette................ 1 »
RENÉ VALLERY-RADOT. ✳*Journal d'un Volon-
  taire d'un an (*ouvrage couronné*)......... 1 »
VAN BRUYSSEL. † Scènes de la Vie des Champs
  et des Forêts aux États-Unis............ 1 »

VOLUMES ILLUSTRÉS, GRAND IN-8° RAISIN

Chaque volume relié, tranches dorées, 11 fr. Toile, tranches dorées, 10 fr. Broché, 7 fr.

BADIN (AD.). *Jean Casteyras, illustré par BENETT. 1 vol.
BÉNÉDICT. La Madone de Guido Reni, illustré
 par ADRIEN MARIE............................... 1 »
BENTZON (TH.). † Contes de tous les Pays, illus-
 tré par GEOFFROY, DELORT, etc................. 1 »
BIART (LUCIEN). *Les Voyages involontaires :*
 ※*Monsieur Pinson, illustré par H. MEYER..... 1 »
 *La Frontière indienne, illustré par H. MEYER. 1 »
 ※*Le Secret de José, illustré par H. MEYER... 1 »
 *Lucia, illustré par H. MEYER................. 1 »
BLANDY (S.). ※*Le petit Roi, illustré par BAYARD. 1 »
 —— L'Oncle Philibert, illustré par ADRIEN MARIE 1 »
 —— †Fils de Veuve, illustré par GEOFFROY..... 1 »
Mme B. BOISSONNAS. ※*Une Famille pendant
 la guerre 1870-71 *(ouvr. couronné par l'Académie
 française)*, illustré par P. PHILIPPOTEAUX..... 1 »
BRÉHAT (ALFRED DE). ※Les Aventures d'un
 petit Parisien, illustré par MORIN............. 1 »
CANDÈZE (D^r). ※*La Gileppe, ill. par C. RENARD.. 1 »
 —— ※*Aventures d'un Grillon, ill. par C. RENARD. 1 »
 —— *Périnette. *Aventures surprenantes de cinq
 moineaux*, illustré par B. JECKER.............. 1 »
CAUVAIN (HENRI). *Le Grand Vainou, illustré par
 MAILLART..................................... 1 »
DAUDET (ALPHONSE). Histoire d'un Enfant (le
 Petit Chose), édition spéciale à la jeunesse, illustré
 par P. PHILIPPOTEAUX......................... 1 »
 —— Contes choisis. *(Édition spéciale à l'usage de
 la jeunesse)*, illustrés par BAYARD et A. MARIE.. 1 »
DESNOYERS (LOUIS). *Aventures de Jean-Paul
 Choppart, illustré par GIACOMELLI et CHAM..... 1 »
GENNEVRAYE. Théâtre de famille, illustré par
 GEOFFROY..................................... 1 »
 —— La petite Louisette, illustré par AD. MARIE. 1 »
GRAMONT (LE COMTE DE). Les Bébés, poésies
 de l'enfance, illustrées par OSCAR PLETSCH..... 1 »
GRIMARD (ED.). *La Plante, illustré de nombreuses
 vignettes..................................... 1 »

HUGO (VICTOR). ✻*Le Livre des Mères* (*les Enfants*), la fleur des poésies de Victor Hugo ayant trait à l'enfance, illustré par Froment............ 1 vol.

LAPRADE (VICTOR DE). ✻**Le Livre d'un Père**, illustré par Froment............ 1 »

LAURIE (ANDRÉ). *La Vie de Collège dans tous les Pays* :
—— *Mémoires d'un Collégien, illustré par Geoffroy............ 1 »
—— ✻✻**La Vie de collège en Angleterre**, illustré par Philippoteaux............ 1 »
—— *Une Année de collège à Paris, illustré par Geoffroy............ 1 »
—— Histoire d'un Écolier hanovrien, illustré par Maillard............ 1 »
—— Tito le Florentin, illustré par Roux...... 1 »
—— *Autour d'un Lycée japonais, illustré par Félix Regamey............ 1 »
—— Le Bachelier de Séville, illustré par Atalaya 1 »
—— *L'Héritier de Robinson, illustré par Benett. 1 »
—— *Le Capitaine Trafalgar, illustré par Roux.. 1 »

LEGOUVÉ (E.). La Lecture en famille. illustré par Benett, Geoffroy, Tony Johannot, etc........ 1 »
—— ✻*Nos Filles et nos Fils, illustré par Philippoteaux............ 1 »

LERMONT (J.). Les jeunes Filles de Quinnebasset, d'après Sophie May, illustré par Destez....... 1 »

MACÉ (JEAN). ✻* **Histoire d'une Bouchée de pain**, illustrée par Frœlich............ 1 »
—— ✻*Les Serviteurs de l'Estomac, illustré par Frœlich............ 1 »

JEAN MACÉ. ✻* **Les Contes du Petit-Château**, illustré par Bertall............ 1 »
—— ✻Le Théâtre du Petit-Château, illustré par Froment............ 1 »
—— *Histoire de deux petits Marchands de pommes (*Arithmétique du Grand-Papa*), illustrations de Yan'Dargent............ 1 »

MALOT (HECTOR). * **Romain Kalbris**, dessins de E. Bayard............ 1 »

MAYNE-REID. *Aventures de Terre et de Mer. Œuvre choisie. — Éditions adaptées pour la jeunesse.*
—— ✻✻Les Robinsons de terre ferme, illustré par H. Meyer............ 1 »
—— ✻* William le Mousse, illustré par Riou... 1 »
—— *Les jeunes Esclaves, illustré par Riou... 1 »

ENFANCE, JEUNESSE. — LIBRAIRIE SPÉCIALE

MAYNE-REID. ✻* **Le Désert d'eau**, illustré par BENETT .... 1 vol.
—— *Les Naufragés de l'île de Bornéo, illustré par FÉRAT .... 1 »
—— *La Sœur perdue, illustré par RIOU .... 1 »
—— ✻***Les Planteurs de la Jamaïque**, illustré par FÉRAT .... 1 »
—— ✻* **Les deux Filles du squatter**, illustré par JOHN DAVIS .... 1 »
—— *Les jeunes Voyageurs, illustré par JOHN DAVIS .... 1 »
—— *Les Chasseurs de chevelures, illustré par PHILIPPOTEAUX .... 1 »
—— ✻***Le petit Loup de Mer**, illustré par BENETT. 1 »
—— Le Chef au bracelet d'or, illustré par BENETT. 1 »
—— Les Exploits des jeunes Boërs, illustré par RIOU .... 1 »
—— *La Montagne perdue, illustré par RIOU ... 1 »
—— Les Émigrants du Transwaal, illustré par RIOU .... 1 »
—— *La Terre de Feu, illustré par RIOU .... 1 »
MULLER (EUGÈNE). ✻***La Jeunesse des Hommes célèbres**, illustrations par BAYARD .... 1 »
—— *Les Animaux célèbres, illustré par GEOFFROY .... 1 »
RATISBONNE (LOUIS). ✻***La Comédie enfantine** (couronnée par l'Académie française), illustré par FROMENT et DE GOBERT .... 1 »
RIDER-HAGGARD. †Découverte des Mines du Roi Salomon (adaptation par C. LEMAIRE), illustré par RIOU .... 1 »
SAINTINE (X. B.). ✻* **Picciola**, 47ᵉ édition, illustré par FLAMENG .... 1 »
SANDEAU (J.). ✻* **La Roche aux Mouettes**, illustré par BAYARD et FÉRAT .... 1 »
—— Madeleine, illustré par BAYARD .... 1 »
—— Mˡˡᵉ de la Seiglière, illustré par BAYARD .. 1 »
SAUVAGE (ÉLIE). La petite Bohémienne, illustré par FRŒLICH .... 1 »
SÉGUR (LE COMTE ANATOLE DE). Fables, illustrées par FRŒLICH .... 1 »
P. J. STAHL. ✻***Contes et Récits de Morale familière** (couronné par l'Académie française), illustré .... 1 »
—— ✻* **Histoire d'un Ane et de deux jeunes Filles** (couronné par l'Académie française). Vignettes par TH. SCHULER .... 1 »

P. J. STAHL. ✳*Les Patins d'argent (Histoire d'une famille hollandaise) (couronné par l'Académie française), d'après Mapes Dodge, illustré par Th. Schuler.... 1 vol.
—— ✳* Maroussia (ouvrage couronné par l'Académie française), d'après Markovohzoo, illustré par Th. Schuler.... 1 »
—— ✳Les Histoires de mon Parrain, illustré par Frœlich.... 1 »
—— ✳Les quatre Filles du docteur Marsch, illustré par A. Marie.... 1 »
—— *Les quatre Peurs de notre général, (couronné par l'Académie française), illustré par Bayard et A. Marie.... 1 »
P. J. STAHL ET J. LERMONT. *Jack et Jane, illustré par Geoffroy.... 1 »
—— La petite Rose, ses six tantes et ses sept cousins, illustré par Destez.... 1 »
STEVENSON. ✳*L'Île au trésor, traduit par A. Laurie, illustré par Roux.... 1 »
LOUIS DU TEMPLE, CAPITAINE DE FRÉGATE. *Les Sciences usuelles et leurs applications mises à la portée de tous: 1 vol. gr. in-8 orné de 300 fig.... 1 »
—— ✳*Communications et transmissions de la pensée, orné de 180 fig.... 1 »
TOLSTOÏ (COMTE L.). L'Enfance et l'Adolescence, illustré par Benett.... 1 »
ULBACH (LOUIS). †Le Parrain de Cendrillon, illustré par Émile Bayard.... 1 »
VERNE (JULES) & D'ENNERY. Les Voyages au Théâtre, 65 dessins par Benett et Meyer.... 1 »
VERNE (JULES) & ANDRÉ LAURIE. L'épave du Cynthia, 26 dessins par Roux.... 1 »
VIOLLET-LE-DUC. ✳*Histoire d'un Dessinateur, texte et dessins par Viollet-le-Duc.... 1 »
—— ✳*Histoire d'une Maison. Texte et dessins par Viollet-le-Duc.... 1 »

VOLUMES ILLUSTRÉS GRAND IN-8° RAISIN et JÉSUS

Chaque volume relié, tranches dorées, 14 fr. Toile, tranches dorées, 12 fr. Broché, 9 fr.

BIART (LUCIEN). ✳Aventures d'un jeune Naturaliste, illustré de 156 dessins par Benett.... 1 vol.
BLANDY (S.). Les Épreuves de Norbert, illustré par A. Borget et Benett.... 1 »

ENFANCE, JEUNESSE. — LIBRAIRIE SPÉCIALE

FLAMMARION (CAMILLE). ✻*Histoire du Ciel. Nombreuses gravures et une carte sidérale par BENETT.. 1 »
GRIMARD (ED.). *Le Jardin d'Acclimatation (Le Tour du Monde d'un naturaliste), illustré de nombreux dessins par BENETT, LALLEMAND, etc. ..... 1 vol.
DE MEISSAS (L'ABBÉ). Histoire Sainte, comprenant l'Ancien et le Nouveau Testament, avec nombreuses vignettes par GÉRARD SÉGUIN .... 1 »
P. J. STAHL ET MULLER. ✻ Le nouveau Robinson Suisse, revu et traduit par P. J. STAHL et MULLER, mis au courant de la science moderne par JEAN MACÉ, environ 150 dessins de YAN'DARGENT. 1 »
VIOLLET-LE-DUC. ✻*Histoire d'une Forteresse. Texte et dessins par VIOLLET-LE-DUC. .... 1 »
—— ✻*Histoire de l'Habitation humaine. Texte et dessins par VIOLLET-LE-DUC. .... 1 »
—— ✻*Histoire d'un Hôtel de ville et d'une Cathédrale. Texte et dessins par VIOLLET-LE-DUC. 1 »

VOLUMES ILLUSTRÉS GRAND IN-8° JÉSUS

Chaque volume relié, tranches dorées, 15 fr. Toile, tranches dorées, 13 fr. Broché, 10 fr.

BIART (LUCIEN). Don Quichotte, édition spéciale à la jeunesse, illustrée de 316 dessins par TONY JOHANNOT... .... 1 vol.
CLÉMENT (CHARLES). ✻*Michel-Ange. — Raphaël. — Léonard de Vinci, illustré de 167 dessins d'après les grands maîtres. .... 1 »
LA FONTAINE. Fables, illustrées de 115 grandes compositions d'EUGÈNE LAMBERT. .... 1 »
LAURIE (ANDRÉ) †Les Exilés de la Terre (Selene company Limited), illustré par Roux.... 1 »
MALOT. Sans Famille couronné par l'Académie française, illustré de 109 dessins par E. BAYARD. . 1 »
MOLIÈRE. Œuvres complètes, avec une Préface de SAINTE-BEUVE, illustré de 630 dessins et vignettes par TONY JOHANNOT .... 1 »
JULES VERNE & THÉOPHILE LAVALLÉE. ✻*Géographie illustrée de la France et de ses Colonies. Nouvelle édition revue et complétée par DUBAIL, 108 gravures par CLERGET et RIOU, et 100 cartes par CONSTANS et SÉDILLE. .... 1 »

PETITE BIBLIOTHÈQUE BLANCHE

VOLUMES ILLUSTRÉS GRAND IN-16

1 FR. 50 BROCHÉS. — 2 FR. CARTONNÉS TOILE, TRANCHES DORÉES

AUSTIN (S.). Boulotte.................... 1 vol.
BAUDE (L.). Mythologie de la Jeunesse..... 1 »
BERTIN (M.) Les deux côtés du mur....... 1 »
——   *Voyage au pays des défauts.... 1 »
——   † Les Douze................... 1 »
BIGNON. Un singulier petit homme......... 1 »
DE LA BÉDOLLIÈRE. *Histoire de la Mère Michel et de son Chat.................. 1 »
CHAZEL (PROSPER). Riquette.............. 1 »
CHERVILLE. Histoire d'un trop bon Chien.. 1 »
CRETIN (E. M.). Le Livre de Trotty....... 1 »
DEVILLERS. Les Souliers de mon Voisin.... 1 »
CH. DICKENS. L'Embranchement de Mugby. 1 »
DIENY. *La Patrie avant tout............. 1 »
A. DUMAS. La Bouillie de la Comtesse Berthe. 1 »
DURAND (H.) † Histoire d'une bonne aiguille... 1 »
OCTAVE FEUILLET. La Vie de Polichinelle. 1 »
M. GÉNIN. Le petit Tailleur Bouton....... 1 »
——   Marco et Tonino................ 1 »
——   *Les Pigeons de Saint-Marc..... 1 »
——   *Un petit Héros................ 1 »
GENNEVRAYE. Petit Théâtre de famille..... 1 »
GOZLAN (L.). Aventures du prince Chènevis. 1 »
KARR (ALPHONSE). Les Fées de la Mer..... 1 »
LACOME (P.). La Musique en famille....... 1 »
LOCKROY (S.). Les Fées de la Famille..... 1 »
LEMOINE. La Guerre pendant les vacances. 1 »
LEMONNIER (C.). Bébés et Joujoux......... 1 »
——   *Histoire de huit Bêtes et d'une Poupée 1 »
MULLER. Récits enfantins................. 1 »
P. DE MUSSET. M. le Vent et Mᵐᵉ la Pluie.. 1 »
NODIER (CH.). Trésor des fèves et fleur des pois. 1 »
NOEL (EUGÈNE). La Vie des Fleurs........ 1 »
E. OURLIAC. Le Prince Coqueluche........ 1 »
PERRAULT. *Les Lunettes de grand'maman.. 1 »
SAND (GEORGE). Histoire du véritable Gribouille................................ 1 »
P.-J. STAHL. Les Aventures de Tom Pouce 1 »
VAN BRUYSSEL. ✳ Les Clients d'un vieux Poirier................................... 1 »
JULES VERNE. ✳*Un Hivernage dans les glaces. 1 »
——   Christophe Colomb............... 1 »
VIOLLET-LE-DUC. *Le Siège de la Rochepont. 1 »

BIBLIOTHÈQUE DES JEUNES FRANÇAIS
VOLUMES GRAND IN-16

1 FR. 50 BROCHÉS. — 2 FR. CARTONNÉS TOILE, TRANCHES JASPÉES

BLOCK (Maurice).✳*Petit Manuel d'Économie pratique (ouv. cour.).
— *Entretiens familiers sur l'administration de notre pays:*
— La France.................................. 1 vol.
— Le Département........................... 1 vol.
— La Commune............................... 1 vol.

(Ouvrages adoptés par les conférences cantonales d'instituteurs et les commissions départementales, et compris dans la circulaire ministérielle du 17 novembre 1883.)

BLOCK. Paris. Organisation municipale......... 1 vol.
— Paris. Institutions administratives....... 1 vol.
— Le Budget................................. 1 vol.
— L'Impôt................................... 1 vol.
— L'Industrie............................... 1 vol.
— L'Agriculture............................. 1 vol.
— Le Commerce............................... 1 vol.

ERCKMANN-CHATRIAN.   Avant 89 (illustré).
GUICHARD (V.) . . .   *Conférences sur le Code civil.
LECOMTE (Maxime) .   La Vocation d'Albert.
J. MACÉ. . . . . . . La France avant les Francs (illustré)
J. MICHELET. . . . . *La Prise de la Bastille et la Fête
                        des Fédérations (illustré).
—   . . . . .   *Les Croisades (illustré).
—   . . . . .   *François Iᵉʳ et Charles-Quint (illus.).
—   . . . . .   *Henri IV (illustré).
PONTIS. . . . . . .   Petite Grammaire de la prononciation.

VOLUMES IN-18. — PRIX DIVERS

(Bibliothèque d'Éducation et de Récréation.)

A. BRACHET. *Dictionnaire étymologique de la langue française (*ouv. cour.*), 8 fr. — CHENNEVIÈRES (de). Aventures du petit roi saint Louis devant Bellesme, 5 fr.— CLAVÉ (J.).*Principes d'économie politique, 2 fr. — DUBAIL. ✳Géographie de l'Alsace-Lorraine, 1 fr. — GRIMARD (Ed.). ✳La Botanique à la campagne, 4 fr. — LEGOUVÉ (E.). Petit Traité de la lecture, 1 fr. — MACÉ (J.). ✳Théâtre du Petit-Château, 2 fr. — ✳Arithmétique du Grand-Papa, 1 fr.— PETIT (A.). Grammaire de la Ponctuation, 3 fr. 50. — Extr. de la Grammaire de la Ponctuation, 50 c. — REY (I. A.). Les Travailleurs et Malfaiteurs microscopiques. 1 vol., 4 fr. — SOUVIRON. *Dictionnaire des termes techniques, 6 fr.

Prix — Étrennes — Bibliothèques populaires — etc.

BIBLIOTHÈQUE D'ÉDUCATION et de RÉCRÉATION

4 Fr. Cartonné — 3 Fr. Broché

VOLUMES IN-18 ILLUSTRÉS

Brochés, 3 fr. — Cartonnés toile, tranches dorées, 4 fr.

ALDRICH	✳Un Écolier américain	1 v.
ALONE	Autour d'un Lapin blanc	1 v.
ANQUEZ	✳Histoire de France	1 v.
ASTON (G.)	L'Ami Kips	1 v.
AUDEVAL	†Michel Kagenet	1 v.
AUDOYNAUD	✳*Entretiens sur la Cosmographie	1 v.
BADIN	†Jean Casteyras	1 v.
BENTZON	Yette	1 v.
	Pierre Casse-Cou	1 v.
BERTRAND (Alex.)	✳Lettres sur les révolutions du globe	1 v.
BIART (Lucien)	✳*Aventures d'un jeune Naturaliste	1 v.
—	✳*Entre Frères et Sœurs	1 v.
—	✳*Monsieur Pinson	1 v.
— *Voyages*	*La Frontière indienne	1 v.
— *involontaires*	✳*Le Secret de José	1 v.
—	*Lucia Avila	1 v.
	*Voyage et Aventures de deux enfants dans un parc	1 v.
BLANDY (S.)	✳*Le petit Roi	1 v.
—	✳Les Épreuves de Norbert	1 v.
BOISSONNAS (B.)	✳*Une Famille pendant la guerre 1870-71 (ouv. cour.)	1 v.
—	✳Un Vaincu	1 v.
BRÉHAT (de)	✳*Aventures d'un petit Parisien	1 v.
	✳Aventures de Charlot	1 v.
CANDÈZE (Dr)	✳*Aventures d'un Grillon	1 v.
—	✳*La Gileppe	1 v.
	†Perinette	1 v.
CAUVAIN	*Le Grand Vaincu	1 v.
CHAZEL (Prosper)	*Le Chalet des Sapins	1 v.
CLÉMENT (Ch.)	✳*M.-Ange, Raphaël, L. de Vinci	1 v.
DEQUET	Histoire de mon Oncle	1 v.
DESNOYERS (Louis)	Jean-Paul Choppart	1 v.
ERCKMANN-CHATRIAN	✳*Le fou Yégof ou l'Invasion	1 v.
	Madame Thérèse	1 v.
—	Les États généraux (1789)	1 v.
— ✳*Histoire*	La Patrie en danger (1792)	1 v.
— *d'un Paysan*	L'An I de la République (93)	1 v.
—	Le Citoyen Bonaparte (1794-1815)	1 v.
FARADAY (M.)	✳Histoire d'une Chandelle	1 v.
FATH (G.)	Un drôle de Voyage	1 v.
FOUCOU	*Histoire du Travail	1 v.
GÉNIN	La Famille Martin	1 v.
GENNEVRAYE	Théâtre de Famille	1 v.
	La Petite Louisette	1 v.
GOUZY	Voyage d'une Fillette au pays des Étoiles	1 v.
GRATIOLET (P.)	✳De la physionomie	1 v.
GRIMARD	*Histoire d'une Goutte de sève	1 v.
	*Le Jardin d'Acclimatation	1 v.
HIRTZ (Mlle)	✳Méth. de Coupe et de Confection, 154 gr.	1 v.

ENFANCE, JEUNESSE. — LIBRAIRIE SPÉCIALE 17

IMMERMANN.	La Blonde Lisbeth.	1 v.
LAPRADE (V. de).	✻Le Livre d'un Père.	1 v.
LAURIE (André).	✻'La Vie de collège en Angleterre.	1 v.
— La Vie de	Mémoires d'un Collégien.	1 v.
— Collège	Une année de collège à Paris.	1 v.
— dans tous	Un Écolier hanovrien.	1 v.
— les Pays	†'Tito le Florentin.	1 v.
—	'Autour d'un Lycée japonais.	1 v.
—	'L'Héritier de Robinson.	1 v.
—	†'Le capitaine Trafalgar.	1 v.
— Selene Company	†Le Nain de Rhadamèh.	1 v.
— limited	†Les Naufragés de l'espace.	1 v.
LAVALLÉE (Th.).	Frontières de la France (cour.).	1 v.
LEGOUVÉ (E.) ✻ Les Pères et les Enfants au XVIIᵉ siècle	Enfance et Adolescence.	1 v.
	La Jeunesse.	1 v.
—	✻'Nos Filles et nos Fils.	1 v.
—	✻'L'Art de la lecture.	1 v.
LEMAIRE	Expériences de la petite Madeleine.	1 v.
LOCKROY (Mᵐᵉ).	Contes à mes Nièces.	1 v.
MACÉ (Jean).	'Arithmétique du Grand-Papa.	1 v.
—	✻'Contes du Petit-Château.	1 v.
—	✻'Histoire d'une Bouchée de pain.	1 v.
—	✻ Les Serviteurs de l'estomac.	1 v.
MAURY (commandant)	✻'Géographie physique.	1 v.
—	Le Monde où nous vivons.	1 v.
MAYNE-REID.	✻'William le Mousse.	1 v.
—	'Les Jeunes Esclaves.	1 v.
—	✻'Le Désert d'eau.	1 v.
—	Les Exploits des jeunes Boërs.	1 v.
—	✻'Les Chasseurs de Girafes.	1 v.
—	'Les Naufragés de l'île de Bornéo.	1 v.
— Aventures	'La Sœur perdue.	1 v.
— de Terre	✻'Les Planteurs de la Jamaïque.	1 v.
— et	✻'Les deux Filles de Squatter.	1 v.
— de Mer	'Les jeunes Voyageurs.	1 v.
—	✻'Les Robinsons de Terre ferme.	1 v.
—	'Les Chasseurs de Chevelures.	1 v.
—	Le Chef au bracelet d'or.	1 v.
—	✻Le petit Loup de mer.	1 v.
—	'La Montagne perdue.	1 v.
—	'La Terre de Feu.	1 v.
—	Les Emigrants du Transwaal.	1 v.
MORTIMER D'OCAGNE.	✻Les Grandes Écoles de France.	1 v.
MULLER (Eugène).	✻'Jeunesse des Hommes célèbres.	1 v.
—	✻'Morale en action par l'histoire.	1 v.
—	'Les Animaux célèbres.	1 v.
NODIER (Ch.).	Contes choisis.	1 v.
NOEL (Eugène).	La Vie des Fleurs.	1 v.
PARVILLE (de).	Un Habitant de la planète Mars.	1 v.
RATISBONNE (Louis).	✻'Comédie enfantine (our. cour.).	1 v.
RECLUS (Élisée).	✻'Histoire d'un Ruisseau.	1 v.
—	✻'Histoire d'une Montagne.	1 v.
RENARD.	✻'Le Fond de la Mer.	1 v.
SANDEAU (Jules).	✻'La Roche aux Mouettes.	1 v.
SIEBECKER (Édouard)	†'Histoire de l'Alsace.	1 v.
SILVA (de).	Le Livre de Maurice.	1 v.
SIMONIN.	✻Histoire de la Terre.	1 v.

Stahl (P. J.)	✳'Contes et Récits de Morale familière	1 v.
	(Ouvrage couronné adopté par les conférences cantonales d'instituteurs et les commissions départementales, et compris dans la circulaire ministérielle du 17 novembre 1883.)	
Stahl (P. J.)	✳Les Patins d'argent *(ouvr. cour.)*	1 v.
—	La Famille Chester, adaptation	1 v.
—	✳'Histoire d'un Ane et de deux jeunes Filles *(ouv. cour.)*	1 v.
—	✳ Les Histoires de mon parrain	1 v.
—	✳'Maroussia *(ouv. cour.)*	1 v.
—	'Les quatre Peurs de notre général	1 v.
—	✳ Les quatre Filles du Dr Marsch	1 v.
—	✳'Mon premier Voyage en Mer	1 v.
—	†La petite Rose, ses six Tantes et ses sept Cousins	1 v.
Stahl et Lermont	Jack et Jane	1 v.
Stahl et Muller	✳Le nouveau Robinson suisse	1 v.
Stahl et de Wailly	✳Les Vacances de Riquet	1 v.
—	'Mary Bell, William et Lafaine	1 v.
Tolstoï (le comte L.)	Enfance et Adolescence	1 v.
Tyndall	✳'Dans les Montagnes	1 v.
Vadier	†Blanchette	1 v.
Vallery-Radot (René)	Journal d'un Volontaire d'un an *(ouv. couronné)*	1 v.
J. Verne et A. Laurie	L'Épave du Cynthia	1 v.
Verne (Jules) ✳Découverte de la Terre.	Les premiers Explorateurs	2 v.
	Les Navigateurs du XVIIIe siècle	2 v.
	Les Voyageurs au XIXe siècle	2 v.
Zurcher et Margollé	✳'Les Tempêtes	1 v.
—	✳'Histoire de la Navigation	1 v.
—	✳'Le Monde sous-marin	1 v.

VOLUMES IN-18

Brochés, 3 fr. — Cartonnés toile, tranches dorées, 4 fr.

Ampère (A. M.)	✳Journal et Correspondance	1 v.
Andersen	Nouveaux Contes suédois	1 v.
Bertrand (J.)	'Les Fondateurs de l'Astronomie	1 v.
Bouchet (Eug.)	†Précis des Littératures étrangères	1 v.
Brachet (A.)	✳'Grammaire historique (préface de Littré) *(ouvrage couronné)*	1 v.
Carlen	Un brillant Mariage	1 v.
Dubail	Cours classique de Géographie	1 v.
Durand (Hip.)	Les grands Prosateurs	1 v.
—	Les grands Poètes	1 v.
Egger	'Histoire du Livre	1 v.
Franklin (J.)	Vie des Animaux	6 v.
Gramont (comte de)	Les Vers français *(ouvrage couronné)*	1 v.
Hippeau (Mme)	✳'Cours d'économie domestique	1 v.
Hugo (Victor)	✳'Les Enfants (Le Livre des Mères)	1 v.
Lavallée (Th.)	Histoire de la Turquie	2 v.
Legouvé (E.)	✳Conférences parisiennes	1 v.

Legouvé (E.)	*La Lecture en action	1 v.
Macaulay	※Histoire et Critique	1 v.
Mickiewiczs (Adam)	Histoire de la Pologne	1 v.
Ordinaire	Dictionnaire de mythologie	1 v.
—	*Rhétorique nouvelle	1 v.
Roulin (F.)	※*Histoire naturelle	1 v.
Sayous	※*Conseils à une Mère	1 v.
—	※ Principes de littérature	1 v.
Stevenson	※*L'Île au Trésor	1 v.
Susane (général)	Histoire de la Cavalerie	3 v.
—	Histoire de l'Artillerie	4 v.
Thiers	※Histoire de Law	1 v.
Verne (Jules)	Voyages extraordinaires (couronné) :	
—	※*Aventures de trois Russes et de trois Anglais	1 v.
— Aventures du Capitaine Hatteras	※*Les Anglais au pôle Nord	1 v.
—	※*Le Désert de Glace	1 v.
—	※*Le Chancellor	1 v.
—	※*Cinq semaines en ballon (ouvr. cour.)	1 v.
—	※*De la Terre à la Lune (ouvr. cour.)	1 v.
—	*Autour de la Lune (ouvr. cour.)	1 v.
—	※Le docteur Ox	1 v.
— Les Enfants de capitaine Grant	※*L'Amérique du Sud	1 v.
—	※*L'Australie	1 v.
—	※ L'Océan Pacifique	1 v.
—	※ Les Naufragés de l'air	1 v.
— L'Île Mystérieuse	※*L'Abandonné	1 v.
—	*Le Secret de l'île	1 v.
—	※*Le Pays des Fourrures	2 v.
—	※*Vingt mille lieues sous les Mers (cour.)	2 v.
—	※*Le Tour du Monde en 80 jours	1 v.
—	※*Une Ville flottante	1 v.
—	※*Voyage au centre de la Terre (ouvr. cour.)	1 v.
—	※*Michel Strogoff	2 v.
—	※*Les Indes-Noires	1 v.
—	*Hector Servadac	2 v.
—	※*Un Capitaine de quinze ans	2 v.
—	*Les cinq cents Millions de la Bégum	1 v.
—	※Les Tribulations d'un Chinois en Chine	1 v.
—	※*La Maison à vapeur	2 v.
—	*La Jangada	2 v.
—	L'École des Robinsons	1 v.
—	Le Rayon-Vert	1 v.
—	*Kéraban-le-Têtu	2 v.
—	*L'Archipel en feu	1 v.
—	*L'Étoile du Sud	1 v.
—	*Mathias Sandorf	3 v.
—	Robur-le-Conquérant	1 v.
—	Un Billet de Loterie	1 v.
—	*Nord contre Sud	1 v.
—	*Le Chemin de France	1 v.
—	†Deux Ans de Vacances	2 v.
Wentworth-Higginson	※* Histoire des États-Unis	1 v.

PREMIER AGE. — Bibliothèque de Mlle Lili et de son cousin Lucien

63 ALBUMS-STAHL IN-8°

Prix : relié toile, à biseaux, 5 fr.; cart. bradel, 3 fr.

L. Becker............	L'Alphabet des Oiseaux.
—	Alphabet des Insectes.
Conchon (A.)........	Histoire d'une Mère.
Detaille............	Les bonnes Idées de Mlle Rose.
Fath............	La Famille Gringalet. — Gribouille. — Pierrot à l'école. — Les Méfaits de Polichinelle. — Jocrisse et sa sœur. — Une folle Soirée chez Paillasse. — Le docteur Bilboquet.
Froelich............	Alphabet de Mademoiselle Lili.
—	Arithmétique de Mademoiselle Lili.
— (texte de Macé)...	Grammaire de Mademoiselle Lili.
—	L'A perdu de Mademoiselle Babet.
—	Bonsoir, petit père.
—	Les Caprices de Manette.
—	Commandements du Grand-Papa.
—	La Crème au Chocolat.
—	Un drôle de chien. — La Fête de Papa.
—	Journée de Mademoiselle Lili.
—	Jujules à l'École. — Le petit Diable.
—	Le Jardin de M. Jujules.
—	Mademoiselle Lili aux eaux.
—	Mademoiselle Lili à la campagne.
—	La Fête de Mademoiselle Lili. — M. Toc-Toc.
—	Premier Cheval et première Voiture.
—	Premières armes de Mademoiselle Lili.
—	L'Ours de Sibérie. — Cerf agile.
—	La Salade de la grande Jeanne.
—	Premier Chien et premier Pantalon.
—	Les deux Jumeaux.
—	La Journée de Monsieur Jujules.
—	Mademoiselle Lili en Suisse.
—	La Poupée de Mademoiselle Lili.
—	Pierre et Paul.
—	† Les Petits Bergers.
Froment..........	Histoire d'un pain rond.
—	La Boîte au lait.
—	La petite Devineresse.
—	Le petit Escamoteur.
—	Le petit Acrobate.
—	† Petites Tragédies enfantines.
Geoffroy..........	Le Paradis de M. Toto.
—	La première Cause de l'avocat Juliette.
—	L'Age de l'École.
Griset............	La Découverte de Londres.
Jundt............	L'École buissonnière.
Lalauze...........	Le Rosier du petit frère.
Lambert..........	Chiens et Chats.
Lançon...........	Caporal, le Chien du régiment.
M. Pie............	Le petit Tyran.
Matthis...........	Les deux Sœurs.
Méaulle..........	Petits Robinsons de Fontainebleau.
Pirodon...........	Histoire de Bob aîné.
—	Histoire d'un Perroquet.
—	La Pie de Marguerite.
Schuler (Th.)......	Les Travaux d'Alsa.
Valton............	Mon petit Frère.

ENFANCE, JEUNESSE. — LIBRAIRIE SPÉCIALE

13 ALBUMS-STAHL IN-8°
Prix : relié toile, à biseaux, 6 fr.; cartonné bradel, 4 fr. 50

CHAM	Odyssée de Pataud.
FRŒLICH	Mademoiselle Mouvette. — La Révolte punie.
—	Petites Sœurs et petites Mamans.
—	Monsieur Jujules.
—	Voyage de Mademoiselle Lili autour du monde.
—	Voyage de découvertes de Mademoiselle Lili.
FROMENT et STAHL	La belle petite princesse Ilsée.
—	La Chasse au volant.
GRISET	Aventures de trois vieux Marins.
—	Pierre le Cruel.
SCHULER (TH.)	Le premier Livre des petits enfants.
VAN BRUYSSEL	Histoire d'un Aquarium.

45 ALBUMS-LIVRES IN-4° EN COULEURS
EN CHROMOTYPOGRAPHIE ET CHROMOLITHOGRAPHIE
Prix : relié toile, tranches dorées, 2 fr. 50 ; cartonné bradel, 1 fr.

FRŒLICH		Au Clair de la Lune.
—		La Boulangère a des écus.
—	*Chansons*	Le bon Roi Dagobert.
—	*et*	Cadet-Roussel. — Il était une Bergère.
—		Giroflé-Girofla.
—	*Rondes*	Malbrough s'en va-t-en guerre.
—	*de*	La Marmotte en vie. — La Mère Michel.
—	*l'Enfance*	Monsieur de La Palisse.
—		Nous n'irons plus au bois.
—		La Tour, prends garde
—		Compère Guilleri. — Le Pont d'Avignon.
—		La Revanche de François.
—		Moulin à paroles.
—		La Bride sur le cou.
—		Le Cirque à la maison.
—		Hector le Fanfaron.
—		Jean le Hargneux.
—		Mademoiselle Furet.
—		Monsieur César.
—		Le Pommier de Robert.
BECKER		Une drôle d'École.
BOS		Leçon d'équitation.
COURBE		L'Anniversaire de Lucy.
GEOFFROY		Monsieur de Crac.
—		Don Quichotte.
—		Gulliver.
—		Le pauvre Ane.
—		L'Ane gris.
JAZET		L'Apprentissage du soldat.
KURNER		† Une Maison inhabitable.
DE LUCHT		La Pêche au Tigre.
—		Les trois Montures de John Cabriole.
—		† L'Homme à la Flûte.
MARIE		Mademoiselle Suzon.
MATTHIS		Métamorphoses d'un Papillon.
TINANT		Les Pêcheurs ennemis.
—		Une Chasse extraordinaire.
—		La Guerre sur les toits.
—		La Revanche de Cassandre.
—		Un Voyage dans la neige.
—		De haut en bas.
TROJELLI		Alphabet musical de Mademoiselle Lili.

J. HETZEL ET Cie, 18, RUE JACOB

CAHIERS D'UNE ÉLÈVE DE SAINT-DÉNIS

COURS D'ÉTUDES COMPLET ET GRADUÉ D'ÉDUCATION
POUR JEUNES FILLES ET JEUNES GARÇONS, A SUIVRE EN SIX ANNÉES
SOIT DANS LA PENSION, SOIT DANS LA FAMILLE

**Par deux anciennes Élèves de la Légion d'Honneur
et LOUIS BAUDE**
Ancien professeur au Collège Stanislas

La Collection complète : Brochée, 64 fr. — Cartonnée, 68 fr. 50

CHAQUE VOLUME SE VEND SÉPARÉMENT AUX PRIX INDIQUÉS CI-DESSOUS

Tomes				Broché	Cart.
CAHIERS préliminaires {	1er Cours de lecture....................			2 »	2 25
	2e Instruction élémentaire..........	1re partie.		3 »	3 25
	3e Instruction élémentaire..........	2e partie.		3 »	3 25
	4e Cours d'écriture...................			4 »	4 50
1.	1re année	1er semestre........................		1 50	1 75
2.	—	2e —		2 50	2 75
3.	2e —	1er —		2 50	2 75
4.	—	2e —		2 50	2 75
5.	3e —	1er —		3 »	3 25
6.	—	2e —		3 50	3 75
7.	4e —	1er —		3 50	3 75
8.	—	2e —		3 50	3 75
9.	5e —	1er —		3 50	3 75
10.	—	2e —		4 »	4 25
11.	6e —	1er —		4 50	4 75
12.	—	2e —		4 50	4 75
Cahier complémentaire............................				5 »	5 25

Atlas classique de Géographie universelle,
par M. DUBAIL, auteur de la revision de la *Géographie de la France*, de J. Verne et Th. Lavallée. .... 8 »

COLLECTION DES CLASSIQUES FRANÇAIS
DÉDIÉE A LA JEUNESSE

Chaque volume broché : 3 fr. ; cartonné bradel : 3 fr. 25

Boileau.....	Œuvres poétiques, 2 v.	Fénelon.....	Les Aventures de Télémaque......	2 v.
Bossuet	Oraisons funèbres. 1 v.	La Bruyère..	Les Caractères....	2 v.
— ...,	Discours sur l'Histoire universelle. 2 v.	La Fontaine.	Fables............	2 v.
P. Corneille.	Œuvres dramatiq.. 3 v.	Racine......	Œuvres dramatiq.	9 v.

Études d'après les Grands Maîtres
Dessins et Lithographies

Par A. COLIN, professeur de dessin à l'École polytechnique

Ouvrage adopté par le Ministère de l'Instruction publique à l'usage des Lycées et des Écoles

Album in-folio : 20 planches

Prix : cartonné bradel, **20 fr.** — Cartonné toile, **22 fr.**

Chaque planche se vend séparément, collée sur carton, avec texte au dos

PRIX DE CHAQUE PLANCHE : **1 fr. 25**

LIBRAIRIE GÉNÉRALE
VICTOR HUGO

ŒUVRES COMPLÈTES *(Ne varietur)*

Édition définitive

SUR LES MANUSCRITS ORIGINAUX

DEVANT COMPRENDRE TOUTES LES ŒUVRES PARUES ET A PARAITRE

POÉSIE

- I. *Odes et Ballades* (Préface inédite). 1 vol.
- II. *Les Orientales. — Les Feuilles d'automne.* 1 vol.
- III. *Chants du Crépuscule. — Voix intérieures. — Rayons et Ombres.* 1 vol.
- IV. *Les Châtiments.* 1 vol.
- V.-VI. *Les Contemplations.* 2 vol.
- VII.-X. *La Légende des Siècles.* 4 v.
- XI. *Chansons des Rues et des Bois.* 1 vol.
- XII. *L'Année Terrible.* 1 vol.
- XIII. *L'Art d'être grand-père.* 1 vol.
- XIV. *Le Pape. — La Pitié suprême. — Religions et Religion. — L'Ane.* 1 vol.
- XV.-XVI. *Les Quatre vents de l'Esprit.* 2 vol.

PHILOSOPHIE

- I. *Littérature et Philosophie mêlées.* 1 vol.
- II. *William Shakespeare.* 1 v.

VOYAGES

- *Le Rhin.* 2 vol.

DRAME

- I. *Cromwell.* 1 vol.
- II. *Hernani. — Marion de Lorme. — Le Roi s'amuse.* 1 vol.
- III. *Lucrèce Borgia. — Marie Tudor. — Angelo.* (1 acte inédit.) 1 vol.
- IV. *Ruy-Blas. — La Esmeralda. — Les Burgraves.* 1 vol.

ROMAN

- I. *Han d'Islande.* 1 vol.
- II. *Bug-Jargal. — Dernier jour d'un condamné. — Claude Gueux.* 1 vol.
- III.-IV. *Notre-Dame de Paris.* 2 vol.
- V.-IX. *Les Misérables.* 5 vol.
- X.-XI. *Les Travailleurs de la Mer* (précédé de *l'Archipel de la Manche*). 2 vol.
- XII.-XIII. *L'Homme qui rit.* 2 vol.
- XIV. *Quatre-vingt-treize.* 1 vol.

HISTOIRE

- I. *Napoléon le Petit.* 1 vol.
- II.-III. *Histoire d'un crime.* 2 vol.

ACTES ET PAROLES

- I. *Avant l'exil.* 1 vol.
- II. *Pendant l'exil.* 1 vol.
- III. *Depuis l'exil.* 1 vol.

- I.-II. *VICTOR HUGO raconté.* 2 vol.

46 VOL. IN-8° IMPRIMÉS AVEC LE PLUS GRAND LUXE SUR PAPIER SPÉCIAL
Prix de chaque volume : 7 fr. 50 broché ; 10 fr. relié.

ŒUVRES INÉDITES POSTHUMES

Le Théâtre en liberté. 1 vol., broché............ 7 fr. 50
La Fin de Satan. 1 vol., broché. .... 7 fr. 50
Choses vues. 1 vol., broché...................... 7 fr. 50
Toute la Lyre. 2 vol. brochés.................... 7 fr. 50

L'ŒUVRE DE VICTOR HUGO
EXTRAITS

Édition du monument. Un volume in-18 de 252 pages.... 1 franc.
Édition des écoles. Un volume in-18 de 320 pages...... 2 francs.
(Cartonné toile. 3 francs)

ÉDITIONS POPULAIRES ILLUSTRÉES

VICTOR HUGO

LES TRAVAILLEURS DE LA MER
70 DESSINS PAR CHIFFLART.

L'ouvrage complet : *Broché, 4 fr.; cartonné toile, 6 fr. 50 c.*

ROMANS ILLUSTRÉS
158 DESSINS DE BRION, GAVARNI, BEAUCÉ ET RIOU.

Un volume grand in-8°, contenant : Notre-Dame de Paris. — Han d'Islande. — Bug-Jargal. — Dernier jour d'un Condamné et Claude Gueux.

Broché, 9 fr.; toile, tr. dorées, 12 fr.

LE RHIN

120 Dessins par BEAUCÉ et LANCELOT. — Un vol. gr. in-8° illustré
Br., 4 fr. 50; toile, tr. dor., 7 fr.

ŒUVRE POÉTIQUE ELZÉVIRIENNE
FORMANT 10 VOL. in-18 RAISIN

57 fr. 50 Édition elzévirienne sur papier vergé de Hollande **57 fr. 50**

Dessins et Ornements par E. FROMENT.

Chaque volume se vend séparément :

Odes et Ballades. 1 vol.	7 50
Orientales. 1 vol.	4 »
Feuilles d'automne. 1 vol.	4 »
Chants du crépuscule. 1 vol.	4 »
Voix intérieures. 1 vol.	4 »
Rayons et Ombres. 1 vol.	4 »
Contemplations. 2 vol. à 7 fr. 50.	15 »
La Légende des siècles, 1 vol.	7 50
Les Chansons des rues et des bois. 1 vol.	7 50

Les 10 volumes : 57 fr. 50. — Reliure d'amateur : 97 fr. 50

GRANDS CLASSIQUES ILLUSTRÉS

PERRAULT — GUSTAVE DORÉ

Splendide édition, 40 planches. Préface de P. J. STAHL. — Reliure d'amateur, 30 fr.; reliure à l'anglaise .... 25 »

DON QUICHOTTE - TONY JOHANNOT

Édition spéciale à la Jeunesse, par LUCIEN BIART. — 316 dessins.
1 vol. gr. in-8°. Relié, tr. dor., 15 fr.; toile, tr. dor., 13 fr.; broché. 10 »

* MOLIÈRE COMPLET
(Édition Tony Johannot et Sainte-Beuve)

630 vignettes, 1 vol. gr. in-8°, Relié, 15 fr.; toile, 13 fr.; broché... 10 »

FABLES DE LA FONTAINE
(445 grands dessins, d'Eugène Lambert)

1 beau vol. gr. in-8°. Relié, 15 fr.; toile, 13 fr.; broché .... 10 »

ERCKMANN-CHATRIAN

| ŒUVRES COMPLÈTES parues : **43 fr. 20** BROCHÉES | **ŒUVRES COMPLÈTES** **ROMANS NATIONAUX** ILLUSTRÉS PAR TH. SCHULER, RIOU ET FUCHS. | ŒUVRES COMPLÈTES parues : **49 fr.** CARTONNÉES |

*Le Conscrit de 1813........... 1 volume à...... 1 40
*Madame Thérèse............. — 1 40
**L'Invasion................. — 1 60
*Waterloo................... — 1 80
*L'Homme du peuple.......... — 1 70
La Guerre................... — 1 40
**Le Blocus................. — 1 60

Réunis en un très beau volume grand in-8° illustré de 182 dessins.
Broché, 10 fr.; *toile, tr. dor.*, 13 fr.; *relié, tr. dor.*, 15 fr.

CONTES ET ROMANS POPULAIRES
Illustrés par BAYARD, BENETT, GLUCK et TH. SCHULER.

*Maître Daniel Rock........... 1 volume à...... 1 20
L'illustre docteur Matheus..... — 1 40
Hugues le Loup............... — 1 40
Contes des bords du Rhin...... — 1 30
Joueur de clarinette........... — 1 60
Maison forestière............. — 1 20
L'Ami Fritz................... — 1 50
Le Juif polonais............... — 1 30

Réunis en un très beau volume grand in-8° illustré de 171 dessins.
Broché, 10 fr.; *toile, tr. dor.*, 13 fr.; *relié, tr. dor.*, 15 fr.

*HISTOIRE D'UN PAYSAN
La Révolution française racontée par un paysan
Illustrations de Théophile SCHULER. L'ouvrage complet, en 1 volume, broché, 7 fr.; toile, tr. dor., 10 fr.; relié, 12 fr.

CONTES ET ROMANS ALSACIENS
Illustrés par SCHULER.

*Histoire du Plébiscite......... 1 volume à...... 2 »
*Les deux Frères.............. — 1 50
*Histoire d'un Sous-Maître.... — 1 30
**Le Brigadier Frédéric....... — 1 20
*Une Campagne en Kabylie.... — 1 40
*Maître Gaspard Fix........... — ...... 2 »
*Souvenirs d'un ancien Chef de chantier -- 1 10

Réunis en un très beau volume grand-in-8° illustré de 139 dessins
Broché, 10 *francs*; *toile, tr. dor.*, 13 *francs*; *relié*, 15 *francs*.

Contes Vosgiens, illustrés par PHILIPPOTEAUX.......... 1 fr. 30
Le Grand-Père Lebigre, illustré par LALLEMAND et BENETT. 1 fr. 30
*Les Vieux de la Vieille, illustré par LIX.......... 1 fr. 40
*Le Banni, illustré par LIX....................... 1 fr. 20
Quelques mots sur l'esprit humain, 1 vol. in-8°, non illustré. 1 fr.

*Les œuvres d'*ERCKMANN-CHATRIAN *sont publiées aussi en 22 volumes in-12 à 3 fr. chacun et 2 volumes in-18 à 1 fr. 50. — Voir p. 26.*

J. MICHELET

HISTOIRE DE FRANCE

Complète en cinq Volumes grand in-8° illustrés
PAR
VIERGE, VIOLLET-LE-DUC, CLERGET, RIOU, ETC., ETC.

Chaque Volume, relié, tr. dorées, 12 fr.;
toile, tranches dorées, 10 fr.; broché, 7 fr.

HISTOIRE DE LA RÉVOLUTION FRANÇAISE

Complète en deux Volumes grand in-8° illustrés
PAR
VIERGE, VIOLLET-LE-DUC, CLERGET, RIOU, ETC.

Chaque Volume, relié, tr. dorées, 15 fr.;
toile, tranches dorées, 13 fr.; broché, 10 fr.

PUBLICATION
FAITE PAR ORDRE DU MINISTRE DE LA MARINE

LA MARINE
A L'EXPOSITION FRANÇAISE DE 1878

Deux grands volumes in-4° accompagnés de leur Atlas

PRIX : **80 FRANCS**

OUVRAGES DIVERS :
GAVARNI — GRANDVILLE

Le Diable à Paris, *Paris à la plume et au crayon*, 1,508 dessins, dont 600 grandes scènes et types avec légendes de GAVARNI et 908 dessins par GRANDVILLE, BERTALL, CHAM, DANTAN, etc.; texte par BALZAC, ALFRED DE MUSSET, VICTOR HUGO, GEORGE SAND, STAHL, BARBIER, SUE, DE LAPRADE, SOULIÉ, NODIER, GOZLAN, GUSTAVE DROZ, ROCHEFORT, VILLEMOT, Mme DE GIRARDIN, etc. L'ouvrage complet forme 4 beaux volumes grand in-8°. Relié, tranches dorées, 44 fr.; toile, tranches dorées, 40 fr.; broché..................... 28 »

Prix de chaque vol. : relié, tranches dorées, 11 fr.; toile, tranches dorées, 10 fr.; broché...... 7 »

GAVARNI

L'Œuvre célèbre de Gavarni, 479 dessins tirés du *Diable à Paris*, 1 album gr. in-8°, cartonné toile, tranches dorées.......................... 10 »

GRANDVILLE

Les Animaux peints par eux-mêmes, scènes de la vie privée et publique des animaux; sous la direction de P. J. STAHL, avec la collaboration de BALZAC, GUSTAVE DROZ, BENJAMIN FRANKLIN, JULES JANIN, ALFRED DE MUSSET, EUGÈNE SUE, CHARLES NODIER, GEORGE SAND, P. J. STAHL. 1 vol. grand in-8°, contenant 320 dessins. Chef-d'œuvre de Grandville. Relié, tr. dor., 14 fr.; cartonné toile, tr. dor., 12 fr.; broché. . . . . 9 »

GŒTHE (KAULBACH)

Le Renard, traduit par E. GRENIER, illustré de 60 compositions par KAULBACH. 1 vol. gr. in-8°. Relié, tr. dor., 11 fr.; toile, tr. dor., 10 fr.; broché. 7 »
Le même ouvrage, en édition populaire grand in-8°. Toile, tranches dorées, 5 fr.; broché. 2 50

GEORGE SAND

Romans champêtres. — 2 beaux vol. in-8°, illustrés par T. JOHANNOT. *La petite Fadette, la Fauvette du Docteur, André, la Mare au Diable, François le Champi, Promenades autour d'un Village.* Chaque vol., rel., tranches dorées, 15 fr.; toile, tranches dorées, 13 fr.; broché . . . . 10 »

TOUSSENEL

L'Esprit des bêtes. 1 vol. toile, tr. dor., 6 fr.; broché. 4 50

HISTOIRE, POÉSIE, VOYAGES, ROMANS, LITTÉRATURE
FRANÇAISE ET ÉTRANGÈRE

VOLUMES IN-18 A 3 FR.

AUDEVAL.	Les Demi-Dots	1 v.
—	La Dernière	1 v.
BADIN (Adolphe)	Marie Chassaing	1 v.
BENTZON (Th.).	Un Divorce.	1 v.
LUCIE B..	*Une Maman qui ne punit pas.	1 v.
—	Aventures d'Édouard et justice des choses.	1 v.
BIXIO (BEPPA).	*Vie du Général Nino Bixio. Traduction de l'italien. . . .	1 v.
CERVANTES	Don Quichotte (trad. nouvelle par Lucien Biart)	4 v.
CHAMFORT..	(Édition Stahl)	1 v.
CRÉMIEUX.	Autographes, — Collection Adolphe Crémieux.	1 v.

Daryl (Ph.)....	✳La Vie publique en Angleterre	1 v.
—	Signe Meltroë...........	1 v.
—	En Yacht.............	1 v.
— La Vie	✳*Le Monde chinois.......	1 v.
— partout.	*Lettres de Gordon à sa sœur.	1 v.
—	Wassili Samarin.........	1 v.
—	La petite Lambton........	1 v.
—	A Londres............	1 v.
—	Les Anglais en Irlande.....	1 v.
Daudet (Alphonse)....	Le petit Chose.........	1 v.
Domenech (l'abbé)....	La Chaussée des Géants....	1 v.
—	Voyages et Avent. en Irlande.	1 v.
Durande (Amédée)..	Carl, Joseph et Horace Vernet.	1 v.
Erckmann-Chatrian.	✳*Le Blocus............	1 v.
—	✳*Le Brigadier Frédéric.....	1 v.
—	Une Campagne en Kabylie.	1 v.
—	Joueur de clarinette......	1 v.
—	Contes de la Montagne.....	1 v.
—	Contes des bords du Rhin...	1 v.
—	Contes populaires........	1 v.
—	Contes Vosgiens.........	1 v.
—	✳*Le Fou Yégof..........	1 v.
—	La Guerre............	1 v.
—	✳*Histoire d'un Conscrit de 1813.	1 v.
—	*Hist. d'un Homme du peuple.	1 v.
—	✳*Hist. d'un Paysan, compl. en	4 v.
—	✳*Histoire d'un Sous-Maître.	1 v.
—	L'illustre docteur Mathéus..	1 v.
—	✳*Madame Thérèse........	1 v.
—	— *Édition allemande avec les dessins hors texte*, 1 v., 3 fr.	
—	✳*Maître Gaspard Fix.......	1 v.
—	Le Grand-Père Lebigre....	1 v.
—	La Maison forestière......	1 v.
—	*Maître Daniel Rock......	1 v.
—	*Waterloo............	1 v.
—	✳*Histoire du plébiscite.....	1 v.
—	✳Les deux Frères........	1 v.
—	*Souven. d'un chef de chantier.	1 v.
—	L'Ami Fritz, pièce.......	1 v.
—	*Alsace.............	1 v.
—	*Les Vieux de la Vieille....	1 v.
—	*Le Banni............	1 v.
—	L'Art et les grands Idéalistes.	1 v.
—	Quelques mots sur l'esprit humain (nouvelle édition)...	1 v.
Esquiros (Alph.)...	L'Angleterre et la vie anglaise.	5 v.
Favre (Jules)......	Discours du Bâtonnat.....	1 v.
Flavio...........	Où mènent les chemins de traverse.	1 v.
Genevray........	Une Cause secrète.......	1 v.
Gordon (Lady)....	Lettres d'Égypte........	1 v.

LIBRAIRIE GÉNÉRALE

Gournot................	Essai sur la Jeunesse contemporaine	1 v.
Gozlan (Léon)......	Émotions de Polyd. Marasquin	1 v.
Gramont (comte de)..	Les Gentilshommes pauvres.	1 v.
—	Les Gentilshommes riches..	1 v.
Janin (Jules).........	La Fin d'un monde. Le Neveu de Rameau............	1 v.
—	Variétés littéraires.........	1 v.
Kœchlin-Schwartz..	Un Touriste au Caucase...	1 v.
Ladreyt (M.-Casimir).	L'instruct. publique en France	1 v.
Lavallée (Théophile).	Jean sans Peur...........	1 v.
Legouvé (E.).........	†Soixante ans de souvenirs..	4 v.
Morale universelle.	Esprit des Allemands......	1 v.
—	Esprit des Italiens.........	1 v.
Officier en retraite (un).	L'Armée française en 1879.	1 v.
Olivier (Juste)......	Le Batelier de Clarens.....	2 v.
Pichat (Laurent)....	Gaston.................	1 v.
—	Les Poètes de combat.....	1 v.
—	Le Secret de Polichinelle...	1 v.
Poujard'hieu........	Les Chemins de fer.......	1 v.
—	Liberté et intérêts matériels.	1 v.
Quatrelles..........	Les 1001 Nuits matrimoniales.	1 v.
—	Voyage autour du grand monde	1 v.
—	La Vie à grand orchestre...	1 v.
—	Sans Queue ni Tête.......	1 v.
—	L'Arc-en-ciel............	1 v.
—	Petit Manuel du parfait Causeur parisien............	1 v.
—	Casse-Cou..............	1 v.
—	Tout feu tout flamme.....	1 v.
—	Les Amours extravagantes de la princesse Djalavann...	1 v.
—	Mon petit dernier........	1 v.
Rive (de la).........	Souvenirs sur M. de Cavour..	1 v.
Robert (Adrien)....	Le Nouveau Roman comique.	1 v.
Rolland (A.).........	Mendelssohn (Lettres).....	1 v.
Sand (George)......	Promenades autour d'un vill.	1 v.
Sourdeval (de).....	Le Cheval à côté de l'Homme et dans l'histoire......	1 v.
Stahl (P. J.).........	Les bonnes fortunes parisiennes :	
—	Les Amours d'un Pierrot...	1 v.
—	Les Amours d'un Notaire...	1 v.
—	Histoire d'un homme enrhumé. Voyage d'un Étudiant....	1 v.
—	Histoire d'un Prince et Voyage où il vous plaira.......	1 v.
—	L'Esprit des Femmes et les Femmes d'esprit........ De l'Amour et de la Jalousie.	1 v.
Texier et Kæmpfen..	Paris capitale du monde...	1 v.
Tourguéneff (J.)...	Dimitri Roudine..........	1 v.
—	Fumée (préface de Mérimée).	1 v.

TOURGUÉNEFF (J.)	Une Nichée de gentilshommes.	1 v.
—	Nouvelles moscovites	1 v.
—	Histoires étranges	1 v.
—	Les Eaux printanières	1 v.
—	Les Reliques vivantes	1 v.
—	Terres vierges	1 v.
—	Souvenirs d'Enfance	1 v.
—	Œuvres dernières	1 v.
—	Un Bulgare	1 v.
TROCHU (Général)	Pour la vérité et pour la justice	1 v.
—	La politique et le siège de Paris	1 v.
VALLERY-RADOT (René)	L'Étudiant d'aujourd'hui	1 v.
VILARS (François)	Un Homme heureux	1 v.
WILKIE COLLINS	La Femme en blanc	2 v.
—	Sans Nom	2 v.
H. WOOD (Mme)	Lady Isabel	2 v.

LIVRES IN-18 EN COMMISSION (3 FR.)

ANONYME	Mary Briant	1 v.
ARAGO (Étienne)	Les Bleus et les Blancs	2 v.
BAIGNIÈRES	Histoires modernes	1 v.
—	Histoires anciennes	1 v.
BASTIDE (A.)	Le Christianisme et l'esprit moderne	1 v.
BERCHÈRE	✷L'Isthme de Suez	1 v.
BOULLON (E.)	Chez nous	1 v.
CARTERON (C.)	Voyage en Algérie	1 v.
CHAUFFOUR	Les Réformateurs du XVIe siècle	2 v.
DOLLFUS (Charles)	La Confession de Madeleine	1 v.
DUVERNET	La Canne de Me Desrieux	1 v.
FAVIER (F.)	L'Héritage d'un Misanthrope	1 v.
GRENIER	Poèmes dramatiques	1 v.
HABENECK (Ch.)	Chefs-d'œuvre du théâtre espagnol	1 v.
HUET (F.)	Histoire de Bordas Dumoulin	1 v.
LANCRET (A.)	Les Fausses Passions	1 v.
LAVALLEY (Gaston)	Aurélien	1 v.
LAVERDANT (Désiré)	Don Juan converti	1 v.
—	La Renaissance de don Juan	2 v.
LEFÈVRE (André)	La Flûte de Pan	1 v.
—	La Lyre intime	1 v.
—	Les Bucoliques de Virgile	1 v.
LESAACK (Dr)	Les Eaux de Spa	1 v.
NAGRIEN (X.)	Prodigieuse Découverte	1 v.
RÉAL (Antony)	Les Atomes	1 v.
SIMONIN (Louis)	Les Pays lointains	1 v.
STEEL	Haôma	1 v.
VALLORY (Mme)	A l'aventure en Algérie	1 v.
WORMS DE ROMILLY	Horace (traduction)	1 v.

ENSEIGNEMENT PROFESSIONNEL

BIBLIOTHÈQUE DES PROFESSIONS
Industrielles, Commerciales et Agricoles

Le cartonnage de chaque volume se paye 0, 50 c. en sus des prix marqués

SÉRIE A. — SCIENCES EXACTES

P. Leprince. Principes d'algèbre. 1 vol.	4 »
Lenoir (A.). ✳Calculs et comptes faits. 1 vol..	4 »
Ch. Rozan. Leçons de géométrie. 1 vol. et 1 atlas	6 »
Ortolan et Mesta. Dessin linéaire. 1 vol. avec atlas....	6 »

SÉRIE B. — SCIENCES D'OBSERVATION
CHIMIE — PHYSIQUE — ÉLECTRICITÉ

Dr Sacc. Éléments de chimie. 2 vol.	6 »
Hetet. Chimie générale élémentaire. 2 vol.	10 »
Chevalier. L'étudiant photographe. 1 vol.	3 »
Gaudry. Essai des matières industrielles. 1 vol.	4 »
B. Miege. Télégraphie électrique. 1 vol.	2 »
Du Temple. ✳*Introduction à l'étude de la Physique. 1 vol.	4 »
Fresenius. Potasses, soude... vol.	2 »
Liebig. Introduction a l'étude de la Chimie. 1 vol.. ...	3 »
J. Brun. Fraudes et maladies du vin. 1 vol.	3 »
Dr Lunel. Les falsifications. 1 vol..	4 »
Noguès. Minéralogie appliquée. 2 vol.	8 »
Du Temple. *Transmissions de la pensée et de la voix. 1 vol.	4 »
Snow-Harris. Leçons d'électricité. 1 vol.	3 »
Laffineur. Hydraulique et hydrologie. 1 vol	3 50
R. Clausius. Théorie mécanique de la chaleur. 2 vol....	8 »

SÉRIE C. — ART DE L'INGÉNIEUR
PONTS ET CHAUSSÉES — CONSTRUCTIONS CIVILES

Guy. Guide du géomètre-arpenteur. 1 vol...	4 »
Birot. Guide du conducteur des Ponts et Chaussées et de l'agent voyer, 1re partie, *Routes*. 1 vol. avec planches..	4 »
— 2e partie, *Ponts*. 1 vol. avec planches....	4 »
Viollet-le-Duc.✳*Comment on construit une maison. 1 vol.	4 »
Frochot. Cubage et estimation des bois. 1 vol.	4 »
Pernot. ✳Guide du constructeur. 1 vol.	4 »
Laffineur. Roues hydrauliques. 1 vol..	3 50
Dinée. Engrenages. 1 vol.	3 50
Bouniceau. Constructions à la mer. 1 vol. et 1 atlas. . .	18 »
Emion. Exploitation des chemins de fer. Voyageurs, 1 vol. ;	4 »
— — — , Marchandises, 1 vol.	4 »

SÉRIE D. — MINES & MÉTALLURGIE
GÉOLOGIE — HISTOIRE NATURELLE

Dana. Manuel du géologue. 1 vol.	4 »
D. L. Métallurgie pratique. 1 vol.	4 »
Fairbairn. Le fer. 1 vol...	4 »

32 BIBLIOTHÈQUE DES PROFESSIONS INDUSTRIELLES, COMMERCIALES, ETC.

J. B. J. Dessoye. Emploi de l'acier. 1 vol. .... 4 »
Landrin. ※Traité de l'acier. 1 vol. .... 4 »
C. et A. Tissier. Aluminium et métaux alcalins. 1 vol. ... 3 »
Guettier. Alliages métalliques. 1 vol. .... 3 »
Drapiez. Minéralogie usuelle. 1 vol. .... 3 »

SÉRIE E. — PROFESSIONS COMMERCIALES
Bourdain (Ed.). Manuel du commerce des tissus. 1 vol. .. 3 »

SÉRIE F.—PROFESSIONS MILITAIRES & MARITIMES
Doneaud. Droit maritime. 1 vol. .... 3 »
Bousquet. Architecture navale. 1 vol. .... 2 »
Tartara. Code des bris et naufrages. 1 vol. .... 4 »
Steerk. Poudres et salpêtres. 1 vol. .... 4 »
Juven. †Comment on devient Officier. 1 vol. .... 4 »

SÉRIE G. — ARTS & MÉTIERS
PROFESSIONS INDUSTRIELLES
Basset. Culture et alcoolisation de la betterave. 1 vol. ... 3 »
Rouland. Nouveaux barêmes de serrurerie. 1 vol. .... 4 »
Dubief. Guide du féculier et de l'amidonnier. 1 vol. ... 4 »
Souviron. *Dictionnaire des termes techniques. 1 vol. .. 6 »
Dromart. Carbonisation des bois. 1 vol. .... 4 »
Gaisberg. †Montage des appareils d'éclairage électrique. 1 v. 2 »
A. Ortolan. ※ Guide de l'ouvrier mécanicien. 3 vol .... 12 »
Jaunez. Manuel du chauffeur. 1 vol. .... 2 »
Violette. Fabrication des vernis. 1 vol. .... 6 »
Th. Chateau. Corps gras industriels. 1 vol. .... 4 »
Mulder. Guide du brasseur. 1 vol. .... 4 »
Houzé (J. P.). Le livre des *Métiers manuels*. 1 vol. ... 4 »
J. F. Merly. Livre du charpentier. 1 vol. .... 4 »
Fol. Guide du teinturier. 1 vol. .... 4 »
Leroux. Filature de la laine. 1 vol. .... 15 »
De Courten. Collodion sec au tanin. 1 vol. .... 4 »
Prouteaux. *Fabrication du papier et du carton. 1 vol. . 4 »
Berthoud. La Charcuterie pratique. 1 vol. .... 4 »
Graffigny (H. de). L'Ingénieur électricien. 1 vol. ..... 4 »
Moreau (L.). Guide du bijoutier. 1 vol. .... 2 »
Dr Lunnel. Guide du parfumeur. 1 vol. .... 4 »
— Guide de l'épicerie. 1 vol. .... 3 »
Monier. Essai et analyse des sucres. 1 vol. .... 3 »
Dubief. Fabrication des liqueurs. 1 vol. .... 4 »
— Vinification. 1 vol. .... 4 »
Barbot. Guide du joaillier. 1 vol. .... 4 »

SÉRIE H. — AGRICULTURE
JARDINAGE, HORTICULTURE, EAUX ET FORÊTS, CULTURES INDUSTRIELLES, ANIMAUX DOMESTIQUES, APICULTURE, PISCICULTURE, ETC.
Grimard. Manuel de l'herboriseur. 1 vol. .... 4 »
Laffineur. Guide de l'ingénieur agricole. 1 vol. ...... 3 »
Gayot. ※Habitations des animaux. Écuries et étables. 1 vol. 3 »
— — ※Bergeries, porcheries. 1 v. 3 »
Pouriau. Sciences physiques appliquées à l'agriculture. 2 vol. 14 »
Kielmann. Drainage. 1 vol. .... 2 »

BIBLIOTHÈQUE DES PROFESSIONS INDUSTRIELLES, COMMERCIALES, ETC.

Gobin. Entomologie agricole. 1 vol.	4 »
Serigne. La vigne et ses maladies. 1 vol.	3 »
Gossin. Conférences agricoles. 1 vol.	1 »
Bourgein-d'Orli. Cultures exotiques, 1 vol.	4 »
Dubos. Choix de la vache laitière. 1 vol.	2 50
Dubief. Le trésor des vignerons et marchands de vins. 1 v.	3 »
Canu et Larbalétrier. ✵Manuel de météorologie agricole. 1 v.	2 »
Mariot-Didieux. ✵L'Éducateur de lapins. 1 vol.	2 50
— Éducation des poules. 1 vol.	4 »
— — oies, canards. 1 vol.	2 50
— Le chasseur médecin. 1 vol.	2 »
Larbalétrier. Manuel de Pisciculture. 1 vol.	4 »
Courtois-Gérard. ✵Culture maraîchère. 1 vol.	4 »
Gobin. Culture des plantes fourragères. 1 vol.	4 »
Fleury-Lacoste. ✵Le Vigneron. 1 vol.	3 »
Courtois-Gérard. ✵Jardinage. 1 vol.	4 »
Koltz. Culture du saule et du roseau. 1 vol.	2 »
Sicard. Culture du cotonnier. 1 vol.	2 »
Lunel. Acclimatation des animaux domestiques. 1 vol.	3 »
F. Fraîche. Guide de l'ostréiculteur. 1 vol.	3 »
Touchet. Vidange agricole. 1 vol.	1 »
Pouriau. Chimiste agriculteur. 1 vol.	6 »
Lerolle. *Botanique appliquée. 1 vol.	4 »

SÉRIE I. — ÉCONOMIE DOMESTIQUE
COMPTABILITÉ, LÉGISLATION, MÉLANGES

Dubief. Fabrication des vins factices. 1 vol.	2 »
Lunel. Économie domestique. 1 vol.	2 »
Dubief. Le liquoriste des dames. 1 vol.	3 »
Hirtz. Coupe et confection des vêtements de femmes et d'enfants. 1 vol.	3 »
Dufréné. Droits des inventeurs. 1 vol.	3 »
Baude. Calligraphie. 1 vol.	4 »
Lescure. Traité de géographie. 1 vol.	3 »
Block (M.). ✵Principes de législation pratique. 1 vol.	4 »
Emion. Manuel des expropriés. 1 vol.	1 »
Lunel. Hygiène et médecine usuelle. 1 vol.	2 »
J. d'Omalius d'Halloy. Manuel d'Ethnographie. 1 vol.	4 »

SÉRIE J. — FONCTIONS
EMPLOIS DE L'ÉTAT, DÉPARTEMENTAUX ET COMMUNAUX, SERVICES PUBLICS

Mortimer d'Ocagne. ✵*Les Grandes Écoles de France*:	
Carrières civiles. 1 vol.	4 »
Services de l'État. 1 vol.	4 »
J. Albiot. Manuel des conseillers généraux. 1 vol.	4 »
Lelay. Lois et règlements sur la douane. 1 vol.	4 »
Lafolay. Nouveau manuel des octrois. 1 vol.	4 »

SÉRIE K. — BEAUX-ARTS, DÉCORATION
ARTS GRAPHIQUES, ETC.

Viollet-le-Duc. ✵* Comment on devient un dessinateur. 1 v.	4 »
Pellegrin. Perspective. 1 vol.	4 »

LIVRES EN COMMISSION
Prix divers

Anonyme.............	Le Prisme de l'âme.......	6	»
—	Mademoiselle Segeste.....	2	»
—	Rome................	6	»
Antully (Albéric d').	Fantaisie............	2	»
Bruière (S.)........	Une Saison en Allemagne...	1	»
Guimet (Émile).....	L'Orient d'Europe au fusain. In-18...............	2	»
—	Esquisses scandinaves. 1 vol. in-18...............	3	»
—	Aquarelles africaines......	2	50
Laverdant (Désiré)...	Appel aux artistes.......	1	»
Paultre (E.).......	Capharnaüm...........	6	»
Pirmez............	Jours de solitude. 1 vol. in-8.	6	»
Rive (de la)........	Souvenir de M. de Cavour...	6	»
Schnéegans (A.).....	Contes. 1 vol. in-18......	2	»

VOLUMES IN-18 A PRIX DIVERS

Arago (E.).........	L'Hôtel de Ville et le Gouvernement du 4 septbre 1870-71.	3	50
L. Aubert.........	Lettres sur l'instruct. oblig..	»	50
Berthet (André)....	Mes Lunes............	2	»
Chevreux (Mme)....	André Marie et J. J. Ampère. 2 vol. à 3 fr. 50.........	7	»
Charras (colonel)...	Hist. de la Guerre de 1815. 2 vol. avec atlas........	7	»
A. Decourcelle.....	Les Formules du docteur Grégoire (Diction. du Figaro)..	2	»
Erckmann-Chatrian..	Juif polonais, pièce en 3 actes.	1	50
— —	Lettre d'un élect. à son député.	»	50
— —	Les Rantzau, comédie.....	1	50
Favre (Jules).......	*Conférences et Mélanges...	3	50
Ferry (Jules).......	Les Affaires de Tunisie....	2	»
J. Hetzel.........	Aux Députés, sur la reprise des échéances.........	»	50
Hugo (Victor)......	Les Châtiments. 1 vol. in-18.	2	»
—	Napoléon le Petit. 1 vol. in-18.	2	»
—	L'Œuvre complète. Extraits. Édition du monument.....	1	»
—	— des écoles...	2	»
Jaubert...........	Souvenirs de Me Jaubert....	3	50
Legouvé (E.).......	Samson et ses élèves......	2	»
—	Lamartine............	1	50
—	Maria Malibran.........	»	75
—	La Question des femmes...	1	»
—	Une Éducation de jeune fille.	1	»
Macé (Jean)........	Morale en action........	1	»
	Anniv. de Waterloo. 1 v. in-32.	»	15

LIBRAIRIE GÉNÉRALE

Macé (Jean).......	Une Carte de France; le Gulf-Stream. 1 vol. in-32.	» 25
Merson (Olivier)....	Ingres, sa Vie et ses Œuvres, 1 vol. in-32..........	1 50
Nadar...........	Le Droit au vol......	1 »
Proudhon.........	La Guerre et la Paix. 2 vol.	2 »
Quatrelles.......	Une date fatale.......	1 »
Sée (C.)........	La loi Camille Sée......	3 50
Stahl (P. J.)......	Entre bourgeois........	» 50
Susane (général)....	L'Artillerie av. et dep. la guerre.	» 50
Un Ignorant.......	※*Histoire d'un Savant par un ignorant...........	3 50
Verne (Jules)......	Neveu d'Amérique, comédie en 3 actes..........	1 50
Viollet-le-Duc.....	Exposé des faits relatifs au Musée de Pierrefonds....	» 50

VOLUMES IN-8, A PRIX DIVERS

About (Edmond)....	Rome contemporaine.....	5 »
Anonyme.........	Vingt mois de présidence...	5 »
Bertrand (J.).......	Arago et sa vie scientifique.	1 »
—	Fondateurs de l'astronomie..	6 »
—	*L'Académie et les Académiciens............	7 50
Blanc et Artom.....	Œuvre parlementaire du comte de Cavour........	7 50
Charras (colonel)...	Histoire de la Guerre de 1813.	7 50
Delahante (A.).....	Une Famille de finance au XVIIIᵉ siècle. 2 vol..........	20 »
Diplomate (Un)....	†L'Affaire du Tonkin. 1 vol..	7 50
Erckmann-Chatrian.	Le Fou Chopine (pièce)....	» 50
Lafond (Ernest)....	Contemporains de Shakespeare: Ben Johnson (2 vol.)......	6 »
—	Massinger —	6 »
—	Beaumont et Fletcher......	6 »
—	Webster et Ford.........	6 »
Legouvé (Ernest)...	Soixante ans de souvenirs. — 1ʳᵉ partie: Ma jeunesse, in-8.	7 50
	Deuxième et dernière partie	7 50
Mortimer d'Ocagne..	Les grandes écoles de France (nouvelle édition)......	7 50
Pallain..........	Traité de la Législation du Trésor (épuisé)........	8 »
Richelot........	Gœthe, ses Mém., sa Vie. 4 v. à	6 »
Strauss (D. F.).....	Nouv. Vie de Jésus (traduite par Ch. Dollfus et A. Nefftzer). 2 vol. à..........	6 »
Trochu..........	L'Empire et la Défense de Paris	8 »
Verne (Jules).......	Le Tour du Monde en 80 jours (pièce)............	» 50
—	*Les Enfants du capitaine Grant (pièce)	» 50
—	*Michel Strogoff (pièce)....	» 50

LIVRES D'AMATEURS

GRAND LUXE
ÉDITIONS ILLUSTRÉES

Contes de Perrault, illustrés par Gustave Doré, la grande édition in-folio. Cartonnage riche . . . . 70 »

Daphnis et Chloé. Traduction d'Amyot, complétée par P. L. Courier. 42 compositions au trait, en couleur dans le texte, par Burthe. Préface par Amaury Duval. Magnifique édition in-folio en deux couleurs, imprimée par Claye. Cartonnage riche. . . . . 50 »

Lemercier (Alfred) **et Bocquin.** — Gavarni, aquarelles fac-similé (chromolithographies), album en feuilles composé de 6 planches. Prix. . . . . 30 »

Gavarni. — Œuvres choisies, album gr. in-8°. Cartonné toile, tranches dorées . . . . 10 »

Grandville et Kaulbach. — Œuvres choisies, album in-folio. Broché. . . . . 20 »
— Cartonné. . . . . 22 »

L'Oraison dominicale, dessins de Frœlich. Album in-4°, contenant 10 planches à l'eau-forte, relié, toile. 13 »

Sept Fables de La Fontaine, dessins de Frœlich. Album in-4°, illustré de 10 planches, broché . . . . . 5 »

Les Richesses gastronomiques de la France. — Lorbac (Ch. de), texte. — Lallemand (Ch.), illustrations : Les vins de Bordeaux, 1re partie. *Généralités, cultures, vendanges, classification, châteaux vinicoles,* Crus classés. Broché. . . . . 25 »

— Saint-Émilion, *son histoire, ses monuments et ses vins.* Broché . . . . 8 »

NOTA. — Les ouvrages marqués d'un ✳ ont été choisis par le ministère de l'Instruction publique pour faire partie des catalogues des bibliothèques publiques scolaires. Le deuxième*, plus petit, désigne les ouvrages choisis pour être distribués en prix. — Les nouveautés sont indiquées par une †.

www.ingramcontent.com/pod-product-compliance
Lightning Source LLC
Chambersburg PA
CBHW060602170426
43201CB00009B/872